독일통일,

더 큰 대한민국의 통일철학을 말하다

최해광 저

마인드탭
MIND TAP

머리말

"발분망식 낙이망우(發憤忘食 樂而忘憂)" 논어에 나오는 말이다. 알고자 하는 마음에 먹는 것조차 잊고 즐거워서 근심조차 잊으려는가, 이 책을 쓰는 동안 저자는 시지프스가 다 된 느낌이다. 그리스 신화에 따르면 신들은 시지프스에게 바위 덩어리를 끊임없이 산꼭대기까지 굴려 올리게 하는 형벌을 내렸다. 시지프스가 바위를 힘들게 굴려 올리면 바위는 금방 밑으로 굴러 내려가 버리고 또 다시 올리면 금방 아래로 굴러가 버리는 것이 반복되는 것이다. 부조리하지만 시지프스는 실존을 위하여 계속해서 이 일을 반복해야만 했다.

부조리한 삶의 무게 때문에 인간은 어쩌면 시지프스처럼 끊임없이 자기와 싸우고 자기를 이겨야 하는지 모른다. 집필 중에 오는 몸과 마음의 어려움을 이겨내기 위해 저자는 매일 15,000보 이상 집 뒤에 있는 용마산과 도서관 가는 길을 걸었다. 월별 누적도보수는 올해 2월에는 453,600보로서 31만 7천km, 3월 달에 477,300보에 33,4km를 걸었다. 거의 미친 수준이다.

저자의 국내 초저 ≪글로벌 리더와 자기개발≫이 2013년에 출간된 지 어언 3년이 지났다. 그 책에 역동적인 삶을 살아온 저자

특유의 자기개발을 위한 선명한 색깔이 묻혀 나는지 모르지만, 1년 반 만에 내용을 고치고 보태어 4쇄까지 했다.

그러다가 2015년에 경력개발을 하려는 독자들의 기대에 부응하면서 국가인재육성에 도움이 될 만한 책을 써야 한다는 저자 나름의 교육철학과 교육목표에 따라 ≪스마트인재와 경력개발≫을 집필했다.

이제 국내에서 세 번째 책으로 이 책을 출간한다. 이 책을 쓰기 전 저자는 가칭 '꿀벌과 인간건강'이라는 책 제목으로 저서 출간을 준비하고 있었다. 저자는 '꿀벌과 인간건강'이라는 책을 통하여 꿀벌이 인간에게 주는 식량과 건강의 혜익을 국내외 자료연구를 통하여 조명하고자 했다.

그런데 특강으로 '독일통일을 가져온 독일인의 지혜'를 준비하다가 문득 독일인의 통일비결이었던 통일철학을 알리는 것이 우리나라의 통일과 21세기 초일류국가 '대한민국' 건설을 위하여 더 없이 소중함을 알게 되었다. 그래서 저자는 세계일류국가가 꿈이자 목표인 우리에게 동·서양철학이 통일을 위하여 던지는 소중한 메시지를 연구조사해서 전달하려고 애썼다. 우리 통일에 숭고한 도덕과 철학적인 사고가 필요하기에, 더 큰 대한민국을 만들기에 필요한 독일통일이 주는 교훈과 덕목을 살피면서, 저자는 통일에 필요한 동·서양 철학이 말하는 덕목을 알리기 위하여 이 책을 낸다.

저자는 2000년대 초반부터 그간 간간히 독일통일에 관하여 토론자로 나서기도 하고 글도 쓰고 했다. 그러다가 2015년부터 저자는 민족통일의 중요성과 당위성에 공감하여 관심이 있는 사람들과 통일모임을 하고 있다. 그러면서 일곱 번이나 재능기부를 하면서 독일통일을 소개하고, 독일통일을 거울삼아 우리의 통일에 철학적인 근간이 되는 통일철학을 소개하기도 했다.

오랜 기간 독일에 살면서 독일통일과정을 서독 매스컴을 통해서 보기도 하고 때때로 괴팅겐을 방문한 구동독주민으로부터 통일에 관해서 듣기도 했다.

저자는 철혈재상 비스마르크, 아인슈타인, 슈뢰더 총리, 폰 바이체크 대통령과 45명 가량의 노벨과학상 수상자들을 배출한 대학도시 괴팅겐에 유학차 살았다. 괴팅겐은 동독 국경과 불과 23Km 가량 떨어졌기에, 저자는 1989년 11월 9일 베를린 장벽이 무너지는 긴박한 순간과 그 이후 독일인들의 통일의 환희를 지척에서 목격하면서 느낀 비애가 컸다. 왜냐하면 당시 독일은 1969년 동방정책을 시행한지 불과 20년 만에 마치 철옹성 같아 무너질 것 같지 않던 베를린 장벽을 무너뜨리고 통일의 첫 걸음을 내디뎠다. 하지만 우리나라는 북한과 그 때도 대화가 없었고 지금도 대화가 중단된 상태이다.

북한과 대화도 하지 않으면서 북한정권이 곧 무너질 것 같으니 통일이 될 것이라는 막연한 생각은 과거 김일성이 사망할 때부터 익히 들어온 말이다.

겨레여! 이 책을 읽고 통일철학을 가지고 난 후 달리 생각해서 통일을 해보자.

이 책이 나오기까지 출판문화 진흥을 사명감으로 알고 애써준 마인드탭 박노일 사장님께 진심으로 감사드린다. 요즘 사람답지 않게 늘 후덕한 박 사장이 사업에서 성공하여 출판문화를 더 융성하는 데 공헌하기를 기원한다.

이어서 저자가 집필에 전념할 수 있도록 늘 헌신해 준 아내에게 무엇보다 감사드린다. 그리고 하루 일과를 마치고 공원을 산보할 때 말벗이 되어 준 딸과 이역만리 독일에서 직장생활하면서 가사에 물심양면으로 도움을 주는 아들 내외에게도 고맙다는 말을 전한다.

덧붙여서 저자를 가슴으로 낳은 큰 형수 서정필 여사께 깊이 감사드린다. 그녀는 저자가 어릴 때 시집와서 헌신적인 삶을 살아오면서 늘 저자에게 사랑을 주시기에 건강하시길 빈다. 나머지 형님과 형수님, 누님 내외께도 마찬가지로 마음의 빚을 지고 있으며 감사를 드리고 건강하시길 빈다.

또 '유니힐'이란 통일모임을 이끌어 가면서 이 책의 출간에 직간접인 동기부여를 준 울산병원의 김매자 원장께도 감사드린다.

아울러 교정에 힘써주신 부산대학교 이장섭 교수님과 건국대학교 중국어연구회 후배인 김동택 학우께도 감사드리고, 그들이 늘 건강하시길 빈다. 그리고 하시라도 등산이 가능한 산 밑에 살아 건강관리가 가능했기에 이 책이 나왔는데, 아파트 대출을 도와준 중국어연구회 후배인 최병훈 학우에게도 감사를 드린다. 그는 회원이었던 그의 친구부부가 불의의 세상을 떠난 뒤에도 두 유자녀를 챙기는 뜨거운 인간애를 가졌기에 다시 한 번 갈채를 보낸다.

또 일일이 매거할 수 없는 사랑하는 친구들과 지인들에게도 감사를 드린다. 만나면 모두가 늘 뜨거운 사랑을 주기에 감사의 행복감을 느끼고 무한한 빚을 진다고 생각하면서도 아무 것도 되돌려 주지 못하는 무력감 모두께 꾸뻑 절을 드린다.

2017년 5월 1일
용마산밑 우석재에서
友石 최 해 광이 쓰다

차 례

I

들어가며

I

들어가며

1. 있는 그대로의 북한을 보자

≪장자(莊子)≫ '소요유편(逍遙遊篇)'에 우리의 앎과 식견이 짧고 고집스럽고 편향되고 불완전하여 다른 세계나 세상을 전혀 이해하지 못하는 우물 안 개구리를 빗대어 이야기하는 글이 있다.

이처럼 세계에 대한 앎이 짧으면서도 고집스럽게 자기의 주장을 굽히지 않는 경우를 우리는 매일 얼마나 많이 접하고 있는가?

북한에 대해서도 그렇다.

지금까지 자기가 가진 북한에 대한 선입견이나 불완전한 지식으로 인해 북한을 모르면서, 몇 천 년후에 까지도 번성해야 할 대한민국을 상상도 못하기에, 당장 자기 고집만 피워 민족의 앞날에 먹구름을 드리우는 말과 행동이 얼마나 많을까?

독자들께 저자는 이 책을 읽는 순간부터 민족통일을 하여 더 큰 '대한민국'을 만들자는 각오와 결의를 굳게 하고자 이 책을 쓴다.

≪장자≫ '추수'편에 시대를 조망하지 못하고 좁은 식견을 빗댄 이야기인 우물 안 개구리이야기가 있다. 좁은 우물 안에 사는 개구리가 넓은 동해 바다에 사는 자라와 나눈 대화이다.:

"나는 참으로 즐겁게 산다네.

우물 난간 위에 뛰어오르기도 하고, 우물 안에 들어가 부서진 벽돌 가장자리에서 쉬기도 한다.

또 물로 들어가면 겨드랑이를 물에 바짝 붙여 턱을 들어올리기도 하고,

진흙을 차면 발이 빠져 발등까지 흙을 묻힌다네.

사방을 둘러보셔, 장구벌레나 게나 올챙이 따위가 나만큼 즐겁게 살 수 있겠어?

또 나는 웅덩이의 물을 온통 휘저으며, 우물 안의 즐거움을 마음껏 누릴 수 있으니

이 또한 지상낙원 아니겠는가?

자라 선생 가끔 여기 들러서 내가 즐겁게 사는 모습을 감상이나 좀 하시지 그래?"

우물 안이 가장 좋다고 생각하는 개구리는 더 넓은 바다에서 유유히 노니는 자라의 즐거움을 모르는 것이다. 물론 자라도 넓은 바다에 생존하기 위해서는 나름 고충도 많겠지만 말이다.

지금부터라도 우리는 우물 안 개구리처럼 자신이 가진 생각과 견해를 절대화하지 말고, 한 번 참된 북한을 알기 위하여 역지사지하여 북한의 시선으로 북한을 상대화시키고 객관화해야 비로소

북한을 아는 객관적인 진실에 접근할 수 있을 것이다.

이제 우리도 북한을 모르는 실상을 탈피해보기 위해 우리의 시선을 우리에게 가장 중요한 타자인 북한의 눈으로 바라보는 시도를 한번 해보면 어떨까?

미국 캘리포니아 주에 가면 세코이아 나무들이 모여 숲을 이루어 생긴 세코이아 국립공원이 있다. 거기서 가장 큰 세코이아 나무는 수령이 약 3~4천년, 키는 약 84m, 지름 11m, 둘레가 31m나 된다고 한다. 그리고 나무의 껍질 두께만 해도 61㎝이며 무게는 뿌리를 포함해서 약 2,000톤으로 추정된다고 한다. 이 나무가 얼마나 큰 지 이 나무로 무려 약 50억 개의 성냥개비를 만들 수 있다고 한다.

우리나라에서 과거 친한 친구나 친척의 집에 집들이 갈 때 그 집이 번성하기를 기원하는 뜻에서, 요즘은 세제나 화장지를 선물하지만, 과거엔 성냥을 선물하고 했는데 50억 개의 성냥개비로 엄청나게 많은 집이 잘 되라고 기원할 수 있었을 것이다.

그런데 이렇게 세코이아 나무들이 오래 사는 비결은 땅 밑에 뿌리가 서로 도우며 얽혀 있어 쉬이 뿌리가 뽑히지 않아 자연재해에 안전하기 때문입니다.

여기서 우리가 간과하지 말고 알고 숙고해야 할 사실은 이 나무의 시작과 근원인 씨앗은 겨우 4.7mg이다는 사실이다. 성경에 '시작은 미미하지만 결과는 창대하다'는 말처럼 조그만 씨앗이 수천 년이 지나면서 이처럼 큰 결실을 맺는 것이다.

사과나무를 생각해 보자. 과거에는 사과보다 배가 더 비쌌지만 지금은 사과가 맛있고 크고 달고 보관도 싱싱하게 잘 해서 값이 많이 나가니 사과농가 수입도 짭짤하다. 가을이 되면 사과나무에 사과가 주렁주렁 영글면서 사과 재배 농가는 한 해 소득을 몇 억씩 올리고 있다. 그런데 이런 결실을 가능하게 한 시초의 사과씨앗은 몇 mg에 불과하다.

이제 우리는 인간이 심은 세코이아 나무나 사과의 씨앗이 가져오는 긍정적인 결과를 주목하자.

환영금과 소포 등 여러 가지 이성적 사고를 통해 처음엔 싹이 틀지 안 틀지, 맛이 좋을 지 어떨지 몰랐어도 작은 사과씨를 갈등과 대립면에 있던 동독에게 뿌려 통일이라는 큰 열매를 맺어 해마다 엄청난 수익을 올리면서 국부를 창출하여 알부자 나라에다 정치적으로 경제적으로 강대국 반열에 오른 나라가 독일이다.

이제 통일이 주는 사과를 잘 따먹고 있는 독일인이 독일통일을 이룬 비결인 통일철학을 이 책에서 독자들이 읽고 한 번 생각해 보기를 간절히 권하는 바이다.

조선 후기에 청나라에까지 이름이 알려진 시인이자 실학자였던 이덕무(李德懋)는 그의 ≪이목구심서≫에서 이르기를,

"천리마의 털 하나가 희다고 해서 그 말이 흰 말일 거라고 미리 단정해서는 안 된다.

온 몸의 억천만 개의 털 중에 누런 것도 있고 검은 것도 있을지 누가 알겠는가?

어찌 한갓 사람의 단면만을 보고 그 전체를 판단할 수 있겠는가?"라고 했다.

이는 우리가 흔히 하기 쉬운 실수 중에 하나인 사물의 한 면만 보고는 선입견에서 그 대상의 전체를 무어라고 성급하게 단정하는 오류를 범해서는 안 됨을 말한 것이다.

2. 내가 본 세계가 반드시 참은 아니다

≪장자≫ '제물론'에 사람의 인식과 평가는 완전한 것이 못된다면서 회의를 하기를, 우주가 언제 시작했는지, 어느 것이 유이고 무인지, 말하는 것도 말할 수 있는 것인지 알 수가 없음을 이론까지 말할 수 없음을 회의하면서 말하고 있다.

"지금 내가 말한 것이 다른 사람들의 이론과 같은 것인지,
아니면 같지 않은 것인지는 알 수가 없다.
같든 같지 않든 간에 이론이라는 점에서는,
다른 사람들의 그것과 다를 바 없다.

그렇지만 일단 말을 해보려 한다. 우주에서 시작이 있다고 한다면,

시작 이전의 때가 있었을 것이며, 시작 이전의 때,
시작 이전의 때도 있었을 것이다.
또한 유가 있고 무도 있었다면,
유무가 없었던 상태도 있었을 것이며,
유무가 없었던 상태 이전의 상태도 있었을 것이다.

갑자기 유무의 대립이 나타나

과연 어느 것이 유이고, 어느 것이 무인지 알 수 없는 상태가 된 셈이다.

지금 내게는 이미 이론이 있다.

하지만 지금 내가 말한 것도 말할 수 있는 것인지,

아니면 말할 수 없는 것인지 알 수가 없다."

김상근 교수는 EBS 인문학특강 제6강에서 에스파니아의 예수회 선교사였던 호세 데 아코스타(José de Acosta, 1540~1600)가 페루와 멕시코를 비롯한 신대륙 선교 활동을 떠났는데, 그 때 그는 그가 알고 있던 고대 철학자, 예컨대 아리스토텔레스의 <기상학>에서 말하는 적도를 지날 때 온도에 관한 지식이 실제와 다름을 알게 되었다.

아리스토텔레스의 <기상학>에서는 적도를 지날 때 엄청 덥다고 했는데 막상 호세 데 아코스타가 적도를 지날 때 겪어 본 결과 덥지 않고 오히려 추워서 햇볕을 쬐려 선창으로 나와야 할 정도였다고 말했다.:

"인도 제도를 지날 때였다.

나는 고대의 철학자나 시인들이 열대지역에 대해 쓴 책을 읽었던 터라

배가 적도에 이르렀을 때 엄청난 더위가 엄습할 것이라고 확신하고 있었다.

그런데 어찌 된 셈인지 생각했던 것과 다른 현상이 나타났다.

나는 추위를 느꼈고 햇볕을 쬐려고 선창으로 나와야 했다.

그때 내가 할 수 있었던 일은 아리스토텔레스의 기상학과 그의 철학을 비웃는 것 말로 달리 할 것이 없었다."

호세 데 아코스타는 그가 그 때까지 가졌던 앎이 실제의 현실적인 경험을 통해서 보니 틀림을 고백한 글이다.

호세 데 아코스타의 사후 40여년 후 데카르트도 방법적 회의를 통하여 감각을 통해 얻은 지식은 단편적이고 우연한 것이고 때때로 잘못된 것이므로, 명백한 진리가 되기 위해서는 이성으로 의심할 여지가 없을 때까지 확고한 앎을 추구해야 한다고 보았다. 그는 불완전한 지식부터 배제하며 의심할 수 없는 확고한 앎에 이르기까지 일단 모든 사물을 의심해 보았다. 그는 기존에 가졌던 지식의 확실성에 대해서 의문을 가지는 문제제기를 하면서, "나는 생각한다, 고로 나는 존재한다"는 깨달음에 도달했는데, 의심할 수 없는 확실한 것은 생각하고 있는 자기 자신이라는 믿음에 도달했다.

데카르트는 1641년에 라틴어로 처음 출간된 '제일철학에 관한 성찰'에서 그가 어릴 때부터 참이라고 알았던 것이 거짓임을 알고는 방법적 회의를 시작한 것을 알 수 있다.

"몇 해 전에 나는 내가 어렸을 때 참이라고 받아 들렸던 많은 것들이 사실 거짓이고

이 거짓들을 토대로 쌓아 올린 구조 자체가 무척 의심스럽다는 사실에 놀랐다.

그래서 학문에서 안정적이며 영속적인 것을 하나라도 얻기 위해서는 평생에 적어도 한번은 모든 것을 무너뜨리고 기초에서부터 다시 출발해야할 필요가 있다는 것을 깨달았다."

거의 모든 독일사람은 독일통일의 기원이 '동방정책'부터라고 생각하는데, 이것에 대해 홀연히 의문을 던진 책이 염돈재씨가 쓴 ≪(올바른 통일준비를 위한) 독일 통일의 과정과 교훈≫이다. 저자는 이 책에서 말하는 독일통일의 논리적 타당성에 대해서 때때로 의문을 품고 저자 자신의 논변으로 독일통일의 원인에 대해 참다운 진실을 논해 보고자 한다.

위 염돈재의 주장, 즉 이른바 헤겔의 변증법에서 말하는 '정'의 논리에서 저자가 '반'의 논리를 폄으로써 독일통일 연구의 과학화에 불을 지펴 우리 통일 연구에 한걸음 더 다가가게 하고자 한다. 저자는 내심 저자에 이어서 제3자가 '합'의 연구에 동기가 유발되었으면 하는 바이다.

국가정보원 제1차장(해외담당) 출신인 염돈재는 2010년 11월에 ≪(올바른 통일준비를 위한) 독일 통일의 과정과 교훈≫이란 책을 발간했다. 이 책은 2011년 문화체육관광부 우수학술도서로 추천되기도 했다.

이 책의 서문은 "'20세기의 기적' 독일통일이 이루어진 지 20년, 그동안 국내에서 독일통일에 관해 많은 연구가 있었다. 따라서 지금 해야 될 연구는 독일통일의 결과를 종합적으로 조명하고 평가하는 내용이어야 마땅할 것 같다. 그러나 이 책은 독일통일의 과정과 배경에 대해 더 많이 다루고 있다. 그 동안 우리 사회가 독일통일의 배경을 잘 못 이해하고, 독일통일이 주는 교훈을 잘못 받아들이고 있다고 생각되기 때문이다.

우리 사회에는 서독이 브란트의 동방정책 이후 동독과 적극적인 교류 협력을 해 온 것이 통일의 원동력이 되었다고 생각하는 사람들이 많다. 그래서 노태우 정부는 1991년 12월 서둘러 북한과 '남북기본합의서'와 '한반도비핵화선언'을 체결했고 김대중 정부, 노무현 정부도 햇볕정책을 추진하면서 북한에 대폭적인 경제지원을 했다.

이렇게 20여년을 지내오는 동안 우리는—북한 핵개발과 천안함 사태로 좀 달라지고 있기는 하지만—우리가 선의를 갖고 먼저 북한을 지원하고 북한의 안정과 발전을 도우면 북한도 변하여 한반도의 평화와 통일의 길이 열릴 것이라고 생각해 왔다. 그리고 독일통일이 서독 기민당 정부의 '힘의 우위' 노선이 이룬 성과라는 점, 동독혁명시 서독정부가 사민당의 화해, 협력 노선을 따랐다면 독일통일이 불가능했을 것이라는 점을 잊은 채 지내오고 있다."

저자는 이 책에서 독일통일이 과연 서독 기민당 정부의 '힘의 우위' 노선이 이룬 성과인가를 검증할 것이다. 그러면서 저자는 독일통일에는 특히 독일사회에 오랫동안 지배해 내려오는 정의, 평등과 평화 사상 등 차별을 않는 관용과 의무로서의 도덕정신, 인간 존중의 철학이 독일통일의 기반을 다지는데 큰 몫을 했다는 논변을 제기할 것이다.

염돈재는 그 책 머리말에서 "1989년 11월 베를린장벽이 무너졌을 때 대부분의 언론들이 '브란트의 동방정책의 승리' 또는 '화해, 협력의 산물'이라고 보도했다. 독일통일의 배경에 관해 다른 국내 일간지 사설도 대부분 통일을 가능하게 한 가장 중요한 요인으로 브란트의 동방정책과 동서독 간의 교류, 협력을 지적했다. 이제 독일통일 20주년을 맞아 독일의 통일과정을 보다 정확히 이해하고, 독일통일에 관한 오해에서 비롯된 잘못된 정책과 통일의식을 바로잡아 주는 것이 필요할 것 같다"고 말하고 있다.

그는 또 "브란트의 동방정책이 동서독 주민들의 '분단에 따른 고통'을 경감하고 민족의 이질화를 방지하는데 기여했다는 점을 부인할 사람은 없다. 그러나 브란트의 동방정책으로 동서독 주민 간에 활발한 접촉과 교류가 이루어져 동독혁명과 독일통일이 가능했다는 주장은 허점이 많다. 이 논리로는 동유럽 국가 중 동독에서의 변화가 가증 늦게 시작된 배경을 설명하기 어렵다. 그 보다는 오히려 서독의 대동독 지원이 동독의 민주화 혁명을 지연시켰다는 주장이 더 설득력 있게 들린다.

독일통일은 브란트의 동방정책이 이룬 성과가 아니다. 독일통일은 정상회담을 통해서 이루어진 것도 아니고, 동서독이 화해하고 협력해서 이루어진 것도 아니다. 그리고 어느 국내학자의 주장처럼 동독 공산정권 지도자들의 '결단'으로 통일이 된 것도 아니다. 독일통일은 동독 공산정권이 주민의 시위로 무너지고, 동독국민들이 서독연방에의 가입을 원해서 이루어진 것이다"라고 주장하고 있다.

여기서 저자는 한 가지 의문이 드는 것은, 염돈재가 그의 책 머리말에서 말한 것처럼 국내 일간지를 비롯한 많은 언론이 독일

통일의 원인에 대해서 '브란트의 동방정책의 승리' 또는 '화해, 협력의 산물'이라고 보도했다는데, 그러면 과연 이들 많은 언론이 독일통일의 비결이나 원인을 몰라서 일까?, 아니면 소위 좌파언론이라서 독일통일의 참된 사실을 왜곡했을까?

염돈재는 게다가 "독일통일은 브란트의 동방정책이 이룬 성과가 아니다"고 단정하면서, "서독의 對동독 지원이 동독의 민주화 혁명을 지연시켰다는 주장이 더 설득력 있게 들린다"고 주장하고 있다.

과연 그럴까? 서독의 對동독정부 지원이 염돈재의 주장처럼 동독의 민주화 혁명을 지연시켰을지는 몰라도, 베를린장벽을 무너뜨린 것은 서독의 對동독 지원의 결과이다. 서독의 對동독정부 지원도 서독 TV시청 등 통일로 가는 기폭제가 되는 여러 양보를 얻어 내어 통일을 앞당겼다고 저자는 본다.

또 그는 "우리 사회가 독일통일의 배경을 잘못 이해하고, 독일통일이 주는 교훈을 잘못 받아들이고 있다"고 비판하고 있는데, 그가 바로 독일통일이 이루어진 배경과 교훈을 잘못 이해하거나 왜곡하고 있다고 저자는 본다.

그러면서 그는 "독일통일은 基民黨(기민당) 정부의 '힘의 優位(우위)' 노선이 이룬 성과"라고 단정 지으면서 "서독 정부가 社民黨(사민당)의 화해·협력 노선을 따랐다면 독일통일이 불가능하였을 것"이라고 주장하고 있다.

이어서 그는 "우리가 (서독 사민당처럼) 善意(선의)를 갖고 먼저 북한을 지원하고 북한의 안정과 발전을 도우면 북한도 변하여 한반도의 평화와 통일의 길이 열릴 것이다는 전제는 잘못 된 것이다"라고 하면서 "우리는 지금 독일통일을 잘못 이해한 데 따른 代價(대가)를 톡톡히 치루고 있는 것 같다"고 했다.

그러면서 그는 "독일통일은 동독 共産(정권)이 주민의 시위로 무너지고, 동독국민들이 西獨(서독)연방에의 가입을 원해서 이루어진 것"이라고 주장하였는데 주민의 시위가 왜 일어났는지 그 이유가 독일통일에 매우 중요했었는데, 그에 대한 근원적인 연구조사가 그의 책에서는 부족하다.

"서독이 경제, 정치, 군사, 도덕적으로 '힘의 優位(우위)'를 차지하면 자석에 쇠붙이가 끌려오듯 동독이 끌려와 (흡수)통일을 이룰 수 있다"는 내용이면서 독일통일이 미국의 부시 정부의 적극적 지원으로 가능하였다는 점을 강조하고 있다.

그런데 저자의 주장은 이는 베를린장벽이 무너지고 난 후 양독, 특히 서독이 동독에서 통일반대여론이 높기에 서둘러 통일하는 과정에서 나온 현상이고, 베를린장벽이 무너지게 한 원인은 아니다.

염돈재는 사민당이 통일과정에서 저지른 실책을 연구하는 데 더 관심을 가진 것이라고 보여 지는데, 그는 "남북한의 경우 '흡수통일'이 아닌 '대등한 통일'을 해야 한다면 남북한이 서로 타협하고 양보하고 절충해야 한다. 그렇다면 김일성 주체사상을 통치 이데올로기로 수용하고 시장경제 체제를 고수할 것인가? 결국, 북한이 자유민주주의 체제, 시장경제 체제로 전환되지 않는다면 대등한 통일은 불가능하다. 역사상 대등한 위치에 있는 分斷(분단) 양측이 평화통일을 이룬 사례가 없으며 힘의 차이가 있을 때 통일이 용이하다는 점을 감안할 때 흡수통일은 불가피한 선택이 될 가능성이 많다"고 주장하고 있다.

그가 통일을 하는데 있어서 중요한 고려 요소가 '김일성 주체사상'의 수용여부인데, 이는 통일에 있어서 우리 국민이 그다지 중요하지 않게 생각하는 지엽적이고 극복해야할 편향된 사상이고 사고이다.

동독 국민이 통일을 찬성하는데 있어서 공산주의 이념은 별로 영향을 미치지 못했고, 서독으로의 편입에 결정적인 찬성으로 돌아선 것은 독일정부가 1989년 12월 말까지 제공하는 1989년도 분 환영금을 받으러 서독이나 서베를린에 갔다가 서독을 보고 난 뒤였다.

염돈재가 ≪우리신문≫ 2012년 7월 7일자 게재된 전문을 보자.:

"이제 독일통일 20주년을 맞아 독일의 통일과정을 보다 정확히 이해하고, 독일통일에 관한 오해에서 비롯된 잘못된 정책과 통일의식을 바로잡아 두는 것이 필요할 것 같다.

브란트의 동방정책이 동서독 주민들의 '분단에 따른 고통'을 줄이고 민족의 이질화를 방지하는데 기여했다는 점을 부인할 사람은 없다. 그러나 브란트의 동방정책으로 동서독 주민 간에 활발한 접촉과 교류가 이루어져 동독혁명과 독일통일이 가능했다는 주장은 허점이 많다. 이 논리로는 동유럽 국가 중 동독에서의 변화가 가장 늦게 시작된 배경을 설명하기 어렵다. 그 보다는 오히려 서독의 대동독 지원이 동독의 민주화 혁명을 지연시켰다는 주장이 더 설득력 있게 들린다.

독일통일은 브란트의 동방정책이 이룬 성과가 아니다. 독일통일은 정상회담을 통해서 이루어진 것도 아니고 동서독이 화해하고 협력해서 이루어진 것도 아니다. 그리고 어느 국내학자의 주장처럼 동독 공산정권 지도자들의 '결단'으로 통일이 된 것도 아니다. 독일통일은 동독 공산정권이 주민의 시위로 무너지고, 동독국민들이 서독연방에의 가입을 원해서 이루어진 것이다.

독일 사민당 인사들은 브란트의 동방정책으로 고르바초프의 등장과 소련의 변화가 가능해졌다고 주장한다. 그러나 소련의 변화는 1980년대 초 미국 레이건 정부가 '힘의 우위' 정책이 이룬 성과라는 것이 정설이다."

≪신동아≫ 2011년 2월호에 "전 국정원 해외담당 차장이 분석한 독일 통일의 진실", "독일 통일 원동력은 포용 정책 아닌 힘의 우위", "서독 경제원조가 동독 민주화 혁명 지연시켰다"라는 제하로 염돈재는 특별기고를 했다.

앞에 인용문과 일부 중복되는 것 같지만 이 특별기고문 중에서 저자가 논박해야 할 부분을 아래에 옮겨 적는다.

이 책은 특히 아래 특별기고문 내용을 비판하면서, 독일통일에 대한 우리의 잘못된 인식을 바로 잡으려고 한다. 그리하여 우리 국민이 더 큰 통일철학으로 무장하여 우리 민족의 새로운 이데아가 되어야 할 세계로 나아가는 21세기 초강국인 더 큰 '대한민국'으로 나아가는 철학과 지혜를 확립하는 데에 이 책은 도움을 주고자 한다.

"결론적으로 말해 저자는 독일 통일에 관한 한국 사회의 이러한 인식이 잘못된 것이라고 생각한다. 우선 통일의 배경부터 제대로 이해하지 못하고 있다. 대표적인 것이 서독 정부가 브란트 총리의 동방정책 이후 동독과 적극적인 교류·협력 정책을 추진해온 것이 통일의 원동력이 되었다는 평가다. 독일 통일 이후 4년간 국내 일간지에 게재된 사설 40건을 분석해보면 47%(19건)가 독일의 통일을 브란트의 동방정책과 화해협력의 산물이라고 평가했고, 32%(13건)가 서독의 정치·경제·도덕적 우월성 때문이라고 지적하고 있음을 확인할 수 있다."

"사민당의 동방정책이 동서독 사이의 교류와 협력을 확대해 민족의 이질화를 방지하고 분단의 고통을 완화하는 데 기여했음을 부인할 사람은 없다. 그러나 독일의 통일은 브란트의 동방정책과 교류·협력으로 동독 공산정권이 변화해 가능해진 것이 아니다. 동독 주민들의 시위로 공산정권이 무너지고 이들이 서독과의 통합을 원했기 때문에 가능해진 것이다. 더욱이 정확히 말해 당시 브란트의 동방정책은, 통일은 불가능하다고 보고 '분단에 따른 인간적 고통'을 완화하는 데 목표를 둔 '평화적 분단 관리' 정책이었다."

"일각에서는 동방정책으로 동서독 주민 간에 접촉과 교류가 활발해져 1989년 동독 혁명과 통일이 가능해졌다고 주장하기도 한다. 그러나 이러한 논리로는 동독 혁명이 다른 동유럽 국가들이 민주화 혁명에 성공한 후에야 가장 늦게 일어난 배경을 설명하기 어렵다. 그보다는 오히려 서독의 지원이 동독의 민주화 혁명을 지연시켰다는 주장이 더 설득력 있게 들린다. 동독 혁명 당시 서독 정부가 사민당의 주장대로 동독과의 화해 분위기 손상을 우려해 동독 탈출민의 수용을 제한하고 동독에 경제지원을 했다면, 통일에는 훨씬 더 오랜 시간과 비용이 필요했을 것이다."

이제 우리는 장자가 얘기한 것처럼 현상만 보지 말고 사물의 본체도 보려고 하자. 그리고 데카르트가 말한 것처럼, 우리가 눈, 코, 입, 귀로 얻은 감각, 욕구, 정서, 정념은 때때로 우리를 잘못 이끌 수도 있으므로 이성이 가진 힘으로 통일을 이룩해야 할 것이다.

칸트도 그의 ≪순수이성비판≫에서 우리가 대상을 보고 무엇을 인식하려고 한 것이 대상을 아는 것에 대해 제한적이므로 '코페르니쿠스적인 사고의 전환(Kopernikanische Wendung)'을 하여 대상, 즉 북한이 우리가 만든 이성적인 틀에 따라오게 하라고 주문했다.

"이제까지 사람들은 모든 우리의 인식은 대상들을 따라야 한다고 가정하였다.

그러나 대상들을 통해 우리의 인식이 확장될 무엇인가를(중략) 실험적으로 이루려는 모든 시도는 이 전제 아래서 무너지고 말았다."

"그래서 사람들은 한번, 대상들이 우리의 인식을 따라야 한다고 가정함으로써 우리가 형이상학의 과제에 더 잘 진입 할 수 있겠는 가를 시도해 봄직하다"(백종현 역, 순수이성비판).

이 말은 우리의 이성으로 대상을 구성하라는 말이다. 즉 대상이 우리를 따르게 하라는 말이다. 동방정책이란 이성적인 정책으로 인해 동독이 서독을 따라갈 수밖에 없었던, 서독이 동독을 흡수한 것처럼 우리도 북한을 구성하라고 한 것이다.

칸트가 말한 보이는 세계, 즉 사람이 경험으로 아는 현상과 있는 그대로의 세계(Dinge an sich) 간의 실제 괴리는 장벽이 무너지고 난 뒤 동독주민들의 통일찬성 여부를 묻는 설문조사에서 하나의 사례로 나타났다. 설문조사의 결과는 동독인들은 그간 폐쇄된 동독사회에서 그들 감각에서 얻은 서독에 관한 인식만을 보고 판단한 것으로 보인다. 장벽이 무너지고 난 3주 후 설문조사에서 설문에 참여한 동독인들 중 통일에 찬성하는 여론은 27%에 불과했고 반대여론이 71%나 되었다. 이 사례는 나중에 좀 더 상세히 소개될 것이다.

1989년 11월 9일 저자는 독일에서 동·서독 분단을 상징하던 베를린 장벽이 무너진 후 독일인에게 장벽이 무너졌기에 곧 통일이 된다고 축하를 해주면서 마음속으로는 우리나라의 분단현실을 보고 무척 가슴이 아팠다. 그러면서 혼자 우리 민족은 못난 민족이라고 자조 섞인 말까지 내뱉고 했다.

이제 저자는 독일통일을 부러워하는 것을 넘어 우리의 통일에 도움이 되는 통일철학을 위해 그물을 짜는 심정으로 이 글을 쓴다.

우리는 1991년 남북기본합의서 체결 이후 25년이 넘었는데 통일은커녕 남북관계는 점점 더 악화일로에 있다. 예나 지금이나 우리나라는 북한과 대화가 없었고 지금도 대화가 중단된 상태이다.

그래서 지금 가만히 앉아서 통일을 기다리는 것은 연목구어나 수주대토 같은 어리석은 환상이라는 마음이 저자의 내면에 점점 더 강하게 들고 있다.

이 책을 통하여 저자는 독일통일을 가져온 여러 원인을 성찰하며 독일통일을 가져온 밑바탕인 독일인의 통일철학을 밝혀, 우리나라가 정치, 경제, 사회적으로 어려운 이 시기에 북한 퍼주기에 대한 논란에 종지부를 찍는 돌파구를 열면서 21세기 세계 초일류 국가로 발돋움하는데 기여하기를 바라는 심정에서 이 글을 쓴다.

우리나라의 국호는 '대한민국'이다. 그래서 우리가 지향하는 나라의 상태는 현재 남북이 분단된 형상이 아니라 '대한민국'이라는 큰 형상의 개념, 즉 이데아여야 한다.

그런데 그간 언제부터인가 이런 큰 형상인 '대한민국'이라는 진지한 사유는 없어지고 남한만을 위한 편협한 사고가 지배하면서, 우리도 모르게 미래의 큰 형상인 '대한민국'이라는 큰 청사진은 소멸되었다. 그러면서 있지 말아야 할 온갖 차별과 구분이 세상을 지배하고 있다고 저자는 본다. 세상에 차별과 구분이 판치는 사이에 우리민족의 꿈과 희망과 미래가 되어야 할 통일에 대한 의지도 약해져 모든 계층이 출구가 없는 상황 하에 놓여 있는 게 아닌가하는 의구심도 든다.

한국은 이념, 정치, 경제와 사회 등에서 큰 그림이 없이 고착

된 좁고 낡은 프레임에 갇힌 나머지 '소한민국'으로 전락할 것 같은 위기에 다다랐다고 저자는 본다. 아마 이 책을 읽는 많은 독자들도 이런 저자의 소견에 고개를 끄떡이리라고 본다.

통일 후 몇 년간 독일은 유럽의 병자라고 불릴 정도로 통일의 후유증으로 힘들어한 것은 사실이다. 그런 독일이 이제는 유럽의 기관차로서 다시 우뚝 섰다.

염돈재가 독일통일의 배경을 잘못 이해하고 집필했는지 아니면 독일통일을 보수적 시각으로 의도적으로 왜곡해서 집필한 책인지는 몰라도 ≪(올바른 통일준비를 위한) 독일통일의 과정과 교훈≫이란 그의 저서가 2010년 출간되었다. 그 후 그가 국가정보원 차장 출신이라는 사회적 영향력 때문인지는 몰라도, 그의 칼럼이나 강연을 통하여 혹은 그의 저서를 인용하거나 추천한 글로 인해서 국가 전체의 대북한관이 변하면서 남북한 간에 대화단절이 되고 북한에게 강경한 쪽으로 많이 기울어졌다고 사람들이 의심을 할 수 있다. 그래서 저자는 위 책이 힘의 우위에 의한 통일을 강조하기에 남북한 관계를 꽁꽁 얼어붙게 한 게 아닌가 하는 의심을 하고 있다.

이에 저자는 염돈재의 저서나 언론기고문을 학술적 근거를 바탕으로 비판적으로 검증하여 독일통일이 우리 통일이나 세계일류국가 '대한민국'을 위하여 참으로 주는 숨은 철학적인 지혜를 상기시키고자 한다.

그래서 이 책은 분단을 넘어 자손만대까지 길이 빛날 세계일류국가 '대한민국' 건설을 하는데 필요한 마음의 바탕이 되는 동·서양철학 등 인문학이 우리에게 주는 지혜를 고찰해 보고자 하는 것이다. 이런 지혜는 단순한 통치철학이나 생활철학을 넘어 통일철학으로서 새겨들어야 할 고귀하고 숭고한 도덕적인 덕목이나 가치관을 준다고 저자는 생각하기 때문이다.

사랑, 관용, 배려, 도덕, 정의, 평화적이고 평등한 철학적 사유 등이 가져온 독일인의 지혜가 독일 통일을 가져왔고, 독일은 정치·경제적으로 강해졌다.

동양의 인문학도 통일 '대한민국'이나 세계일등국가인 '대한민국'이 되기 위해서 우리가 마땅히 가져야 할 철학적인 지혜나 덕목을 말해 주고 있다. 그것을 우리는 현재 간과하거나 무시하거나 모르고 있을 따름이다.

이 책에서 저자는 독일 통일을 가져오게 한 독일인의 지혜였던 독일인의 철학을 서술하고 인문학, 즉 동·서양철학 등에서 말하는 민족통일의 지혜를 소개하여 상기시키고자 한다.

이 책에서 저자는 분단을 극복하고 통일을 넘어 세계일등국가 '대한민국'을 만들기 위해서 우리에게 주어지는 몇 가지 물음을 던지고 답하고자 한다.

저자가 생각하기에 이 물음에 대한 답을 여러분 스스로도 얻을 수 있다. 그리고 만약 우리가 이 책에서 얻은 답을 실행에 옮긴다면 머지않아, 목하 젊은이들이 절규하는 '헬조선'이 아니라, 젖과 꿀이 흐르는 나라로 바뀔 것을 확신한다.

이 책을 읽는 우리는 현재 소한민국적인 사고나 행태가 지배하고 있는 현실을 비판하는 철학적인 물음을 늘 스스로에게 던져 무지나 편견에서 오는 북한에 대한 차별적이고 편파적인 감정과 북한동포에 대한 사고의 경직성과 편향성을 넘어서야 할 것이다.

대한민국이 보다 합리적이 되도록 우리의 사고나 행태를 의심하고 반성하고 되물어 보고, 우리의 삶을 반성하면서 스스로 창조적인 답을 얻으려고 시도하는 일상의 사유나 질문을 생활화해야 통일을 넘어 더 큰 '대한민국'은 이루어 질 것이다.

남북한 간에 그리고 세계 속에서 국가 간의 이익의 충돌, 또 우리의 사고와 이념이 주는 혼란의 시대에 독일 통일이 우리에게 시사하는 것을 우리는 똑바로 인식하여, 그에 따라 통일대한민국과 세계초일류국가 '대한민국'을 세우기 위한 자유의지를 확립하여 우리는 새로운 세계관과 가치관을 정립하자.

그리하여 정치적으로 경제적으로 위기에 처한 동시대를 살아가는 우리가 더 행복해 질 수 있는 통일한국을 넘어 21세기 초일류국가를 만들어 보자. 그러기 위해서 이 책을 읽는 독자는 아래 물음을 진지하게 사유하고 답해야 하며 거듭나야 할 것이다.

이 책이 문헌의 내용분석을 통한 연구에서 말하고자 하는 것은:

독일통일을 통해 우리는 무엇을 알 수 있는가?

나는 누구인가?

나는 통일을 위해 어떻게 살아야 하는가?

나는 통일을 위해 무엇을 해야 하는가?이다.

우리는 조국과 민족에게 부끄럽지 않는 민족공동체를 형성하는 도덕적 의무를 수행하고 헌신하여 어떻게 조국에 공헌하고 아름답게 생을 마감해야 하는가에 대한 답을 얻어 나가야 할 것이다.

II

더 큰 대한민국을 만들자

Ⅱ

더 큰 대한민국을 만들자

1. 대한민국의 이데아는 무엇인가

우리는 지금까지 우리 대한민국의 영토를 헌법에 명시된 것처럼 한반도와 그 부속도서로 국한하고 있다. 그런데 지금 세간에 밝혀진 단군시조의 과거 영토에 관한 문헌들을 보면, 단군시조가 다스렸던 영토는 지금보다 훨씬 더 북쪽에 위치했고 그 크기가 광대했음을 알 수 있다. 이렇게 새로 알려지는 단군 시조의 영토사료와 배치되게, 우리가 기존에 배웠던 단군의 역사는 잘못되거나 불충분한 자료에 의해 연구된 결과가 아닌가 생각되는 대목이다.

그래서 저자는 우리가 민족의 변함없는 영토개념이 되어야 할 이데아를 과거 단군조선이 다스렸던 영토와 그 문화까지 생각하자고 제안한다. 그래서 우리가 더 큰 '대한민국'을 만들자는 것을 목표로 그 문화의 회복을 위해 이성의 능력으로 해 보자. 그리고 그 문화 융성을 위해서 더 큰 사랑으로 민족의 대동단결과 민족번영을 추구해 보자. 거기에 기여하기를 바라는 심정에서 저자는 이 글을 쓴다.

저자가 조사한 중국의 고대 지리책인 ≪산해경(山海經)≫이나 사마천의 ≪사기≫ '115권 조선열전(제55) 史記卷一百一十五 朝鮮列傳第五十五'에서 단군조선이 다스렸던 영토범위를 종합해 보면: 과거 단군이 다스렸던 조선은, 지금의 한반도에 국한해 있었다는 우리의 역사지식과는 달리, 지금 중국의 요녕성 일대인 요동까지 점하고 있었다. 이 두 사료를 미루어 보아 단군조선은 요녕성까지 이르렀으니 상당히 큰 국가였음을 알 수 있다.

그 때 단군조선 사람은 한 뿌리라고 말할 수 있을 만큼 인구도 적었다.

그들은 당시 첨단이었던 철기문명을 가졌고 사람을 존중하고 사랑했다.

그리고 우리 조상은 도덕을 귀하게 여겼고 문서, 금은(金銀), 돈(錢貨)이 있었다. 그래서 '이상적인 나라', '낙원'이라고 불릴 정도였다(https://sites.google.com/site/joseonuimunsacheoltamwon/sagiyeoljeon-je55-joseonjeon).

≪산해경≫은 중국의 전설적인 최고(最古)의 지리서(地理書)이다. 작가는 하(夏)나라 우왕(禹王) 또는 백익(伯益)이라고 알려져 있지만, 실제는 BC 4세기 전국시대 후의 저작이라고도 한다. 한 대(漢代: BC 202~AD 220) 초에는 이미 이 책이 있었던 것 같다고 ≪두산백과≫는 말하고 있다.

≪두산백과≫는 ≪사기≫가 "중국 전한(前漢)의 사마천(司馬遷)이 상고시대의 오제(五帝)~한나라 무제 태초 년간(BC 104~101년)의 중국과 그 주변 민족의 역사를 포괄하여 저술한 통사"라고 하고

있다.

신동아는 2013년 2월호에서 “고구려 수도 평양은 북한 땅에 없었다”라는 기사를 보도했다. 동 기사를 보면 거란족이 세운 나라인 요나라 정사인 ‘요사서’가 복기대 뇌교육대학원 교수 등에 의해서 번역되었는데, 동 번역서에는 고구려 수도가 평양이 아니라 요양성 요녕으로 기록되어 있다고 한다.

‘요사서’ 지리지 ‘동경도’ 편은 요양이 ‘본래 조선의 땅이었다’는 글귀로 시작한다. 그리고 “요령성 땅을 세로로 가르는 요하(遼河)를 기준으로 동쪽을 ‘요동(遼東)’, 서쪽을 ‘요서(遼西)’로 부른다”고 하고 있다.

≪네이버지식백과≫ ‘한국고전용어사전’에는 요동은 중국 요하의 동쪽 지방이고 지금의 요녕성(遼寧省) 동남부 일대를 일컫는다고 한다.

낙랑군은 네이버 ‘한국민족문화대백과’ 역사 편에 “중국의 한무제(漢武帝)가 서기전 108년 동이(東夷)의 조선(위만조선) 지역에 설치한 군(郡)”이라고 나와 있다.

≪후한서≫ 지제23·군국5에는 단군 조선의 근거지였던 “낙랑군은 한무제때 설치되었으며, 낙양에서 동북쪽으로 5,000리 떨어진 곳에 있었고 18성으로 구성되어있었고, 61,492가구에 인구는 25만7천50명이라고 쓰여 있다. 조선·패수·대방·열구 등이 모두 이곳에

있다"라고 하였다. 곽박(郭璞, 서기 276~324)은 ≪산해경≫에서 '列'은 강 이름으로, 요동에 있다고 말하고 있다.

[後漢書 志第二十三·郡國五. 樂浪郡; 武帝置. 雒陽東北五千里. 十八城, 戶六萬一千四百九十二, 口二十五萬七千五十. 朝鮮·讠冉邯·浿水·含資·占蟬·遂城·增地·帶方·駟望·海冥·列口(郭璞注山海經曰:「列, 水名. 列水在遼東.」)]

위 후한서와 같이 ≪사기≫ 조선열전 주해에서도 곽박이 낙랑군의 가구호수가 61,492가구였고 인구는 25만7천50명에 불과하다고 기술한 것을 볼 때, 이 정도 인구수이면 원래 우리 조상은 원래 한 뿌리였음을 생각해볼 수 있다.

≪산해경≫ 제18권 '해내경(海內經)'에 조선에 관한 언급이 있는데, 내용을 보면 조선의 위치뿐만 아니라 조선인이 사람을 존중하고 사람을 사랑했던 국민임을 알 수 있다:

아래 문장은 국내 네이버의 웹문서에도 찾을 수 있으나 신뢰할만한 출전이 없어 자료의 신뢰성을 위해 인터넷 '제자백가 중국철학서 전자화계획 wiki' 사이트 http://ctext.org/wiki.pl?if=gb&chapter=993442에서 인용했다.:

동해(서해)의 안쪽, 북해(발해, 서해위 바다)의 주변에 나라가 있으니 조선천독(朝鮮天毒)이라 한다. 그 사람들은 물가에 살고 사람을 존중하고 사랑한다.

[東海之內 北海之隅 有國 名日 朝鮮天毒 其人 水居 偎人愛之]

위 조선의 위치에 대하여 중국 진(晋)나라의 학자인 곽박은 낙랑군이라고 해설을 하고 있다(郭璞云: 「朝鮮今樂浪郡也。」).

곽박은 말한다. 조선천독의 천독이라는 말은 [이상적인 나라] 즉 [낙원]을 뜻하는 천축국(天竺國)이라는 얘기이고(天毒即天竺國), 도덕을 귀하게 여겼고 문서, 금은, 돈이 있었다.

[璞云: 天毒即天竺國 貴道德, 有 文書 金銀 錢貨]

곽박은 또 호왕(胡王)이라는 표현을 함으로써 그가 조선의 위치를 정확히 알고 있었다는 것을 알 수 있다. 호(胡)라는 지명은 요동, 요서 지방 등 중국의 동북부라고 한다.

남조(南朝) 송(宋, 420~479)나라 배인(裴駰)의 ≪사기집해(史記集解)≫에는 위(魏)나라 장안(張晏)의 주석을 인용하여, "조선에는 습수(濕水), 열수(洌水), 산수(汕水)가 있는데, 이 세 江들이 합쳐서 열수(洌水)가 되었다. 낙랑(樂浪)·조선(朝鮮)이라는 이름은 이 강 이름에서 따온 것 같다"고 하고 있다.

≪산해경전소(山海經箋疏)≫의 정문과 ≪산해경≫ 해경신역 7권 '해내북경'에는, "조선은 열양의 동쪽, 발해의 북쪽 산의 남쪽에 있다. 열양은 연(古燕)나라의 강역에 속한다"라고 쓰고 있는데, 이것에 관해 곽박은 "조선은 지금의 낙랑현으로, 기자를 봉한 곳이다. '列'은 강 이름으로, 지금의 대방에 있으며, 대방에는 열구현이 있다"라는 주석을 달았다.

[≪山海經箋疏≫ 正文·山海經海經新釋卷七(≪海內北經≫): 朝鮮在列陽東, 海北山南. 列陽屬燕. 郭璞云: "朝鮮今樂浪縣, 箕子所封也. 列亦水名也, 今

在帶方, 帶方有列口縣"]

≪해내동경(海內東經)≫에도 "동해의 안쪽, 북해의 귀퉁이에 조선이라는 나라가 있다"라고 하고 있는데 대하여, 곽박은 '해내북경'에서 주석을 단 것과 마찬가지로 "조선은 지금의 낙랑군이다"라고 주석을 단 것을 볼 수 있다.

[≪海內東經≫ 東海之內, 北海之隅, 有國名日朝鮮. 天毒, 其人水居, 偎人愛之, 郭璞云:「朝鮮今樂浪郡也.」]

2. 북한정권이 무너지면 통일은 저절로 오는가?

장벽이 무너진 직후 동독인들은 통일을 원했는가?
그렇지 않았다.

우리나라에는 현재 북한정권이 얼마 못 가서 무너질 것이고 무너지면 바로 통일 될 것이라는 아무런 근거가 없는 가설을 가지고 있고 이를 믿는 사람이 많다. 그런데 꼭 그렇지 않을 수도 있고 북한정권이 무너져도 통일에 어려움이 있을 수도 있다는 것을 가정하고 이에 대한 철저한 사전 대비가 중요하다는 사례를 저자는, 베를린 장벽이 무너지고 20여일 후 동독민을 대상으로 행한 통일찬성여부를 묻는 여론조사결과를 통해, 들까한다.

우리도 1979년 박정희 대통령이 사망하고 난 후 정상적인 선거에 의한 자유민주주의가 올 것으로 기대했지만 예기치 않게 군부가 등장해서 전두환 대통령이 된 일도 있지 않은가.

그토록 바라던 북한정권이 무너지면 통일이 될 줄 알았는데, 베를린 장벽 붕괴이후 동독민들이 더 좋은 사회주의 국가 동독건설이라는 기치를 내걸었던 것처럼, 북한에도 '더 좋은 사회주의 국가'를 만들자는 북한 내의 여론을 몰아가는 지도자가 혜성처럼 나타난다면 그에 대한 대비책은 무엇인가?

독일통일에 관한 동독 주민들의 여론조사 결과는 그다지 많지 않다. 그것은 아마도 폐쇄된 국가체제에서 의견표출의 기회 자체가 봉쇄되어 있기에 여론조사에 섣불리 참여했다간 큰 코 다칠 수도 있다는 분위기도 한 몫을 했을 것이다.

≪위키피디아≫ 독일어판은 에버하르트 치촌 등이 쓴 (Eberhard Czichon, Heinz Marohn: Das Geschenk. Die DDR im Perestroika-Ausverkauf. 2. Auflage. Papyrossa Verlag, Köln 1999, ISBN 3-89438-171-X, S. 302.)의 자료를 인용하여, 1989년 12월에는 아직 동독에는 통일을 원하는 사람이 다수가 아니었다고 말하고 있다. 단지 27 %의 동독인만 통일을 원하고 동독인의 89 %는 동독의 개혁을 요구했다 한다.

≪위키피디아≫ 독일어판은 또 다른 자료인 한네스 바르만 (Hannes Bahrmann, Christoph Links: Chronik der Wende. Ch. Links Verlag, Berlin 1999, ISBN 3-86153-187-9, S. 136.)의 자료를 인용하여, 1989년 12월 17일 실시한 설문 조사에 따르면 조사참여자의 73 %가 주권국가 동독을 찬성했고, 71 %가 사회주의를 지지했다. 그런데

조사참여자의 39 %만 서구 경제 체제를 원했다.

독일 시사주간매거진 ≪슈피겔≫ 51호/1989의 보도에 의하면 동독 가정의 전화부족이 여론조사의 걸림돌이었다고 지적하고 있다.

1989년 11월 9일 베를린장벽이 무너졌으니 동독민들은 바로 통일에 찬성할 줄 알았는데 압도적인 다수의 동독인들이 통일에 반대한다는 여론조사결과는 서독사회를 발칵 뒤집어 놓기에 충분했다. 각 정당들도 서둘러 이 여론조사결과에 따른 대책마련에 분주했던 것이다.

독일의 권위있는 주간지 ≪슈피겔(DER SPIEGEL)≫이 발표한 독일통일에 대한 동독민의 여론조사결과를 보면 통일을 반대한다는 여론이 압도적으로 우세했다.

≪슈피겔(DER SPIEGEL)≫지는 '51/1989호(1989년 12월 18일자)'에 1989년 12월 1일부터 8일까지 동독인 남녀 1032명을 대상으로 실시한 여론조사결과를 실었다.

이 여론조사는 '슈피겔'과 독일 공영방송 'ZDF'가 공동으로 '동독과학아카데미 Akademie der Wissenschaften der DDR'의 라이너 슈버트 Rainer Schubert 교수와 토니 한 Toni Hahn 교수에게 의뢰하여 조사되어졌다.

'슈피겔'은 이 여론조사가 구 서독 측에서 의뢰했고 동·서독 양측에서 공동으로 수행한 첫 번째 여론조사였다고 말하고 있다.

여론조사결과는:

엘베강과 오더-나이쎄 강 사이에 사는 독일인(즉 동독인) 의 27%만 서독과 통일을 원하고, 71%는 동독이 주권 국가를 유지해야 한다였다(98 Prozent gegen die Funktionäre, DER SPIEGEL 1989년 51호 참조).

한 가지 우리가 참조해야 할 사항은 동독인들 중에는 원래 동독 사회통일당(SED: Sozialistische Einheitspartei Deutschlands) 당원비율이 13%였는데, 이 여론조사에는 그들의 참여 비율은 23%나 되었다고 한다. 저자가 추측하건데, 아마도 이들은 거의 대다수가 통일에 반대하는 여론에 참여했을 것이다.

위에서 저자가 언급한 여론 조사결과는 매우 놀라운 사실을 말하는 것이다. 베를린 장벽이 무너지기 전 몇 백만에 달하는 엄청난 숫자의 동독인이 서독을 방문했지만 여전히 대다수 동독인은 동독이란 자기 국가를 더 선호한다는 것이다. 만약 동독인들이 끝가지 통일에 반대했다면 어찌 되었을까? 서독 정부가 할 수 있는 것은 무엇일까?

다행히 이런 반대 여론은 얼마 지나지 않아 찬성 쪽으로 기울었다. 이렇게 동독민의 통일에 대한 반대여론이 줄어들고 급격하게 찬성 쪽으로 기운 것은 동독민의 서독방문 때 서독 정부 측이 동독방문객에게 지불한 노잣돈인 환영금이 결정적인 역할을 했다. 이 환영금의 액수와 동독인의 서독방문자 수 등에 나중에 상세히 언급될 것이다.

여기서 우리가 알아야 할 중요한 사실은, 우리도 통일을 원한다면 서독정부가 지불한 환영금제도를 본받아 남한을 방문하는 북한동포에게 노잣돈의 형태로 여비를 지불한다면 북한동포의 통일 찬성여론 조성에 도움이 되리라고 저자는 본다. 이 노잣돈에 당장 큰 돈이 드는 것은 아니다.

그런데 아래 여론조사는 동독인의 통일에 대한 찬성이 조사에 따라 엇갈리는 것을 보여주고 있다. 아래 표는 염돈재의 책에서 퍼온 것이다.

아래 표를 퍼온 출처를 밝히지 않았지만 염돈재는 그의 저서 169쪽에서 "1989년 11월 20일부터 27일까지 실시한 여론조사에서는 통일에 반대한다는 의견이 52%를 차지했으나 1990년 1월 이후에는 통일찬성이 압도적으로 높게 나타난다"고 말하고 있다.

이 표에서 보면 1989년 11월 조사에서는 거절이 52%로 찬성 48%보다 거절 여론이 더 많았다. 그런데 1990년 1~2월 조사에서는 통일을 거절하는 여론은 21%로 줄어들고 찬성 의견은 79%로 급격하게 높아졌고, 그 중에 '대단히 찬성'도 40%에 달하는 것을 볼 수 있다.

또 1990년 2~3월에 실시한 다른 여론조사에서는 거절이 16%에 그쳤고, 찬성은 84%였는데 그 중에서 '대단히 찬성'도 44%인 것으로 나타난 것을 볼 때 이미 통일은 대세였던 것을 볼 수 있다.

동독 평화혁명 이후 동독부민의 통일에 대한 태도

(단위: %)

조사 시기	대단히 찬성	거절보다 찬성	찬성보다 거절	대단히 거절
1989년 11월	16	32	29	23
1990년 1~2월	40	39	15	6
1990년 2~3월	44	40	13	3

장벽 붕괴이전 독일인의 통일에 관한 태도는?

1984년 동서독 청소년과 청년들이 독일통일을 원하는지 여부에 대한 여론조사결과가 염돈재의 저서 168면에 있다.

다음 장의 표에서 염돈재는 출처를 밝히지 않고 있지만, 1984년 14세에서 29세 사이의 동독 청소년이 독일통일을 원하는지 여부에 대한 여론조사에서는 '원한다'가 76%, '원하지 않는다'가 13%, '해도 좋고 안 해도 좋다'가 11%였다. 통일을 원한다는 답이 압도적으로 많은 것을 볼 수 있다.

이에 비해 서독 청소년들은 1987년 조사에서 68%만이 통일을 원했고, 8%는 통일을 원하지 않았다. 통일을 해도 좋고 안 해도 좋다는 응답도 25%나 되어 동독 청소년에 비해 서독청소년들은 통일에 대한 열망이 적은 것을 알 수 있다.

1984년 실시된 독일의 재통일이 가능한지를 묻는 여론조사에서는 동독 청소년들은 가능하다는 응답에 4%, 불가능하다는 응답에 60%나 답해 많은 동독 청소년들은 통일이 불가능하다고 생각하고 있었다. 반면 서독 청소년들은 재통일을 단지 2%만이 가능하

1984년 동서독 주민의 통일에 대한 태도

조사 연도	1984년	1987년	비고
조사 대상	동독	서독	14~29세
통일을 원한다	76	68	단위: %
통일을 원하지 않는다	13	8	
통일을 해도 좋고 안해도 좋다	11	25	
재통일이 가능하다	4	2	
가능할지 모르겠다	37	29	
불가능하다	60	68	

다고 답을 했고, 68%는 불가능하다고 응답해, 동독 청소년들이 서독청소년들에 비해 통일을 더 원했고 통일을 더 가능하다고 생각하고 있는 것으로 나타난 것을 볼 수 있다.

이렇듯 베를린 장벽이 무너지기 불과 몇 년 전 통일을 찬성하는 분위기가 팽배했었는데, 막상 베를린 장벽이 무너지고 난 후 동독민 사이에, 특히 여론 주도층인 반체재 시위에 주도한 사회단체를 중심으로 미래의 동독에 관한 논의가 활발히 이루어졌다. 그런 과정에서 통일에 관한 논의도 반대쪽에 무게가 더 실리면서 더 좋은 사회주의 국가를 만들자는 '우리도 국민이다(Wir sind das Volk)'란 표현도 등장했었지만 환영금을 받으러 서독과 서베를린을 방문하여 서독의 발전상을 눈으로 확인한 결과 나중에 찬성 쪽으로 여론이 급격히 기울면서 '우리는 하나의 국민이다(Wir sind ein Volk)'라고 통일의 찬성을 외친 것이다.

3. 서독은 동독인에게 노잣돈을 주었다. 북한동포에게 노잣돈을 주자

1972년 동서독 교류협정체결 이후 양 독일국가 간에 오고간 정치 경제적인 교류협력은 점차 커져갔다. 처음엔 선언적인 문구가 아닌지 의아하게 생각되었던 '동서독기본조약' 제7조의 '현실적이고 인도적인 문제들을 타결할' 수 있는 '인간적(고통, 불편)완화'의 조항, 그리고 처음 대수롭지 않게 맺은 조약의 조문들과 양국 간 경제협력 및 여러 분야에서의 교류들이 결국은 '나비효과'로 나타나서 통일로 이어진 것이다.

저자가 이 책을 쓰는 동기도 독일통일을 가능하게 한 환영금이란 노잣돈제도 때문이다. 그러면서 독일이 20년 만에 통일을 가능하게 한 그 철학적 배경이 궁금해졌기 때문이다. 왜냐하면 우리나라 지도자는 집단지성에 의하지 않고 아무렇게나 혼자 생각하고 아무런 철학적 사유도 없이, 집단사고에서 오는 목소리가 큰 쪽을 좇아 그간 시행해온 대북정책이나 통일정책을 간단하게 헌신짝처럼 뒤집어 버렸다. 그 결과 분단 60년이 지나도록 통일은커녕 남북관계는 더 꼬여 가기 때문이다.

키케로는 그의 ≪의무론≫에서 사람들은 국가와 부모에게 가장 빚을 많이 졌기 때문에, 그리고 처자를 비롯한 가솔들에게는 우리가 부양의무가 있기 때문에 생활에 필요한 물질적 도움을 최대한 주어야 하는 것이 의무라고 말하고 있다.

"만약 의무의 무엇에 대부분이 주어져야 하는가를 비교 대조해 보아야한다면 최우선은 국가와 부모이다. 그 이유는 우리가 그들에게 최대의 은혜를 입었기 때문이다. 그 다음이 처자와 가솔로, 이들은 우리가 부양해 주기를 바라며 또 다른 잠자리도 없다. 그 다음이 편한 관계에 있는 가까운 친척들로, 이들과는 대부분 공동운명에 처해 있다.

그러므로 앞에서 말한 대상에게 생활에 필요한 모든 물질적 도움들을, 그것도 최대로 주어야 한다"(허승일, 키케로의 의무론, 49면).

키케로가 부모에 대한 공경심을 말한 것이기에, 자칫 우리보다도 효를 모를 것 같은 독일인이지만 은퇴한 동독주민에게 환영금 제도를 도입한 것인지도 모른다. 환영금은 은퇴한 동독주민이나 폴란드 거주 독일인이나 그 외 재외독일 동포에게 통독 전 서독 방문시 서독 관청에 신분증이나 여권을 제시하면 개인에게 매년 1회만 지급한 노잣돈이었다. 원래 은퇴한 동독인이 서독 방문 시 서독정부로부터 받는 보조금성격의 노잣돈이었다. 왜냐하면 1961년 8월 13일 베를린장벽이 완성되면서 아주 적은 숫자의 동독인 은퇴자의 서독방문이 허용되었기 때문이다.

칸트는 이성은 틀을 가지고 있고 입법자의 역할을 한다고 했다. 지금까지 우리가 머릿속에 가지고 있는 북한이라는 형태는 6.25전쟁과 그 이후 적대적인 대결관계를 통한 시간과 공간적인 경험에서 구성된 틀이다. 그렇지만 지금은 전쟁이 끝난 지 60년이

지난 시점이라 우리는 무역시장다변화 등 여러 실리적인 차원에서 대북관계를 개선해야 한다.

이제 우리 민족의 이익을 위해서 이성이 가진 능력을 사유할 때가 왔다. 그리고 이성이 가진 무엇을 만들어 내는 능력이 발휘되도록 이성적인 사유를 통한 합리적인 입법이 되어야 통일을 앞당길 수 있고 북한정권이 무너지고 난 후 북한주민들이 동독인들처럼 여전히 사회주의 개혁을 통한 주권국가 '조선민주주의 인민공화국'을 외치거나 했을 때 여론을 바꿀 수 있는 위력을 발휘할 수 있다. 이런 의미에서 저자는 서독의 환영금 제도가 베를린 장벽이 무너지고 난 후 동독주민의 독일 통일에 비관적이었던 여론을 찬성으로 바꾸는데 결정적인 역할을 했으므로 환영금의 의의를 살펴보고, 우리도 이런 제도를 도입하기를 감히 제안하는 바이다.

환영금은 서독정부가 서독으로 여행을 오는 동독주민이 서독지역을 방문할 때 동독주민 누구에게나 직접적으로 현금을 주는 인도적인 '인간적(고통, 불편)완화'의 시혜정책이다. 이 환영금제도 뒤에는 남녀노소의 차별도 없고, 동독에서 온다는 구별도 없고, 동독에서 오면 누구나 평등하게 일정한 금액의 환영금을 받아갈 수 있는, 인간을 존중하고 인격을 유지하게 하는 인도주의적인 사회정의를 실현하는 철학이 있기 때문이다.

그렇지만 누구나 평등하게 차별없이 지급하는 이 환영금제도가 장벽을 무너뜨리는 데 큰 역할을 했다고 저자는 보았기에 이 책에서 그 논리를 제공해 보고자 한다.

이 환영금 제도를 처음 도입할 때의 의도는, 당시 동독정부가 서독여행을 하는 동독노인들에게 70마르크만 휴대하도록 했기 때문에, 은퇴한 동독노인이 서독을 방문하고 동독으로 돌아갈 때 동독으로 가져갈 선물을 사갈 수 있는 경제적 여력이 없다고 보고 서독정부가 선물을 살 수 있도록 1970년부터 30마르크, 우리 돈으로 15,000원 정도 지급했던 것이었다.

우리 돈으로 15,000원 하면 별 것 아닌 것 같지만, 당시 서독화폐의 구매력을 보면 우리 돈으로 10배 이상의 가치를 가졌다고 저자는 본다.

세월이 지나 1988년 8월 26일부터 일인당 30마르크에서 100마르크를 지급하게 되었다. 왜냐하면 동독정부가 1988년 7월 1일부터 서독으로 가는 동독주민들에게 그간 70마르크에서 15마르크만 휴대하도록 여행경비를 줄였기 때문이다.

이 환영금 지급이 일인당 100마르크로 오르면서, 이 환영금 제도가 베를린장벽을 무너지게 하고 동독 국기를 내리게 한 일등공신이 되는 위력을 보였다. 장벽이 무너지고 난 후 동독주민들이 하나의 통일국가로 가기 위해서 실시한 통일찬성투표에서 그간 반대여론이 지배적이었던 분위기가 급격하게 찬성 쪽으로 선회하면서 찬성표를 던져, 소위 흡수통일형태로 통일문제를 매듭짓는 데 결정적인 역할을 했다.

≪장자≫ '지락편'에 '비이조양양조야(非以鳥養養鳥也)'란 말이 있다.

어느 날 노나라에 신비한 바닷새 한 마리가 찾아온다. 노나라 임금은 이 새에게 술과 고기를 먹이는 등 좋은 것만 주며 돌봤지만 새는 3일 만에 죽고 말았다고 한다. 이는 새에게 먹이를 줄 때는 주연을 베풀지 말고 새에게 맞게 새가 좋아하는 것을 주라는 말이다.

강신주의 『장자: 타자와의 소통과 주체의 변형』에서 대화 내용을 재인용하면 이렇다.:

"너는 들어보지 못했느냐?

옛날 바닷새가 노나라 서울 밖에 날아와 앉았다.

노나라 임금은 이 새를 친히 종묘 안으로 데리고 와 술을 권하고,

구소의 음악을 연주해주고, 소와 돼지, 양을 잡아 대접했다.

그러나 새는 어리둥절해하고 슬퍼할 뿐, 고기 한 점 먹지 않고,

술도 한 잔 마시지 않은 채, 사흘 만에 죽어버렸다.

이것은 자기와 같은 사람을 기르는 방법으로 새를 기른 것이지,

새를 기르는 방법으로 새를 기르지 않은 것이다."

이는 곧 만물이 대상을 접할 때 그의 기호나 삶의 환경이나 조건의 차이가 있음을 알아야 한다는 것을 말한 것이다.

동독정부는 사회주의 국가로서 국외여행 등 모든 면에서 인민을 통제하는 위주로 통치했다. 반면 민주주의 연방공화국인 서독은 국민이 무엇을 원하는지 알려고 했고 알고 난 후, 이를 개선시

키려고 애썼다. 지금도 마찬가지지만 당시 서독은 국민의 가려운 곳을 긁어 주는 권리를 개선하는 기본법에 의거해서 사회정의를 실현하는 제도적인 장치를 가졌었다. 반면 동독은 인간이 누려야 할 권리나 취향을 장기간 무시한 결과 망하게 되었다.

≪장자≫ '서무귀(徐無鬼)'에 '以德分人謂之聖, 以財分人謂之賢(이덕분인위지성, 이재분인위지현)'이라는 말이 있다. 이 말은 "남에게 덕을 베푸는 것을 성(聖)이라 이르고, 남에게 재산을 나누어 주는 것을 현(賢)이라 이른다"는 뜻이다.

우리도 조금만 더 북한에게 여유 있게 생각하고, 북한 동포를 위한 나눔의 실천에 힘쓰면 모두가 작은 성인(聖人), 작은 현인(賢人)은 될 수 있을 것이다.

≪미래한국≫의 박상봉 편집위원의 칼럼에 의하면 동독민이 1949에서 1961년 동안 서독으로 탈출한 규모는 연평균 20만 명에 달했고, 6.17 반소련 저항이 있었던 1953년 한 해 동안 33만 명이 서독으로 탈출했다고 한다. 이에 대한 고육지책으로 동독은 1961년 8월 13일 베를린 장벽을 세웠다. 1961년까지 탈출자 수는 무려 268만여 명에 달했다.

그런데 1961년부터 1989년 사이에는 베를린 장벽으로 인해 서독으로 탈출자 규모가 연평균 1만~2만 명에 그쳤다. 그런데도 동 기간 중 탈출자는 대략 47만 명이다. 그리고 1989년 11월 9일 베를린 장벽이 붕괴된 후 연말까지 35만 명이 동독을 탈출해 서독으로 이주했다.

이외에도 동독의 허가를 받고 서독의 친지를 방문하고 되돌아 가지 않았던 노약자나 연금수령자인 귀순자 규모는 매년 9,000명 정도였지만 1984년에는 3만 5,000여 명으로 4배나 증가했다.

≪위키피디아≫ 백과사전에 의하면 1988년 총 2억 6천만 마르크가 환영금으로 지급되었다.

1989년 11월 9일 동서독 국경이 무너지고 난 뒤 3일 후인 11월 11일까지 300만 명 이상의 동독주민이 여행비자 신청을 했고, 11월 9일에서 13일 사이 450만의 동독주민이 서독이나 서베를린 방문비자를 발급받았다고 했다. 그리고 11월 20일까지 1,100만이나 되는 동독주민이 서독이나 서베를린으로 여행을 나왔다. 11월 9일 이후 3주도 안 되는 기간에 1,800만 명의 동독민이 서독을 방문했다.

서독의 헬무트 콜 총리도 1989년 12월 3일 벨기에 수도 브뤼셀에서 미국 부시 대통령과의 대담에서 환영금에 문제에 대해서 언급하면서 11월 9일 베를린 장벽 붕괴이후 1,800만 명의 동독인이 환영금을 받아갔다고 말했다고 한다.

이는 당시 동독인구수가 1,643만이었던 사실을 감안하면 인구수보다 더 많은 환영금이 베를린 장벽 붕괴이후에 지급된 것이다.

여기서 한 가지 의문이 생기는데, 그 많은 동독주민들이 왜 이렇게 짧은 시간 안에 서둘러 여행을 나왔을까? 답은 모두가 12월 말까지 종료되는 1989년치 환영금을 받기 위해서이다. 그리고 콜 총리가 말한 것처럼 환영금이 동독주민에게 주는 6개월치 봉급이라는 큰 의미 때문이다.

그리고 또 우리가 주목해야 할 것은 ≪위키피디아≫가 말하는 환영금이 동독민에게 주는 경제적인 파급효과이다. 동서독 통화의 환율은 비공식적으로 1987년까지 서독 1마르크 대 동독돈 4마르크였다. 그러다가 동독경제가 점차 어려워지자 1988년에는 암시장에서 1대 10으로 거래되었고 1989년 베를린장벽이 무너진 뒤엔 1대 20으로 거래되었다고 한다.

여기서 알 수 있는 사실은 동독 경제가 나쁘고 환영금제도 때문에 동독민이 환영금을 받기 위해서 서독을 방문하면 물건을 사고도 엄청난 금액의 동독 마르크가 남는다는 사실이다. 이 사실 때문에 당시 동독에는 사회주의국가만 여행이 가능했기에 서독으로 여행을 허해달라고 1989년 서독으로 향하는 여행자 봇물이 터졌고, 이는 급기야 베를린장벽의 붕괴로 이어졌다는 사실이다.

항산이 없으면 항심도 없다. 사회주의 이념이고 8만에 달한다는 동독 국가보위부의 철옹성 같은 감시고 뭐고 한낱 정부도 돈에 혈안인 국민들로부터 무력하게 무너지는 것이 인간의 인지상정에서 나온 적나라한 모습이다.

≪위키피디아≫는 독일 내무성의 '독일정치 기록. 독일통일, 다큐멘트 109번' 문서를 인용하여 당시 서독의 헬무트 콜 총리가 1989년 12월 3일 벨기에 수도 브뤼셀에서 미국 부시 대통령과의 대담에서 환영금에 문제에 대해서 언급한 것을 적고 있다.:

원래 환영금은 동독 은퇴자가 서독을 방문했을 때를 위해서 도입되었다. 그런데 현실은 예컨대 세 아이를 가진 부부가 서독으로 여행와서 500마르크의 환영금을 받으면 그 중 20마르크 어치의 상품을 서독에서 구입한다치고 30마르크는 1대 20의 환율로 동독마르크로 바꾸면, 이 여행에서 6개월치 평균치 봉급을 가져간다고 콜 총리는 말했다.

(ab Bundesministerium des Innern: Dokumente zur Deutschlandpolitik. Deutsche Einheit, Dokument Nr. 109, Gespräch zwischen dem Bundeskanzler mit Präsident Bush in Laeken bei Brüssel am 3. Dezember 1989, S. 601~602.)

그런데 어떻게 동독인구수보다 많은 1,800만 명이나 환영금을 지급받을 수 있었을까?

1999년 11월 9일자 독일동포미디어인 ≪베를린 리포트≫가 "베를린장벽붕괴를 나는 이렇게 체험했다"란 제하의 기사를 실었는데 이 기사를 보면 그 원인을 알 수 있다.

독일 시사주간지 ≪포쿠스≫의 독자들이 독자포럼에 1989년 11월 9일 베를린 장벽이 무너진 당시의 체험을 투고한 것을 재인용한 한 기사이다.

해당 기사에서 winno라는 독자가 동독주민이 환영금을 받는 현장을 목격하고 그 목격담을 쓴 것이다.

"우리 모두는 장벽붕괴에 환호했다.

나는 국경 근처에 살기에 특히 그랬다. … 일단은 열광했다.

그러나 이후에 현실의 삶은 이내 다른 모든 추함도 동반했다.

지금 확실히 기억에 남는 건 동독시민을 맞으면서 '환영금'을 주었을 때

동독시민들이 우체국 앞에서 환영금을 더 타기 위해 애들을 계속 바꿔치기 하던 모습이다.

그래서 다들 한 번에 네 배의 환영금을 탔다!

뭐 그럴 수도 있다.

그 때문에 독일이 망하지는 않는다."

위에서 알 수 있는 사실은 5식구가 500마르크의 환영금을 받으면 1대 20의 비공식환율 때문에 6개월치 봉급이 되니 동독의 어른들이 어린애들을 통해 여러 번 환영금을 받도록 시켜서 더 많은 돈을 받은 것이다. 어른은 신분증이나 여권 위에 환영금을 받았다는 스템프를 찍고 주었지만 애들은 아직 신분증이 없었기에 이점을 악용한 것이다. '항산 항심'이란 맹자의 말을 여기서도 엿볼 수 있는 대목이다.

그런데 독일통일에 진짜 중요했던 우리가 간과하지 말아야 할 사실은 동독민들이 환영금을 타기 위해 서독과 서베를린을 방문해서 진짜 서독의 모습을 보고는 '더 좋은 사회주의 국가 건설'이라는 동독사회의 구호는 먹혀들어가지 않았고, 동독민의 여론은 통일찬성 쪽으로 급격히 기울었던 사실이다.

우리도 북한주민이 남한에 올 때 여비인 노잣돈을 지급해도 큰 의미가 있을 것 같다. 이 환영금제도를 배워서, 남한을 방문하

는 북한 주민에게 베푼다면 통일이 한결 쉬워질 것이다. 아마도 독일처럼 무혈 통일이 가능하게 될지도 모른다.

저자가 기억하기로는 과거 북한돕기운동을 할 때 우리 돈 2,000원이면 북한에서는 3일간 국수를 먹을 수 있다고 들었다.

2016년 7월 6일 노컷뉴스에 "생수병에 쌀 넣어 북한에 보낸다. '주민들 큰 호응'"이란 기사가 실렸다.

내용을 보면 '탈북난민인권연합'은 2016년 5월부터 매달 한 차례씩 모두 3차례에 걸쳐 북한 주민들에게 쌀 600kg을 바닷물을 통해 흘러 보냈다 한다. 2리터짜리 생수병에 쌀을 1kg씩 넣어 밀봉한 뒤 2개씩 묶어 강화도 삼산면에서 밀물 때 바다에 놓으면 3시간 정도가 지나면 북한 황해남도 옹진군과 과일군 해안에 도착한다고 한다. 그런데 이 쌀 보내기가 현지 주민들로부터 큰 호응을 얻고 있는 모양이다.

탈북난민인권연합의 대표는, "북한 당국이 처음에는 남쪽에서 독약이 든 쌀을 보내고 있다고 선전했지만, 주민들이 닭 등 가축에 먹여도 아무런 이상이 없자 남쪽에서 보낸 생수병 찾기에 나서고 있다"고 말했다.

심지어 남쪽에서 쌀이 해상을 통해 들어온다는 소문이 돌자 어민들은 물론 해안에서 작업하던 주민과 심지어 군인들까지 생수병을 찾기 위해 해안을 누빌 정도라고 한다.

북한에서는 쌀 1kg이 5천원에 거래되고 있어 생수통 2개를 찾으면, 이는 금액으로 환산하면 3달치 월급에 해당되는 액수이고 식량난도 해결할 수 있어 주민들은 '일석이조'의 효과를 보고 있는 모양이다.

이런 행사와 비슷한 이웃사랑의 물결이 통일 전 서독인들은 동독인에게 성탄절을 전후로 소포로 보내졌고, 결과적으로 이런 민관의 차별없는 따뜻한 온정들이 베를린장벽을 무너트리고 피한 방울 안 흘리고 독일통일을 가져온 것이다.

≪위키피디아≫ 백과사전에 의하면 이 환영금 지급이 1989년 11월 9일 동서독 국경개방에 정치적. 경제적으로 특별히 의미를 가졌다고 하면서 전환의 전환(Wende der Wende), 즉 두 번째 전환을 가져온 계기로 평가하고 있다.

베를린 장벽이 무너지는 것이 첫 번째 전환이었지만 그 때는 통일에 반대하는 여론이 압도적이었다. 그런데 환영금을 받으려고 1,800만 명이나 서독과 서베를린을 드나들면서 통일에 찬성하는 쪽으로 급격히 바뀌었기 때문이다.

1) 항산이 없으면 항심이 없다

항산(恒産)과 항심(恒心)은 ≪맹자≫ 양혜왕장구상(梁惠王章句上)에 맹자와 제선왕(齊宣王) 사이의 대화에 나오는 고사이다. 여기서 맹자는 인덕을 베풀어 모든 사람들이 임금을 존경하게 하고 임금의 나라로 모여드는 정치를 하라고 주문한다. 이에 제선왕은 자신도 그렇게 할 수 있도록 맹자에게 가르쳐 달라고 말한다. 그러자 맹자는 항산과 항심이라는 말을 한다.

'맹자집주대전'의 주에서 항이라고 하는 것은 항상하는 것이고 산이라고 하는 것은 생업이라고 하고 있어, 항산은 항상 생업으로 할 수 있는 일을 말하고 있다. 항심은 사람이 항상 가지고 있는 선한 마음을 뜻한다.

맹자는 말하기를, 선비는 항산이 없더라도 항심을 가질 수는 있지만, 일반 백성들은 그렇지 않다는 것이다. 항산이 없으면 일반 백성들은 방자하고 편벽되고 사치스러워 하지 못하는 일이 없다는 것이다. 그리고 현명한 임금은 백성들의 재산을 잘 다스려 위로는 부모를 섬기고 아래로는 처자를 양육하게 하며 풍년에는 배불리 먹고 흉년에는 굶어죽는 것을 면하게 하여야 한다고 맹자는 말하였는데, 그러면 백성들은 착한 길로 인도되어 잘 따른다는 주장이었다.

요즘 말로 하자면 항산은 국민들이 생업을 영위할 수 있는 일자리라고 볼 수 있다. 그런데 사람이 모여들게 하려면 경제를 발전시켜 국민에게 맞는 일자리를 만들어 주어야 한다. 그러면 그에 따라 항심인 도덕심이 생기게 된다는 것이다. 국민이 도덕심을 가지게 하는 것이 더 큰 대한민국을 만드는데 중요하다고 저자는 생각하므로 이 책에서 별도로 보다 상세히 언급되겠지만 칸트는 도덕적인 행위를 하는 것을 동정심이나 감정에서가 아닌 의무로 보았다.

항산이 되면서 국가가 발전하여 항심으로 '환영금' 등 금전적인 혜택으로 동독동포를 돕는 서독인의 도덕적 행위와 비교하면, 동독인들은 국가에 대한 사랑이나 자긍심과 항심으로 지니고 있어야 할 도덕심을 잃어버린 것이다. 그리고 그에 따라 맥없이 무너진 것이 베를린 장벽이고 동독이란 국가였던 것이다

≪장자≫에 '애태타'라는 추남이야기가 나온다. 추남인데도 여자들이 거들떠보지 않기는커녕 인간답고 신뢰가 가기에 후처라도 되기를 간청했다 한다. 애태타에 관한 이야기는 노나라 임금과 공자 사이의 대화에서 나온다.:

"노(魯)나라 임금 애공(哀公)이 공자에게 물었다.

애공: 위(衛)나라에 몰골이 추하게 생긴 사람이 있었는데,

이름이 애태타(哀駘它)라고 하오.

그와 함께 지낸 남자들은 그를 공경하여 떠나지 못하고,

여자들은 그를 만나고 나면 부모님께,

'일반 사람의 본처가 되기보다는 그의 첩이 되게 해 달라'고 조른다고 해요.

지금까지 그가 무슨 고상한 이론을 말하는 것을 들어본 적도 없고,

고귀한 지위에서 사람들을 죽음에서 구해준 적도 없고,

재물을 쌓아두고 다른 사람을 도와준 적도 없고,

게다가 아주 추하게 생겨 세상 사람들을 놀라게까지 하고,

그의 지혜라는 게 고작 자기 생활 주변을 벗어나질 못하는데도,

어쩐 일인지 남녀를 불문하고 그를 만나본 사람은 모두가 그와 함께 있길 바라니,

그에게는 분명 보통 사람과 다른 특별한 점이 있을 것이오.

그래서 과인이 그를 불러 만나본 적이 있는데,

과연 추하기가 사람들을 놀라게 할 만했소.

같이 지내보니 한 달도 안 가서 그의 사람됨을 느꼈고,

1년이 안 되어 그를 신뢰하게 되었지요.

마침 재상자리가 공석이어서 그에게 국정을 맡기려했더니,

오히려 그는 대수롭지 않게 응하며 싫어하는 듯 모호한 반응이었소.

그래도 국정을 맡겼더니 바로 떠나 가버렸소.

도대체 그 사람은 어떤 사람이오?"하고 공자에게 물었다.

그러자 공자가 대답하기를,

"제가 초나라에 갔을 때, 마침 새끼 돼지들이 죽은 어미의 젖을 빠는 것을 보았지요.

그 새끼들은 잠시 놀란 듯이 하다가 얼마 지나지 않아 어미 곁을 떠나가 버렸습니다.

새끼들이 어미를 사랑하는 까닭은 그 몸을 사랑하는 것이 아니라,

그 몸을 부리는 심령(心靈=혼)을 사랑하는 것입니다.

어미 돼지는 죽자마자 심령이 몸을 떠나버려 화기(和氣)가 없어졌으니,

새끼들이 어미 곁을 떠나간 것이지요"하고 답했다.

위에서 추남 중의 추남 애태타에게 여인이 몰리는 이유는 여인들이 애태타에게 정실이나 후실이냐를 따지지 않고 그와 함께해

도 좋다고 생각하기 때문이다. 애태타에게서 여인이 함께 살아갈 수 있는 편안한 감정을 느꼈기 때문일 것이다.

그리고 새끼 돼지가 죽은 어미젖을 빨다가 더 이상 젖이 안 나오기에 어미를 떠난 것은 맹자가 말한 "항산이 없으면 항심이 없다"는 말과 일맥상통한다. 당장 먹을 게 없는데 엄마와 자식이라는 모자관계에만 의지하기에는 생존문제가 시급하다는 이야기이다. 그리고 새끼 돼지들이 어미 돼지의 젖을 빨 때 줄줄이 붙어있은 것은, 모성애를 가진 어미라는 사물 그 자체보다, 배고프면 젖을 먹는 욕구를 충족할 수 있었던 경험 때문이었다.

동독민이 서독으로 몰리는 것은 위의 애태타 이야기나 새끼돼지 이야기와 별반 다를 게 없다. 서독이 돈을 주니 좋아서이다. 서독은 또 사람에게 인간다운 삶을 보장해 주며 사람을 살게 했다.

우리도 독일처럼 인간존중과 인격존중의 차원에서 의무적으로 북한 동포를 수용하려는 자세를 가져야 한다.

대구에 소재하는 대학의 어느 교수는 북한 정부의 체제유지를 도운 탈북자는 다 사형시켜야 한다고 말하고 있다. 이는 동독민을 무조건 받아주었던 서독인의 자세와는 너무 차이가 나는 견해이다.

≪장자≫ '소요유'편에 요 임금이 허유에게 천하를 물려주려고 '해와 달이 나와 있어도 그 불빛으로 횃불을 끄지 않으면 그 빛이 무슨 의미가 있겠는가' 하는 말로 허유를 해와 달의 빛으로 비유

하며 자신의 자리를 맡아 줄 것을 설득했다. 이에 허유는 '뱁새가 둥지를 트는 곳은 깊은 숲 속의 나뭇가지 하나에 불과하고, 들쥐가 황하의 물을 마시는 것은 제 양만큼의 불과하다'고 자기 그릇의 크기만큼 역량을 발휘하며 살겠다고 화답한다.

여기서 저자는 해와 달이 비추는 빛을 국가에 비유하고 싶다. 동독처럼 국가가 있어도 백성에게 닥친 위급한 불을 꺼주지 못하는 해와 달에 불과할 때, 장기적으로 국민들 사이에 이런 국가는 필요없다는 실망이 쌓이게 마련이다. 그런데 이웃 동포의 나라인 서독이 국민의 불을 잘 꺼준다면 마음은 거기로 쏠리는 것이다. 그리고 아무리 들쥐에 불과하더라도 황하의 물을 마셔 자기 배만 채우기에 급급하고 다른 사물을 생각하는 덕이나 배려가 없다면 그 들쥐는 인기가 별로 일 것이다.

사마천의 ≪사기≫ '화식열전' 69권에 부에 따른 사람의 태도와 행태변화가 쓰여 있다.

"대체로 일반 백성은 상대방의 재산이 자기보다
열 배 많으면 몸을 낮추고,
백 배 많으면 두려워하고,
천 배 많으면 그 사람 일을 해주고,
만 배 많으면 그 사람 노예가 된다.
이것이 사물의 이치이다"라고 하고 있다.

오늘 날 사람이 사는 세상에서 이 구절은 자본주의 발전에 따른 상대방이 재산의 소유여부에 따라 고개를 숙이고 자세를 낮추는 인간의 적나라한 모습을 사마천이 BC 100여 년 전에 이미 예견한 것이라 보면 되겠다.

재산이 있으면서 남에게 베풀면 그는 그만큼 덕스러운 것이다.

2) 독일인들은 얼마나 서로 왕래를 했는가?

2014년 5월 7일자 DailyNK에 게재된 염돈재의 '독일 통일의 밑거름 된 동서독 인적 교류'란 글에서 보면 동독연금생활자들의 서독방문은 아래 표와 같이 1960년에는 80만 7천 명이었다. 그러다가 서베를린으로 탈출을 막기 위해 베를린장벽이 세워진 1년 후인 1962년에는 2만 7천 명에 그쳐 엄청나게 줄어 든 것을 볼 수 있다.

동독인의 서독 방문

(단위: 천 명)

연도	방문자수	방문사유	
		연금생활	긴급가사
1955	2,270	2,270	
1960	807	807	
1962	27	27	
1967	1,072	1,072	
1972	1,079	1,068	11
1983	1,527	1,463	64
1987	5,090	3,800	1,290
1988	6,750		

출처: 염돈재, 독일통일의 과정과 교훈, 123면.

5년 후인 1967년에는 동독인의 서독방문은 107만 2천 명을 웃돌아 서독방문객이 다시 큰 폭으로 늘어난 것을 볼 수 있다. 그리고 1983년에는 서독방문자수가 152만 7천 명으로 기록되다가 1987년에는 509만 명으로 폭발적으로 늘어났고, 1988년 675만 명으로 집계되고 있다.

≪위키피디아≫ 백과사전에 의하면 1984년까지 매년 4만~6만 명의 동독인이 서독을 방문하던 것이 1985년부터 방문객수를 늘리는 협정이 성립된 후 급격한 증가세로 돌아섰다고 하고 있다.

동독인의 서독방문자 수가 1987년부터 이처럼 큰 폭으로 증가한 원인은 어디에 있을까?

그 원인은 동독의 경제적 낙후, 동독국가의 통제와 서방으로의 여행제한 등 자유롭지 않은 동독의 생활, 서독에 만연하고 있던 동포애와 인간존중의 정신, 그에 따라 서독 측에서 시행한 인간의 존엄성을 존중하는 여러 조치들이었다. 예를 들면 환영금제도, 정치범들의 자유구매 등이다.

4. 북한과 평화조약을 체결하자

국정 운영도 과학적이어야 하고 외교와 국방도 국내외에 시행했던 경험적 사실로부터 일반화된 효율적이고 일반적인 기법을 벤치마킹하여 과학적인 행정이라야 국력낭비를 막을 수 있다.

현재 5월 9일 장미대선이 오면서 각 후보들은 서로 자기가 안보적임자라고 목소리를 내고 있다. 누가 대통령이 되던지 가장 안보에 공헌하는 업적은 북한과 평화조약을 체결하느냐의 여부에 달려 있다. 그러면 보다 안정된 국방으로 인해 예산과 인력이 거시적인 관점에서 조정이 되면서 보다 과학적이고 합리적인 국정운영이 가능해 진다. 지금까지 우리나라는 대통령이 바뀌면 이전에 북한과 맺었던 성명서나 합의문은 휴지조각이 되고 말았다. 그래서 정권이 바뀔 때마다 북한과의 관계개선은 매번 새 출발을 해야 했다. 그러면서 대통령은 국내는 물론 국제사회와 외국정상을 만날 때마다 열일을 제쳐놓고 새로운 대북정책기조를 설명해야 하는 관행을 되풀이 했으므로 심각한 국세와 생산성의 낭비이자 국력의 낭비이고 합의문 파기에 따른 이미지 실추도 고려해야 한다.

서독의 브란트 총리는 동독과 동서독기본조약을 먼저 체결한 후 영속적이고 중단없는 동독과의 관계개선에 나선 결과 통일이 된 것이다. 그리고 서독 내에서도 이 기본조약에 의거해서 동독지원을 하니까 명분도 생기고 반대하는 목소리도 잠재울 수 있었다.

한국에서는 대통령이 자주 외국을 다녀오면서 이렇다 할 실적은 못 보여 주면서 포장만 하기 바빴다. 독일은 총리가 외국순방전에 미리 실무협의를 통해 서명할 협정을 준비하고 서명하러가는 경우가 대부분이다.

브란트 총리의 경우 1970년부터 소련과 조약을 체결했고 이어서 폴란드 및 체코슬로바키아와도 과거의 앙금을 해소하는 조약을 체결하여 주변국과의 관계개선을 했던 것이다.

전통적으로 한국은 북한의 위협이 강조되면서 안보가 국민의 중요한 관심사이다. 그런데 안보를 보장하는 방법이 상위 방위산업국과는 다르다. 미국, 일본, 독일 등 방위선진국은 모두 국방장관이 원칙적으로 민간인 출신이다. 독일과 일본에는 국방장관이 심지어 여성이다. 독일의 여성국방장관은 1958년생인 우줄라 폰 데어 라이엔(Ursula Gertrud von der Leyen)인데 2013년부터 국방장관이다. 일본은 2016년 3월부터 여성인 이나다 토모미이다.

과거 아프리카 리비아의 가다피 등 쿠데타로 집권한 국가원수들은 국가원수가 된 뒤에도 독재를 강화하려고 군복을 즐겨 입고 공식석상에 나타났었다. 많은 공산국가의 국방장관들도 군복을 입고 평소 공식석상에 나왔다. 그런데도 그들 공산국가의 방위는 서방선진국보다 견고했던가? 대개는 자체 모순으로 정권이 망하거나 동구권은 몰락하고 말았다.

문은 무보다 강할까 그렇지 않을까? 전쟁이 일어나면 효과적인 방어나 공격을 하여 적을 이기는 훈련을 받은 직업군인 출신이 국방장관을 하면 문민 국방장관출신보다 안보는 더 든든하게 할 수 있는가?

문민 국방장관출신은 전쟁보다는 평화를 더 숭상해서 전쟁없이 평화로운 승리로 이끌 수 있는 평화정책으로 적을 이기게 하는가? 이 물음에 대한 답으로 독일의 국방장관은 늘 민간인 출신이었다. 그러면서도 독일 국방장관은 안보에 위협을 안 느끼게 했고 피 한 방울 안 흘리고 독일통일을 해서 독일을 넘어 지구촌의 평화를 창조하는데 일조를 했다고 저자는 생각한다.

저자가 오랫동안 독일에 체류하면서 독일 국방장관이 왜 민간인인가 하는 점을 매스컴을 통해 관찰하면서 느낀 점은 이렇다. 첫째는 정권을 잡은 정당의 평화적인 안보정책공약에 따라 보다 거시적이고 과학적인 안보정책을 수립하고 이행할 수 있다. 두 번째는 한국의 국방장관처럼 사관학교의 선후배에 얽혀있지 않아 청탁에서 자유로워서 방위산업과 관련된 비리가 없다는 점이다. 세 번째는 한국처럼 국방장관이 자주 바뀌지 않아 국방정책이나 행정의 영속성을 가지고 있다. 네 번째는 나토회원국으로서 나토군의 전략 때문에 독자적인 국방정책도 중요했지만 다른 한 편으로는 나토회원국의 일원으로서 나토와 협력해서 공동전략을 결정해야 하는 비중도 컸다.

주제에서 벗어나지만 독일통일 당시 외교부장관을 18년이나 역임했던 자유민주당의 겐셔 장관의 공헌도 크다. 베를린 장벽이 무너지고 서독은 독일분할 4대국 중에 하나인 소련으로부터 독일통일 승인을 받아야 했었다. 그런데 겐셔는 외교부 장관을 오래했기에 소련의 외교부장관 세바르나제와도 오랜 동료로서 친분이 깊어 소련의 승인을 받아내는데 일조를 했다. 세바르나제는 후일 소련으로부터 독립한 그루지아 공화국의 초대 대통령이 된 사람이다.

우리는 외교부장관이 외국 외교부장관과 얼굴을 익힐만하면 바꾼다. 지금도 그렇지만 당시 서독은 큰 정당이 의회과반수를 못 차지하기에 정당끼리 연정을 해야 한다. 이 때 득표율이 적은 약소파트너정당에서 부총리인 외교부장관을 맡는 것이 관행이다. 그래서 통상 득표율이 낮은 약소정당의 당수가 외교부장관을 맡는다.

이제 우리도 외교현안이 생기면 그것을 해결하려고 허급지급 나서는 국면에서 벗어나, 장기적인 관점에서 국익을 창출하는 이성의 능력을 사용한 외교정책으로 전환하여 북한도 세계도 우리를 따라오게 만들어야 할 것이다.

중국은 최근 아프리카 등지에서 적극적인 중국 주도의 외교전략을 펼치고 있기에 미국 등 기존에 세계만방에 세력을 가지고 있는 서방국가로부터 견제를 받기 시작한 것이다.

5. 동서독 기본조약

동서독 양국은 1972년 12월 21일 동베를린에서 동·서독 관계 정상화를 위해 동서독기본조약을 체결했다. 이 기본조약에 의해 양독일은 동등한 권리 하에 정상적인 우호 관계로 발전시키고, 유엔헌장에 명시된 목표와 원칙을 지키면서 평화적인 수단으로 양국간의 갈등을 해결하기로 약속한 것이다. 그러면서 상호 불가침조항과 함께 무력을 통한 위협과 무력사용을 포기하도록 한 것이다.

한 가지 특이한 것은 우리는 현재 북한과 대화도 없이 핵문제를 해결하려 하는데, 양독은 조약을 통하여 핵무기를 포함한 대량살상무기의 군비축소에 노력하기로 합의했다는 점이다.

대화를 통하여 양독이 가진 문제를 슬기롭게 해결하는 지혜를 발휘하여 통일로 가는 기본 초석을 다진 것이다. 이 기본조약체결

후 17년이 못 되어 베를린 장벽이 무너지고 독일은 통일을 한 것이다.

다음은 동서독 기본조약의 전문내용이다.:

동서독 기본조약(요약본)

1972년 12월, 동독과 서독은 다음과 같은 10개 조의 '기본 조약(Grundlagenvertrag)'에 합의했다.

제1조. 독일연방공화국과 독일민주공화국은 동등한 권리의 토대 위에서 정상적인 우호 관계를 발전시킨다.

제2조. 독일연방공화국과 독일민주공화국은 유엔헌장에 명시되어 있는 제반 목표와 원칙을 준수한다.

제3조. 유엔헌장의 정신에 따라, 독일연방공화국과 독일민주공화국은 갈등을 오로지 평화적인 수단을 통해서만 해결하며, 무력 위협과 무력 사용을 포기한다. 쌍방은 현존하며 앞으로도 존속할 경계선의 불가침을 재확인하고 존중한다.

제4조. 독일연방공화국과 독일민주공화국은 어느 한쪽이 상대방을 국제사회에서 대신하거나 대표할 수 없음에 동의한다.

제5조. 독일연방공화국과 독일민주공화국은 유럽 국가들끼리의 평화적 관계 발전을 촉진하며 유럽의 안보 및 협력에 기여한다. 쌍방은 세계의 안보에 기여하는 군비 제한과 군비 축소의 노력, 특히 핵무기와 기타 대량살상무기 분야의 군비 축소 노력을 지지한다.

제6조. 독일연방공화국과 독일민주공화국은 각자의 권력이 각자의 영토 내에서만 행사될 수 있다는 원칙을 고수한다. 쌍방은 국내 및 대외 문제에 있어서 상대방의 독립과 자주성을 존중한다.

제7조. 독일연방공화국과 독일민주공화국은 관계 정상화 과정에서 현실적이고 인도적인 문제들을 타결할 용의가 있음을 천명한다. 양국은 이 조약의 원칙에 입각하여 상호 이익을 도모하기 위하여 경제, 학술, 기술, 무역, 사법, 우편, 전화, 보건, 문화, 스포츠, 환경보호 등등의 분야에서의 교류 협력을 촉진, 발전시키는 협정을 체결하기로 한다. 이에 대한 세부 사항은 추가 의정서에서 정한다.

제8조. 독일연방공화국과 독일민주공화국은 상주 대표부를 교환한다. 대표부는 각기 상대방의 정부 소재지에 설치하기로 한다. 대표부 설치에 관계되는 실제적인 문제들은 별도로 해결한다.

제9조. 과거 쌍방이 각기 체결한 조약 또는 쌍방 관계의 2국간 및 다국간의 조약은 이 조약의 저촉을 받지 않는다.

제10조. 이 조약은 비준 후에 효력을 발생한다. 위의 내용들을 확인하기 위하여 조약 체결 쌍방의 전권 대표는 이 조약문에 서명한다.

1982년 10월 4일자로 발간된 독일의 시사주간지 ≪슈피겔(DER SPIEGEL)≫ 40호는 빌리 브란트 정부에 의해 1972년 체결된 '동서독기본조약' 중에서 '하나의 민족, 두 국가'라는 내독관계 규정에 이어 두 번째로 중요한 '인간적 고통완화(Menschliche Erleichterung)'가 필요한 실제 상황을 보도했다. '인간적 고통완화' 조항에 의한 조처는 그간 동독 국경통과시 혹은 서독인의 동독방문 시 서독인이 감내할 수밖에 없었던 엄청난 긴장과 불편을 해소하는 인도적인 조처였다.

예컨대 서독측이 건설한 동베를린으로 가는 고속도로인 아우토반에 동독경찰이 갑자기 적색신호등을 설치하면 교통체증으로 통과하는데 몇 시간씩 기다려야했다.

또 통과하는 50번째 자동차마다 동독 국경검문소에서 오라는 손짓을 해서 가면 자동차 내외부뿐만 아니라 지갑, 수첩, 여행가방, 주머니까지 샅샅이 뒤지기도 했다.

뿐만 아니라 서베를린 주민들이 동베를린 친지들을 방문할 때 동베를린 측의 전횡이나 또 소련 미그 제트기가 저공비행을 하여 천둥소리 같이 시끄럽고 서베를린 주택들의 창문유리나 지붕기와가 부서져도 어찌할 수가 없어 그저 분을 삭여야만 했다.

그러나 동서독간 통행에 관한 조약(Verkehrsvertrag)이 1972년 5월 체결된 이후 서독사람들의 동독방문 요건이 획기적으로 간편해졌다. 동독은 더 이상 적색신호등을 갑자기 설치해 교통흐름을 방해할 수가 없었고 속도위반 적발 외에 가능한 한 빨리 통과시켜야만 했다.

1970년에는 8만 3,000대의 서독차량이 동독을 방문했다. 그것도 서독인이 동독방문시 원래 신청했던 구역만 방문이 허용되었다.

1979년엔 86만 5,000대의 서독 차량이 동독을 방문했는데 미리 사전에 신청한 지역만 방문이 허용되었던 제한이 없어지고 동독 어디든 자동차 통행이 가능해 졌다. 일일방문자나 여행사를 통한 여행자는 아무런 장애없이 동독을 드나들 수 있었다.

그 결과 1971년 130만 서독 주민이 동독을 방문한데 비해 1979년 290만의 서독 주민이 동독을 방문했다. 그런데 1980년 10월에 동독 측이 서독주민에 대한 강제환전액수를 하루 13마르크에서 25마르크로 인상한 후 1981년 동독을 방문한 서독주민수는 200만 명으로 줄어들었다.

1972년 이전에는 동독주민 중 서독을 방문한 사람이 없었지만 1979년엔 긴급한 사유로 41,474명의 동독주민이 서독을 방문했다.

6. 비상하자

지금 한국은 한반도 주변을 둘러싸고 있는 미국·일본·중국·러시아와 틈새에 끼어 샌드위치 신세가 되어 흡사 구한말 조선의 형국과 비슷하다고 한다. 최근 한반도에 사드 배치를 미국이 서둘러 진행하면서 이를 둘러싼 중국과의 갈등이 우리 경제를 가늠할 수 없는 혼란으로 몰아가고 있다.

지금 한국은 북한과의 접촉과정에서 통일을 위해서는 북한을 도와주자는 논리와 북한으로 가는 돈은 핵개발로 가니까 안 된다는 두 논리가 충돌하고 있어 심히 혼란스럽다.

북한과의 관계에서 우리가 북한에 가 보지도 않았으면서 혹은 제3자로부터 북한을 듣고 알고 있는 모든 불확실한 선입견 등 감정이나 정서에서 오는 잘못된 판단이 주는 오류를 배제해야 한다. 그러기 위해서는 우리가 북한에게 마음을 텅 비우고 다르게 대하는 태도와 자세가 중요하다. 사실 우리는 북한을 있는 그대로 받아들이면서 그간 북한에 대해서 가지고 있던 좋지 않은 감정을 죽이고 있는 그대로의 북한의 형상을 그리면서 존중하기란 그리 간단하지 않았다.

그런데 경기불황과 막대한 실업인구를 해소하고 경기진작과 고용창출 등 국부를 늘리고 국내의 모순을 줄여 첨예한 경쟁관계에 놓여있는 4차 산업혁명 시대의 국제관계에서, 우리가 가진 마지막 카드는 북한과 협력하고 상생하려는 자세를 가져야만 살아남을 수 있다고 저자는 본다.

우리가 가져야 할 최고의 선인 도덕은 북한동포가 인간의 존엄성을 느끼며 존중받도록 도와주어야 하며, 우리 스스로도 북한동포를 도움으로 해서 우리의 정체성과 존재이유를 가져야하는 계기가 필요하다.

그래서 이런 것들이 결국 '하늘은 스스로 돕는자를 돕는다'는 속담처럼 대한민국이 스스로 일어서는데 도움이 되고 통일에 도움이 될 것이다.

≪장자≫는 우리나라의 통일을 위해 많은 것을 시사하고 있다. 지금 우리의 북한에 대한 인식은 적대의식, 고정관념, 편견 등 기존의 북한에 대한 인식이 몇 십 년간 안 바뀌고 고정관념으로 꽉 차있다.

앞서 언급한 것처럼 데카르트는 우리가 눈, 코, 귀, 입으로 보고 듣고 만져서 얻는 감각은 때때로 우리를 속이고 불확실하므로 방법적 회의를 하여 불확실한 것은 하나씩 제거하는 이성적인 사유를 할 것을 요구하고 있다. 인간은 만물을 자신의 기준으로 생각하고 판단하기 때문이다.

≪장자≫는 인간이 세계에 대해 가지는 좁은 견해, 식견, 경험은 감각에서 오는 것이라 보고 그에 따라 섣부른 판단, 편견, 고정관념, 시비와 선악, 분별 등이 생기는 데 이것이 바로 혼란의 원인이라고 보았다. 그래서 ≪장자≫는 그것을 극복하기 위해 인간의 경험이나 감각 너머에 있는 만물의 본체, 즉 불변의 이데아인 사물의 진실과 실체를 보고 알기 위하여 자유, 평등, 협업, 상생과 소통 등을 암시하고 있다.

≪장자≫ '소요유편'은 우리가 지금까지의 환경적, 물질적, 정신적인 속박에서 오는 여러 굴레에서 벗어나 새로운 세상으로 완전한 변신을 하여 비상하려면 '곤'이라는 물고기에서 '붕'이라는 큰 새가 되어 비상한 우화를 들고 있다.

여기서 곤은 아직 자아의 가능성과 도를 실현하지 못한 미성숙한 자아를 뜻한다고 볼 수 있고 붕새는 ≪장자≫가 지향하라고 암시하고 있는 참된 인간인 지인과 신인 등을 형상화하고 있는데, 이들은 일체의 세속적인 속박에서 벗어나 자유로운 경지에서 벗어나 마음대로 노니는 사람인데 자신의 가능성을 실현해 도를 체득한 경지에 이른 사람을 비유하는 것이라고 저자는 본다.

그래서 '소요유'가 궁극적으로 우리에게 암시하는 것은 사고의 경직성, 편향성, 유한성, 구속과 고정관념에서 탈피하여 정신적인 자유를 가지라는 것이다.

아래 '소요유편은 물고기 곤이 지금까지 깜깜한 물속에서 큰 잠재적 가능성은 가지고 있었지만 그간 안주하고 있었던 환경, 여건, 상황에서 탈피하여 하늘 높이 비상하려는 새로운 도전을 보여준다. 그런데 붕이 되는 것은 그리 쉬운 일이 아니다. 곤이 붕이 되려면 9만리 멀리 날아가야 하고 6개월이란 장시간에 걸쳐 날아야 하는 고통과 진통을 겪어야 되는 이야기이다.:

"북쪽 바다에 물고기가 있는데, 이름하여 곤이라 한다.
곤의 크기는 몇 천리나 되는지 알 수가 없다.
이것이 변하여 새가 되면 그 이름을 붕이라 한다.
붕의 등도 그 길이가 몇 천리인지 알 수가 없다.
붕이 한번 날아오르면 그 날개는 하늘에 드리운 구름과 같다.
이 새는 바다에 태풍이 불면 남쪽 바다로 이동하게 된다.
남쪽 바다란 천지를 말한다.
붕이 남쪽 바다로 옮아갈 때에는 물을 쳐 올리되,
그 높이가 3천리나 되고, 회오리바람을
타고 9만리나 올라가 유월의 거센 바람을 안고 날아간다.
아지랑이나 먼지 같은 것은
생명체가 숨을 쉬면서 서로 불어내 보낸 것이다.

하늘이 파란 것은 그 본래의 색깔이 그러한 것인가?

그 멂이란 다함이 없는 것인가?

그 곳에서 아래를 내려다보아도 역시 그러할 것이리라.

무릇 물이 깊지 않다면, 큰 배를 띄울 수 없을 없다.

한 잔의 물을 작은 웅덩이에 부어 놓은 것과 같이 땅에 닿아 버리는 것은 물은 얕은데 배는 크기 때문이다.

바람이 쌓이되 두텁지 않다면, 그 역시 큰 날개를 떠받칠 힘이 없게 된다.

따라서 9만리 정도는 날아올라 바람이 날개 밑에 그만큼 쌓이게 되고난 후에 지고 거리낄 것이 없는 뒤에 붕은 남쪽으로 날아가게 되는 것이다."

아래에서 ≪장자≫가 우화를 위해 등장시킨 매미나 작은 새는 현묘한 도가 주는 경지와 의미를 비웃고 눈앞에 놓인 현실과 세속적 가치에만 매달려 살아가는 일반적인 범인을 비유하는 것이다. 이들은 도를 체득하려는 의지도 없고 도를 얻으려고 사는 시도를 비웃기도 한다.

붕새가 변신과 도전을 통하여 새로운 경지를 개척할 때 매미나 작은 새는 도전없는 현실에 매몰되어 퇴화하고 있는 존재일 뿐이다. 주변은 변하고 있다. 현실에 안주한다는 것은 이미 죽은 존재나 다름없다.

곤이 붕이 되려고 시도하려는 것을 비웃는 것처럼 새로운 엄청난 도전을 하는데 이를 이해하지 못하고 자신의 처지에 비추어서 비웃는 사물도 있을 것이다. 그만큼 주위의 비관적인 견해나 비웃음도 감수하면서 새로운 도약을 해야 한다. 도약을 시도하지 않고 비웃는 매미와 작은 새는 여전히 지금의 현실에 매몰되어 있고 죽기만을 기다리는 것이다.

민족도 그렇다. 분단이라는 현실을 타개하지 않고 안주하려는 민족은 힘이 분산되면서 언젠가는 경쟁력을 잃게 될 것이다.

다윈은 이야기하기를, 강한 자도 우수한 자도 아니고 변화하는 자만이 살아남을 수 있다고 했다.

'소요유편'은 말하기를:

'매미와 작은 새는 그것을 보고 웃으며 말한다.

"우리는 있는 힘을 다해 팔짝 뛰어 날아서야 겨우 느릅나무 위에 올라 머물 수 있다.

때로는 거기에도 이르지 못하고 땅에 떨어지는데, 무엇 때문에 9만리를 날아 남쪽으로 갈 일이 무엇인가?"

이어서 '소요유편'은 큰 도전을 하려면 준비를 철저히 해야 함을 말하고 있다. 그것은 단기 계획이냐, 중기 계획이냐, 장기계획이냐에 따라 다를 것이고, 변신하려는 목표의 규모에 따라 다를 것이다. 여하튼 철저한 준비가 요청된다고 하겠다.

통일도 철저한 대비를 해야 한다. 우선 통일을 하고 민족의 여력을 모아 민족의 이데아인 북방의 단군조선 시대의 문명을 다시 건설해 보자.

'소요유편'이 말하는 준비의 필요성은:

"가까운 교외로 나가는 사람은 세 끼 밥을 먹고 돌아와도 배가 여전히 부를 것이나,

백리길을 가는 사람은 전날 밤에 양식을 절구에 찧어 준비해야 하고,

천 리 길을 가는 사람은 석 달 동안 양식을 모아 준비해야 한다.

그 두 마리의 작은 벌레가 그러한 사실을 어찌 알겠는가!"이다.

또 '소요유편'은,

"작은 지혜는 큰 지혜에 미치지 못하고,

수명이 짧은 것은 수명이 긴 것에 미치지 못한다.

하루살이는 새벽과 밤을 모르고, 쓰르라미는 봄과 가을을 모른다.

이것들은 수명이 짧은 것들이다.

초나라의 남쪽에 명령이라는 거북이 살았는데,

오백 년을 봄으로 하고 또 오백 년을 겨울로 삼았다.

상고 시대에 대춘이라는 나무가 있었는데,

이것은 팔천 년을 가을로 삼았다.

이것들은 수명이 긴 것들이라.

그리고 팽조는 지금까지도 오래 산 것으로 특히 유명한데,

세상 사람들이 그와 견주려 한다면,

그 또한 슬픈 일이 아니겠는가?"라고 하고 있다.

세계는 자신의 능력이나 사유에 따라 커지거나 작게 된다. 대한민국의 국력은 이대로 머물러야 하는가 아니면 통일을 해서 더

커져야 하는가?

위에서 ≪장자≫는 "작은 지혜는 큰 지혜에 미치지 못하고 수명이 짧은 것은 수명이 긴 것에 미치지 못한다"면서 "하루살이는 새벽과 밤을 모르고 쓰르라미는 봄과 가을을 모른다"고 했다.

우리는 지금 독일이 어떻게 해서 통일이 되었는가, 통일 후 독일이 얼마나 번성했는가를 모르고 있다. 그러면서 우리의 현실에 안주하고 있다.

이어서 ≪장자≫가 "지혜는 하나의 관직을 맡아볼 만하고,
행동은 한 고을 정도에 합당하며,
덕은 한 임금을 모시기에 알맞고,
능력은 한 나라의 신임을 받을 정도인 사람이 그 자신을 보는 것도 역시 그러하다"는 말을 하듯이 우리의 그릇은 겨우 한반도의 남쪽만 생각할 정도로 작은 것은 아닌지 반성해 보자. 그리고 작은 관직 정도만 맡아야 할 정도로 지혜가 짧은 사람이 나라의 조직을 이끌고 가면서 나라를 깊은 수렁으로 내몰고 있지 않는지 생각해 볼일이다

7. 변화하라

우리가 통일을 지금까지 못 한 것은 우리 자체의 부족한 역량 탓도 있고 북한을 바라보는 편협한 자세와 태도에도 기인한다.

독일 락 그룹 스콜피온스(Scorpions)는 'Wind of Change'란 노래

를 1991년 그들의 11집 앨범인 '크레이지 월드(Crazy World)'에 수록하여 발매했다.

이 노래가 등장한 1991년 몇 년 전부터 구 소련 서기장 고르바초프에 의해서 주도된 개혁과 개방은 유럽전역에 널리 퍼져 동구권이 무너졌고 그 분위기를 틈타 독일은 1989년 11월 9일 베를린 장벽을 허물 수 있었다. 그 전에 고르바초프는 누구든지 개혁과 개방에 늦게 동참하면 대가를 치른다했는데, 스콜피온스가 노래한 변화의 바람을 타지 못한 동독은 망하고 나머지 동구권 국가들도 변화의 진통을 겪게 되었다.

그러면서 소련도 국기를 내리고 러시아가 이어받게 되면서 동서 냉전체제가 무너지는 동시에 전 세계가 해빙 무드로 접어들었다.

이 때 스콜피온스는 탈냉전 후 지구촌에, 심지어 모스크바까지 불어 닥친 개혁의 분위기를 노래로 표현했다.

그러면서 스콜피온스는 미래의 어린이와 우리가 개혁을 통해 꿈을 실현하도록 변화하자고 했다.

스콜피온스는 구소련이 망한 1년 후 1992년 러시아를 방문하여 초대 러시아 대통령이었던 고르바초프 앞에서 이 곡을 연주한 바 있다.

이런 곡을 러시아에서 연주한다는 것은 고르바초프 이전에는 상상할 수도 없었는데, 개혁과 개방의 상징인 고르바초프가 독일통일을 승인하여 독일통일에 기여한 고마움의 표시에서 나온 연주가 아닌가하고 저자는 생각한다.

우리 말 가사내용은:

나는 모스크바 고르키 공원으로 내려갔죠.
변화의 바람을 느끼면서 말이에요.
8월 어느 날 밤,
변화의 바람을 느끼면서
군인들이 지나가고 있네요.

세상이 참 좁아지고 있어요.
상상이나 했었나요?
우리가 형제처럼 이렇게 가까워질 거라는 걸요?
우리의 미래가 바람에 실려 와요.
어디서나 느낄 수 있답니다.
변화의 바람과 함께 말이에요.

영광스러운 밤, 마법의 순간으로,
날 데려가주세요.
미래의 아이들이
개혁의 힘 속에서
맘껏 꿈꿀 수 있는 그 곳으로 말이에요.

거리를 따라 내려오면
옛 추억들은
과거에 영원히 묻혀버리죠.

변화의 바람의 느끼면서
나는 모스크바 고르키 공원으로 내려가요.

영광스러운 밤 마법의 순간으로,
나를 데려가주오.
미래의 아이들이
당신과 내가 함께
꿈을 나눌 수 있는 곳으로요

변화의 바람이
이즈음 휘몰아치고 있습니다.

마치 마음의 평화를 위해
자유의 종을 울려줄
그런 폭풍처럼요.
나의 기타가 말하려는 것을,
당신의 발랄리이카가 노래하세요.

8. 북한은 지리소인가?

≪장자≫ '인간세(人間世)'편에 '지리소(支離疏)' 이야기가 나온다. 지리는, 지리멸렬(支離滅裂)의 줄임말인데, 흉측하고 아무 쓸모도 없는 장애우 모습을 하고 있다.

지리소라는 사람은 턱이 배꼽아래에 있고, 어깨는 머리 꼭대기보다 높고, 상투는 하늘을 향하고, 오장(五臟)의 경혈부분이 위로 올라갔으며, 두 넓적다리가 옆구리에 닿아있는 꼽추를 ≪장자≫는 형상화한 것이다. 그런데 그는 허드레 일인 바느질이나 빨래를 해서 생활하고, 남이 추수하다 흘린 곡식을 주워서 열 식구나 먹여 살릴 수 있었다.

게다가 전쟁이 나서 나라에서 병사를 징집할 때도 사람 사이를 지나 다녔으나 불구의 몸이라 데려가지 않았다. 나라에 큰 공사가 있어도 장애우라 언제나 면제를 받았다. 그러면서도 나라에서 구호품으로 주는 쌀과 열 다발의 땔 나무를 받았다. 이른바 '무용지용', 즉 쓸모없는 것이 쓸모 있음을 말하고 있는 것이다.

≪장자≫ '소요유(逍遙遊)편'에도 우리가 만물을 언뜻 보기에는 쓰잘머리 없는 무용한 존재같이 단정을 하지만 그건 사물의 편린만 보고 하는 성급한 판단일 뿐 만물은 다양한 쓰임새가 있다고 말하고 있어 사물의 보이지 않는 면까지 보는 지혜를 가질 것을 주문하고 있다.

가죽나무를 보고 혜자는 재목으로 전혀 쓸모가 없다고 보고 나무가 쓸모없다고 단정해서 말한다. 그렇지만 장자는 여러 비유를 들며 말하기를, 나무는 단순히 재목으로만 쓰이는 것이 아니라 사람이 여름에 나무 밑에서 낮잠을 잘 수 있는 그늘을 만들기도 하기에 쓸데없는 생각만하고 나무 밑에 어슬렁거리면 도끼에 찍힐 일도 없다면서 단견을 비꼰 것이다. 말하자면 기존에 사람들이 가지고 있는 고정관념, 틀에 박힌 지식이나 편견, 그리고 차별하는 마음에서 벗어나 만물을 보이지 않는 면까지 두루 바라 볼 수 있는 폭 넓은 시각의 필요성을 주문하고 있다.

장자는 인간이 가지고 있는 안 좋은 인과가 만물을 평등하게 대하지 않고, 차별하고 집착하고 구분 짓는 편견 때문에 온다고 보았다.

≪장자≫는 인간의 차별하는 마음으로 인해 만물을 있는 그대로, 만물 그 자체를 보는 지혜를 갖지 못하게 되어 인간의 본성을 형성하는 자연의 섭리를 거스르게 된다고 보았다. 그러면서 인간은 기존에 가지고 있는 고정관념을 더 강화하게 되고 이분법적 사고로만 만물을 가르기에 합리적인 모순에 빠지게 되고 불리한 경우가 오게 된다는 것이다.

칸트가 말한 것처럼 인간은 만물을 차별하고 시비를 가리고 구분하는 욕심이나 정념을 스스로 자율적으로 다스릴 수 있을 때 자유를 가지게 되는 것이다.

≪장자≫ '소요유(逍遙遊)편'을 보자.:

혜자가 장자에게 말했습니다.

"나에게 큰 나무 한 그루가 있는데, 사람들이 가죽나무라 하네.
그 큰 줄기는 뒤틀리고 옹이가 가득해서 먹줄을 칠 수 없고,
작은 가지들은 꼬불꼬불해서 자를 댈 수 없을 정도지.
길가에 서 있지만 대목들이 거들떠보지도 않네.
지금 자네의 말은 이처럼 크기만 하고 쓸모가 없어서 사람들

이 거들떠보지 않는 걸세."

장자가 말했습니다.

"자네는 너구리나 살쾡이를 본 적이 없는가?

몸을 낮추고 엎드려 먹이를 노리다가, 이리 뛰고 저리 뛰고,

높이 뛰고 낮게 뛰다 결국 그물이나 덫에 걸려 죽고 마네.

이제 들소를 보게. 그 크기가 하늘에 뜬구름처럼 크지만 쥐 한 마리도 못 잡네.

이제 자네는 그 큰 나무가 쓸모없다고 걱정하지 말고,

그것을 '아무도 없는 고을' 넓은 들판에 심어 놓고 그 주위를 '하는 일 없이' 배회하기도 하고, 그 밑에서 한가로이 낮잠이나 자게.

도끼에 찍힐 일도, 달리 해치는 자도 없을 걸세.

쓸모없다고 괴로워하거나 슬퍼할 것이 없지 않은가?"

명나라 축세록(祝世祿, 1539~1610)의 저술인 ≪祝子小言(축자소언)≫에 "사람이란 모름지기 아래위로 천년을 바라보는 안목을 지녀야만 바야흐로 백년의 몸뚱아리를 그르침이 없다"는 '人須張上下千年眼, 方不誤百年身(인수장상하천년안 방불오백년신)'이란 구절이 나온다. 이는 우리가 세월이 주는 역사를 거울삼아 잘못된 역사가 나에게 일어나지 않도록 다가오는 천년을 미리 내다보는 지혜로 무장하여 한 평생 백년을 사는 이 한 몸을 다치게 하는 어리석은 잘못을 저지르지 말아야 한다는 훈계인 것이다.

우리가 단지 백년을 살지만 천년만년을 함께 할 북한 동포와 민족에게 몇 천 년 동안 길이 남길 지혜를 남겨 주고, 민족의 가

슴에 상처주고 못 박는 일은 하지 말자.

≪장자≫에 석이라는 목수가 나무의 크기로 말하자면 인간의 상상을 초월할 만큼 크지만 아무짝에도 쓸모없다고 단지 감각만으로 판단했던 상수리나무 이야기가 나온다. 석의 견해에 의하면 상수리나무로는 배나, 관, 그릇, 창문, 기둥도 만들 수 없는 쓸 데 없는 사물에 지나지 않는다고 했다.

그런데 본체인 상수리나무 신의 견해는 석의 생각과 달랐다. 목수인 석이 상수리나무의 무용을 예단하여 거들떠보지도 않은데 비해 석의 꿈에 나타난 상수리나무 신은 석에게 무용의 대용인 사물 그 자체를 못 봄을 꾸짖은 것이다. 상수리나무 신은 석에게 이르기를, 인간이 그가 가진 감각에 의존한 판단에 의하여 상수리나무가 쓸 데가 없다고 보았기에 천수를 누릴 수가 있어서 하늘같이 높고 백 아름이나 되는 나무가 될 수 있었다고 말하고 있다.

이처럼 지금까지 경험적으로 나무를 잘 다루었지만, 그러나 단지 눈앞에 보이는 나무의 현상만을 보고 쓸모 여부를 판단하는 목수의 견해는 때때로 불확실함 그 자체이기에, 이성의 힘을 가지고 본체이자 사물 그 자체를 보는 능력은 극명하게 다르다.

그러기에 사람은 데카르트가 말한 것처럼 눈으로 보고 얻은 감각은 때때로 불확실하므로 방법적 회의를 통하여 참을 알려고 해야 한다. 또 칸트가 말한 것처럼 인간의 앎이 대상을 좇아가면 확실하지 않으므로 대상이 사유를 통해 구성되도록, 즉 끌려오도록 해야 한다. 그러자면 사물 그 자체를 알려고 노력해야 한다.

≪장자≫에 나오는 석의 우화를 상세히 보자.:

"목수인 석이 제나라로 가다가 곡원에 이르렀을 때 사직단의 상수리나무를 보았다.

크기는 수천 마리 소를 가릴 만하고 둘레는 백 아름쯤 되었다.

그 높이는 열 길 산을 내려다보고 뒤편의 가지는 가히 배를 만들 만한 것이 십 수 개나 되었다.

구경꾼이 성시를 이루는데 석은 거들떠보지도 않고 갈 길을 멈추지 않았다.

제자는 구경에 정신을 팔다가 석에게 달려와 말했다.

"제가 도끼를 잡고 선생을 따른 이래 이같이 좋은 재목을 본 적이 없습니다.

그런데 선생은 본체만체하고 가던 길을 멈추지 않으니 어쩐 일입니까?"

석이 말했다. "그만두어라!

그것은 말할 것도 없이 쓸모없는 나무이다.

배를 만들면 가라앉을 것이고 관곽을 만들면 곧 썩을 것이며

그릇을 만들면 곧 부서지고 창문을 만들면 송진이 흐르고

기둥을 만들면 좀이 슬 것이니 재목이 되지 못할 나무다.

아무짝에도 쓸모없으니 이렇게 장수할 수 있었던 것이다."

석이 돌아와 꿈을 꾸니 상수리나무 신이 나타나 말했다.

"너는 나를 어찌 나쁜 쪽으로만 빗대느냐?

너는 어찌 나를 무늬목에 비교하느냐?

풀명자나무, 배나무, 귤나무, 유자나무 등 열매를 맺는

족속은 열매가 익으면 박탈을 당한다.
박탈은 욕보임이니 큰 가지는 꺾이고 작은 가지는
머리채를 잡힌다.
이는 그 나무의 재능 때문에 그런 고통이 생기는 것이다.
그러므로 천수를 마치지 못하고
중도에 요절하는 것이니 스스로 세속의 공격을 끌어드린 것이다.
세상 사물이란 이와 같지 않은 것이 없다.
그래서 나는 아무 데도 쓸모없기를 추구한지 오래다.
거의 죽을 뻔한 적도 있었으나 이제야 뜻을 이루어 무용의
대용이 될 수 있었다.
나를 유용하게 했다면 어찌 이처럼 크게 될 수 있겠는가?
또 너와 나는 모두 하나의 사물일 뿐이다.
어찌할 것인가? 너나 나나 물질이므로 언젠가는 죽는 것을!
쓸모없는 인간이 쓸모없는 나무의 뜻을 어찌 알겠는가?"

'순망치한(脣亡齒寒)' 입술이 없으면 이가 시리다는 말인데 서로 떨어질 수 없는 밀접한 관계를 의미한다. 남과 북은 순망치한의 관계이다. 남북이 하나가 되면, 중국이 지금 사드배치로 인해 보이지 않는 보복을 하고 있는데, 감히 그러지 못 할 것이다. 독도 문제를 다루는 일본의 자세도 그렇고.

우리는 북한과의 관계가 안 좋아서 그런지, 나진선봉지구 개발에도 참여하지 않았고, 러시아 연해주 개발에도 적극적으로 투자하지 못 하고 있다. 국부를 창출하고 인력시장을 만들어야 하는데

우리 스스로 발목을 잡고 있는 것이다.

게다가 동해안의 수산자원은 중국 어선의 어로행위로 인해 우리 어민들은 조업을 포기해야 할 정도라고 한다. 이 같은 사정은 서해안도 마찬가지일 것이다.

그리고 북한의 잠재가치를 평가할 줄 몰라서 그런지 북한에 매장된 지하자원 가치를 우리는 산정하지 않았다. 그런데 미국 지질자원조사국 자료는 북한에 매장된 광물의 가치를 약 7,000조라고 한다. 이는 남한의 22배에 해당하는 가치라고 한다. 그 중에서 개발경쟁력이 있는 북한의 광물 자원은 석탄, 구리, 금, 흑연, 마그네사이트, 아연 등 약 20여종이다. 그중 마그네사이트(40억t)는 세계 2위, 흑연(200만t)은 세계 3위, 중석(16만t)은 세계 6위 수준의 매장량이라 한다.

북한이 우리에게 돈만 요구해서 귀찮고 돈은 핵무기 개발로 간다고 하지만, 북한이 무용지용이라는 것이 충분히 입증이 되는 대목이다.

중국 도가(道家)에서 말하는 것처럼, 쓸모없어 보이는 것이 때로는 더 유용하고 별 도움이 안 될 것 같지만 이것이 때로는 진정한 도움을 준다는 우화를 새겨듣도록 하자.

≪장자≫ '인간세' 편에 언뜻 보면 쓸모없어 보여도 도움이 된다는 다른 무용지용의 예화가 나온다. 인간은 사물의 다양한 소용을 모르고 사물 그 자체를 깊이 사유하지 않아서 보통 피상적인 평가를 통한 판단에 머무른다. 이 과정에서 무차별적인 낙인찍기

와 구별이 이루어진다.

남백자기(南伯子綦)라는 사람이 상구(商丘)에 놀러갔다가 엄청나게 큰 나무를 보았는데, 말 네 마리가 끄는 전차 천 대가 그 나무 그늘에서 쉴 수 있을 정도였다고 한다.

남백자기는 이 나무는 무슨 나무인가? 이 나무는 분명히 보통 나무와는 다른 쓸모가 대단한 목재임에 틀림없다고 생각하고는 고개를 들어 그 나무를 보았다. 그런데 그 나무는 꾸불꾸불 휘어져 있어 기둥이나 들보로도 사용할 수 없을 정도였고 나무둥치를 보니 가운데가 갈라져 있어 널로도 쓸 수가 없고 나뭇잎을 혀로 핥아보니 입이 헐고 생채기가 나고 냄새를 맡으면 3일 동안 취해서 깨어나질 못할 정도였다.

이에 남백자기는 "이 나무는 재목으로 쓸모없는 나무라서 이렇게 거대하게 자랐구나.

아아! 신인(神人)들은 이래서 재능 없음으로 하여 자신을 지켜나가는 것이구나"를 깨닫고는

"사람들은 모두 쓸모 있음의 쓸모(有用之用)는 알아도 쓸모없음의 쓸모(無用之用)는 모른다"하고 말했다.

그러면서 ≪장자≫ '인간세'편은 산의 나무는 스스로 해치고 기름등불은 스스로 태운다.

계수나무는 향기로워 베어지고 옻나무는 칠로 쓰기에 베어진다.

사람들은 모두 쓸모가 있는 것만 쓸모 있는 줄 알지 쓸모가 없는 가운데 쓸모가 있다는 것을 모른다고 하고 있다.

아래 ≪장자≫ '소요유'편을 보면 소용없는 물건도 사람에 따라

서 소용있는 것으로 쓸 수가 있다. 그래서 ≪장자≫ '소요유'편은 장자와 혜자(惠子) 사이의 꾸며낸 대화로 무용의 용을 강조하고 있다.

만물은 서로 관련이 있고 세계가 하나임을 아는 사람은 달통한 사람이다. 이런 사람의 눈으로 세상을 볼 때는, 세상에 쓸모없는 존재가 없다.

필요한 것과 필요없는 것을 볼 줄 아는 열린 마음에서 오는 혜안과 일방적인 사고가 아닌 4차 산업혁명 시대에 걸맞는 사고의 다양성을 요청하는 내용도 나온다.

무용도 용이니 우리도 북한과 실용적이고 실리적인 차원에서 교류하도록 하자. 지금 북한시장을 우리는 손 놓고 있을 때 중국이 선점하고 있다.

장자의 친구 혜시가 선물로 받은 박씨를 심었는데, 지금까지 보지 못한 큰 박이 달렸다. 이에 혜시는 너무 커서 쓸모없는 박이라고 투덜거리기에 장자는 "왜 호수에 띄워 놓고 배처럼 쓰지 않느냐?"고 다른 용도를 말한다.

혜시도 박은 바가지를 만들어 쓴다는 사람들이 그간 가졌던 좁은 견해, 구분과 선입견에 갇혀서 너무 큰 박은 쓸모없다는 안목에서 벗어나지 못한 것이다. 이는 혜시가 만물을 있는 그대로 보지 못하기 때문이다. 장자는 사람들이 습관적이고 인위적이고 기존에 내려오는 분별로 인해 세계의 본모습을 못 본다고 한 것이다.

우리도 북한을 바가지 만드는 데 쓰이지만 요즘 쓸모가 없는 박으로 여기지 않는지 모르겠다.

‘혜자(惠子)가 장자에게 말하였다.

“위왕(魏王)이 큰 박씨를 주길래 내가 그것을 심었지요.

그 박이 열려서 어느새 닷 섬이나 들어갈 정도의 큰 박이 되었소.

그런데 여기에 마실 물을 담으려니 무거워 들 수가 없었고,

쪼개서 바가지로 쓰려고 했더니 납작하고 얕아서 아무것도 담을 수가 없었소.

공연히 크기만 했지 아무짝에도 쓸모가 없어서 그냥 부숴버리고 말았지요.”

이 말을 듣고 장자가 말하였다.

“선생께서는 큰 것을 쓰는 방법이 매우 옹졸하군요.

송나라에 손이 트지 않게 하는 약을 만드는 사람이 있었지요.

그의 집안은 대를 이어 솜을 물에 빠는 일을 가업으로 삼고 있었습니다.

그러던 어느 날 한 나그네가 소문을 듣고 찾아 와서 금 백 냥을 줄 터이니 그 손 트지 않는 약의 비방을 팔지 않겠느냐고 물었답니다.

솜 빨래를 대대로 해 왔지만 수입이라곤 몇 푼 안 되는데 약의 비방을 팔면 백 냥이나 생기니 당장에 팔도록 하자면서 가족들의 동의를 얻어 백 냥을 받고 그 비방을 팔았답니다.

나그네는 손 안트는 약의 비방을 얻어가지고 오나라 왕을 찾아갔지요.

손 안트는 약을 수중전(水中戰)에 이용할 것을 설득했던 겁니다.

마침 그 겨울에 월(越)나라가 오나라를 침입하자 오나라는 그

나그네를 장군으로 세워 한 겨울에 월나라와 수중전을 벌렸습니다.

그 나그네는 월나라 군사를 크게 무찔러 전쟁을 승리로 이끈 셈이지요.

월나라 군사는 손발이 터서 싸울 수가 없었지만 오나라 군사는 그 약을 바른 덕에 거뜬히 싸울 수 있었던 게지요.

그 공으로 그 나그네는 마침내 오나라의 영주가 되었습니다.

손을 트지 않게 할 수 있는 약의 비방은 하나이지만 어떤 사람은 영주가 되고 어떤 사람은 솜빨래 일을 면치 못했으니 그것은 곧 비방을 어디에 쓰느냐에 따라 결과는 너무나 달라진 겁니다.

지금 선생께서는 닷 섬들이 큰 박을 두고 쓸모없다는 불평을 하시는 중인데, 큰 술통 모양의 배를 만들어 강이나 호수에 띄어 놓아 보면 어떨지요.

얕고 납작하여 아무것도 담을 수 없어 쓸모없다는 그 박을 그럴듯하게 만들어 보세요.

선생께서는 역시 마음이 꽉 막히셨군요."

혜자가 장자에게 말하였다.

"나에게 큰 나무가 있는데 사람들이 가죽나무라고 하더군요.

몸통이 울퉁불퉁하여 먹줄을 칠 수가 없고, 가지는 비비꼬여 자를 댈 수가 없답니다.

그래서인지 길가에 덩그러니 서 있어도 목수가 거들떠보지도 않더군요.

마찬가지로 지금 선생의 말씀은 크기만 하였지 현실사회에서 쓸모가 없어서 사람들이 따르지 않고 외면하는 겁니다."

장자가 말하였다.

"선생께서는 저 너구리와 살쾡이를 보지 못하셨군요?

몸을 바짝 낮추어 엎드려 있다가 놀러 나오는 먹잇감을 기다리기도 하고, 동서로 이리 뛰고 저리 뛰어다니며 높고 낮은 데를 가리지 않고 후비다가 마침내는 덫에 걸리기거나 그물에 걸려 죽고 말지요.

그런데 저 리우는 그 크기가 하늘에 드리운 구름처럼 큰데 이 소는 크기만 하였지 쥐 한 마리 잡지 못합니다.

지금 선생에게 큰 나무가 있으면서도 그것이 쓸모없다고 걱정하는 군요, 어째서 그 나무를 아무도 없는 무하유지향(無何有之鄕)과 끝없이 펼쳐진 광야 한 가운데에 심으려 하지 않습니까?

그리고 그 옆에서 자유롭게 거닐면서 아무 하는 일 없이 유유자적 낮잠을 잘 생각을 못하십니까?

이 나무는 도끼에 잘릴 염려도 없고 아무도 해칠 사람이 없으니 얼마나 좋습니까?

아무 쓸모가 없다고 한들 어찌 그것을 괴로워하다니요.

괴롭게 여길 것은 하나도 없습니다."

≪장자≫는 우리의 마음속에 들어 있는 세속에서의 집착이나 편견, 우리를 속박하고 있는 굴레에서 벗어나야만 달리 사유할 수 있는 참된 내적 자유를 가질 수 있다고 했다. 따라서 그는 이 무용지용의 우화를 통해 쓸모없는 것의 다양한 쓰임새를 말한 것이다.

이처럼 ≪장자≫는 지금까지 우리가 무시하고 적대시했던 북한을 무용(無用)의 시각에서 반대로 유용지용으로 보라고 시사하고 있는 것이다. 이는 춘추전국시대에서 영토 전쟁이 난무하는 난세에서 살아남기 위한 처세술로도 보여지므로 남북대결을 하고 있는 우리도 참고해야 할 우화이다.

9. 남과 북이 하나가 되자

1) 우리의 공동체지수는 꼴찌다

경제성장률만으로는 OECD 회원국 간에 더 나은 삶을 제대로 평가할 수 없다면서 경제협력개발기구(OECD)는 2011년부터 '더 나은 삶 지수(Better Life Index)'를 매년 5월 발표하고 있다.

한국은 전통적으로 정(情)과 '우리'를 중시하는 국가라고 다들 생각하고 있다. 그런데 2015년 5월 OECD가 발표한 한국의 '공동체 지수' 순위는 OECD 회원국과 러시아, 그리고 브라질을 포함해서 36개 국가 중 가장 낮았다. '더 나은 삶 지수(Better Life Index)'엔 공동체 지수를 비롯해 △삶과 일의 균형 △안전 △양극화 지수 등 여러 지표가 포함돼 있다.

공동체 지수는 "어려움에 처했을 때 이웃이나 친구 등 사회적 네트워크의 도움을 받을 수 있다"고 응답한 비율인데 한국인은 72%가 "도움을 받을 수 있다"고 답해서 전체 평균인 88%보다 16%포인트 낮았다. 공동체 지수가 가장 높은 1위인 아일랜드는 96%였다.

공동체 지수가 낮은 주 원인은 이웃간 주차장 불화, 고독사 등 고립된 생활공간이라 한다.

남한내 이웃간 도움을 주는 공동체 지수가 피조사 회원국 중

꼴찌이니, 하물며 북한을 차별없이 포용하려는 자세도 아직 덜 갖춰지지 않았나 하는 생각이 들기도 한다. 나만의 기우일까?

사회주의 사회에서는 원래 상대를 부르는 호칭을 '형제'라고 한다. 그래서 동독사람들은 서독 사람들을 형제라고 불렀다. 이에 화답하여 서독사람들도 동독사람들을 형제라고 불렀고, 서독인이 동독인을 한 형제처럼 차별없이 존중하고 예를 갖추고 대하니 통일이 될 수 있었다. 결과적으로 독일은 통일이 되었으니 더 이상 양독 간에 외롭지 않고 다투지 않는 한 형제가 된 것이다.

다윈은 진화론에서 인간은 약 5백만년 전 원숭이와 같은 조상에서 갈라져 나왔다고 말하고 있다. 지구상의 모든 생물은 진화과정을 거쳤지만 원래 하나의 공통조상으로부터 생겨져 나왔다는 말이다.

모든 대나무는 원래 한 뿌리에서 나왔다. 자라면서 뿌리를 통해 여러 대나무가 된 것이다.

우리 한민족은 7,000만이지만 모두 겨레이고 먼 옛날 환인(桓因)의 아들 환웅(桓雄)이 하늘에서 지상에 내려와 세웠다고 전해지는 배달나라 배달민족의 후예이다.

2) 차별없는 도를 만들자

남북통일은 영국의 여류작가 제인 오스틴의 소설과 이를 영화화하여 2005년에 제작된 영화 ≪오만과 편견≫에서 두 주인공인 엘리자베스가 다아시와 보여 주는 결혼과 별반 다를 게 없다고 저자는 본다. 남북통일도 북한에 대한 일체의 오만한 감정과 선입견에 의한 편견을 배제하고 이성으로 북한 그 자체를 바로 알고 이해할 때, 영화 ≪오만과 편견≫에서 엘리자베스가 겉으로 드러나지 않아 몰랐던 다아시의 인간 그 자체를 알게 되었을 때 결혼에 성공하는 것처럼, 남북통일도 가능하게 될 것이다.

혼자 살아간다면 외롭고 힘든 세상이라 나이가 차면 남녀가 만나 결혼을 한다. 결혼당사자간 에는 서로 자란 환경이나 성격, 부모의 직업, 재산 등 여러 가지가 천차만별이다. 그렇지만 결혼은 두 배우자가 이런 다름을 이해하고 난후 대화를 통해 결혼조건을 협의한 후 합의점을 찾으면 결혼하게 된다.

많은 경우 부부는 자녀를 낳고 그들의 가문을 세우고 집도 마련하는 등 각자가 영위하던 일에 시너지 효과를 내면서 부의 축적을 통하여 행복한 여생을 보내고자 한다.

그런데 결혼에 이르기까지 남녀가 상대방을 잘 모르기에 감각이나 정서에만 의존해서 피상적인 판단에 의존한다면 결혼상대자는 이런 저런 선입관이나 편견에 휘둘리기 마련이다.

일례로 사람 그 자체를 잘 모르면서, 소개팅에서 단지 감각에 의존하여 판단을 하여 상대편이 마음에 들지 않으면 만나자마자 바로 핑계를 대고 일어나는 장면을 심심치 않게 볼 수 있다.

영화 ≪오만과 편견≫에서 남녀주인공은 피상적인 감각에 의존한 나머지 편견에 의해 결혼이 성사되지 않고 있다가 있는 그대로 사람 그 자체를 알고 난 후 결혼에 성공함을 보여주고 있어 감정이 배제되고 이성으로 사람 그 자체를 알고 판단하는 것이 매우 중요함을 보여 주고 있다. 즉 이 경우 이성은 곧 결혼을 가능하게 했으므로 이성의 힘을 보여준 것이다.

줄거리는 다음과 같다:

재치있고 아름답고 매력적이고 솔직하며 미소를 잘 짓는 '엘리자베스 베넷(키이라 나이틀리)'은 사랑하는 사람과의 결혼을 고집한다. 그녀는 생기발랄하고 고집이 세면서 자존심이 강한 아가씨이기도 하다. 그녀는 책을 가까이하고 보다 폭넓고 주관적인 사고방식을 가졌기에 자신만의 삶을 살고 싶어 하는 지적이며 영리한 소녀이다.

엘리자베스는, 좋은 신랑감을 골라 다섯 딸들을 시집보내는 것을 마지막 인생의 과제로 여기는 극성스럽고 수다스런 어머니와, 흔히 딸 많은 집 아버지가 그렇듯이, 딸들을 극진히 사랑하는 인자하고 너그러운 아버지 사이에 태어난 화목한 '베넷가(家)'의 다섯 자매 중 둘째이다.

조용한 시골 하드퍼드셔에 연봉이 5천 파운드나 되고 부유하고 명망있는 가문의 신사 '빙리'와 그의 친구이면서 연수입이 만 파운드나 되는 더비셔의 영주 '다아시(매튜 맥파든)'가 여름 동안 엘리자베스가 사는 시골의 네드필드 성에 머물게 된다.

하루는 이 네드필드 성에 댄스 파티가 열렸는데 엘리자베스와 다아시는 첫 만남이지만 서로에게 눈을 떼지 못할 정도였다. 하루는 언니 제인이 우중에 네드필드 성을 방문했다가 감기가 걸려 거기에 머물게 되었는데 엘리자베스는 언니를 방문가게 된다. 방문이 끝난 후 다아시는 헤어질 때 엘리자베스의 손을 잡는 작별인사를 하며 넌지시 엘리자베스에게 호감을 나타낸다. 그런데 엘리자베스는 이를 의아하게 생각한다.

자존심 많은 엘리자베스와 춤을 싫어한다는 무뚝뚝한 다아시는 만날 때 마다 서로에게 속마음을 드러내지 않고 사랑을 위해 밀고 당기기를 한다.

다아시는 아름답고 지적인 엘리자베스의 매력에 점점 빠져든 나머지 폭우가 쏟아지는 날, 비바람이 몰아치는 언덕에서 가슴 속 깊은 곳에 담아둔 뜨거운 사랑의 감정을 엘리자베스에게 고백한다.

하지만 결혼의 조건은 오직 진정한 사랑이라고 믿는 엘리자베스는, 다아시가 자신의 친구 빙리와 그녀의 언니 제인의 결혼을 훼방한 사실을 알게 된다. 이유는 제인이 명망있는 가문 출신도 아니고 사랑한다는 표현도 안해서 정말로 빙리를 사랑하고 있는지 모르고, 또 제인의 가족이 품위가 없다는 것이다. 한편 엘리자베스는 남자는 다 오만한 바보라고 생각해 왔다. 그래서 엘리자베스는 다아시도 오만하고 이기심이 가득 찬 인간이라며 다아시와는 절대로 결혼을 안 한다면서 차갑게 거절한다.

그런데 하루는 엘리자베스가 다아시를 방문해서 함께 있는데, 엘리자베스의 막내 동생 리디아가 위컴이라는 젊은 장교와 사랑에 빠져 도피행각을 벌렸다. 이에 다아시는 이들의 결혼비용을 대 주고 위컴의 장교직까지 사 주었다. 그 후 엘리자베스는 다아시가 동생 리디아의 결혼을 도운 사실을 알고는 서서히 다아시의 인간적인 진면모를 알게 된다.

다아시의 대저택을 엘리자베스가 방문했을 때, 가정부는 다아시가 자상하고 드러내지 않고 선행도 잘 베푼다고 말한다. 그러면서 자기 남편이 아플 때 다아시가 많이 도와주었고 자신이 일을 못 해도 불평없이 대신 일할 사람을 구해주었다고 말한다. 동생 리디아도 다아시가 언니 엘리자베스보다 더 겸손하고, 엘리자베스의 이모부도 다아시가 정중하고 말투에 귀염성이 있다고 한다.

이렇듯 엘리자베스 주변의 사람들이 한결같이 다아시의 따뜻하고 자상한 면모를 얘기하므로 엘리자베스도 그녀가 미처 경험하지 않아 겉으로 드러나지 않은 다아시 인간 그 자체를 알게 된다. 마침내 엘리자베스는 그와의 관계에 대해서도 다시 생각하게 되고 마지막으로 다아시가 다시 사랑을 고백했을 때 승락하게 된다.

본래 ≪장자≫에서 도(道)란 '이것'과 '저것'의 대립이 사라진 차별 없는 평등한 상태를 말한다.

≪노자≫에서는 하나를 뜻하는 일(一)이 주요한 개념으로 여러 번 나온다. 42장에서 '도는 하나를 낳는다'라고 하고 있어 도를 이루면 하나가 됨을 말하고 있다. 또 10장에서는 '하나를 껴안는다'라고 하고 있고, 그리고 22장에서는 '하나를 잡는다'라고 하고 있다.

≪노자≫ 14장은 도는,

"봐도 보이지 않음을 이(夷)라 하고,

들어도 들리지 않음을 희(希)라 하고,

만져도 만질 수 없는 것을 미(微)라 하느니라.

이 세 가지는 어떻게 꼭 분간할 수가 없어 그러므로 하나가 된다. …

옛날의 도로서 오늘을 다루니 옛날의 시작을 알게 되는데
이를 '도'의 기강(紀綱)이라고 하느니라"고 하고 있다.

지금 남과 북이 뒤섞여 통일이 언제 될지 분간할 수 없을 상황이지만 도는 한결같아 감각으로 알 수가 없고 끊임이 없고 차별이 없이 평등하게 예나 지금이나 작용하므로 옛날의 도로서 지금의 남·북 분단을 다스리면 남과 북이 하나로 통일될 수 있는 도의 기강을 말하고 있다.

≪장자≫ '제물론(齊物論)'에 '道行之而成(도행지이성), 物謂之而然(물위지이연)'이라고 하여, 길은 다니면서 만들어 지고 사물은 불러서 그렇게 된다고 한다.

≪장자≫ '제물론'을 자세히 살펴보면,

"세상 사람들은 옳은 것을 옳다 하고, 그른 것을 그른 것이라 한다.

길은 다님으로써 이루어지고, 만물은 그렇게 일컬어지므로 그렇게 되는 것이다.

어째서 그런 것인가?

세상 사람들이 그렇다고 하는 데서 자기도 그렇다고 할 뿐이다.

어째서 그렇지 않다고 하는가?

세상 사람들이 그렇지 않다고 하는 데서 자기도 그렇지 않다고 할 뿐이다.

만물은 원래 그렇다고 인정해야 할 바가 있고,

만물은 원래 옳다고 인정해야 할 바가 있다.
만물은 그렇지 아니한 것이 없고,
만물은 옳지 않다고 할 바가 없는 것이다.
따라서 들보와 기둥, 문둥이와 서시,
엄청난 것과 이상한 것을 거론하더라도,
이것들은 오로지 도와 통한다면 하나가 될 수 있다.
나누어짐은 다른 쪽에서 본다면 이루어짐이요,
이루어짐은 다른 쪽에서 본다면 허물어짐이다.
만물은 완성도 파괴도 없이 통틀어 하나가 된다.

오직 도에 통달한 이 만이 만물이 결국 하나가 되는 이치를 안다.

따라서 그는 자신의 분별심을 내세우지 않고 모든 것을 자연의 작용에 맡긴다.

이 자연의 작용은 곧 용(用)이며, 용은 통(通)과 뜻이 같다.

통은 바로 득(得)과 뜻이 같으며, 이는 도의 극치에 이르게 된다는 것이다.

이미 도의 극치에 이른 이는 자연의 이법에 따를 뿐,
자기가 그렇게 한다는 의식조차 없는 것이다."

우리가 북한을 혹시 자꾸 나쁘다고 해서 나쁘게 보이고, 또 그렇게 보게 된 것이 아닌가하고 곰곰이 생각해 보자. 없던 길이라도 자꾸 다니면 만들어 진다. 그러므로 통일의 길이 지금 열려 있는 것이 아니라도 지금부터 뚫어 나가야한다.

통일의 길도 동·서독처럼 부지런히 남북이 왕래를 한다면 뜻하지 않게 우연하게 길이 생기게 된다. 왕래가 통일에 도움이 되는지 가치판단을 내리고 왕래를 할지 안할지 우리가 결정해야 한다. 현재 우리는 왕래를 별로 안 하는 쪽으로 가닥을 잡고 있다.

세상 사람들이 왕래는 도움이 안 된다고 한 것을 우리도 그렇다고 여길 뿐이다.

북한이 왕래를 우리와 하지 말자니 우리도 왕래를 하는 것을 무턱대고 반대하고 있지는 않는가?

통일의 길은 다님으로써 이루어진다. 우리는 북한을 차별하고 분별하지 말고 모든 것을 고르게 평등하게 다스리는 자연의 작용에 맡기자. 자연의 작용은 만물을 소용이 있게 하고 이어서 통하게 한다. 통하면 곧 득이 되는데 이때가 도의 극치가 되고 만물은 하나가 된다고 한다. 오직 도를 통달한 자만이 만물이 하나가 되는 이치를 알 수 있다고 '제물론'은 말하고 있다.

남과 북이 평등하게 하나가 되는 차별없는 도를 우리는 언제 통달할까? 언젠가 도를 통달할 수는 과연 있을까? 지금부터라도 북한을 차별하지 말고 생각을 달리하자.

≪장자≫ '잡편'에 어부가 충고하기를 '동류상종(同類相從), 동성상응(同聲相應), 고천지리야(故天之理也)'라고 한다. 이는 원래 같은 종류끼리 서로 모이고 같은 소리로 응대한다는 뜻이다.

그러므로 남과 북도 같은 동포이니 서로 상종하고, 같은 소리로 서로 응대하는 것이 원래 천지자연의 도리가 아니겠는가?

≪장자≫ '제물론'에 '천인합일', 즉 하늘과 인간이 하나라고 말하고 있다. 그런데 이를 부정하려고 손가락을 손가락이 아니라고 주장하거나 말인데 말이 아니라고 주장하더라도 아무 소용이 없음을 말하고 있다.

남과 북이 이념을 초탈하여 도의 경지에서 한민족이기에 반드시 하나가 되라고 시사하고 있는 것을 알 수 있다.:

"손가락으로써 손가락이 손가락이 아니라고 주장함은,

손가락이 아닌 것으로써 손가락이 손가락이 아님을 깨닫게 하느니만 못하다.

또한 말(馬)로써 말이 말이 아니라고 주장함은,

말이 아닌 것으로써 말이 말이 아님을 깨닫게 하느니만 못하다.

도(道)의 입장에서 본다면 천지는 손가락이요, 만물은 한 마리의 말(馬)이다."

≪장자≫ '제물론'에, "저것은 이것에서 나왔으며 이것 또한 저것에서 나왔다.

이것이 또한 저것이요 저것 역시 이것이다"라고 하고 있다. 이는 이것과 저것이 모두 하나이고 옳고 그름을 따질 것이 없음을 말하고 있다.

(彼出於是 是亦因彼(피출어시 시역인피))

(是亦彼也 彼亦是也(시역피야 피역시야))

이 말은 앞서 노자가 말한 '무위자연'이나 '유무상생'처럼 남과 북도 따질 것 없이 하나의 핏줄에서 나왔다는 것을 뜻하는 말이다.

그런데도 남과 북은 과연 너는 너고 나는 나다하고 따져야 할까?

≪장자≫ '제물론'은 또 만물제동을 이야기하면서, "천지는 나와 함께 살아가고, 만물도 나와 하나가 된다"(天地與我並生, 而萬物與我為一(천지여아병생 이만물여아위일))고 하고 있다. 이는 남과 북이 하나이고 함께 살아가야 함을 말하는 구절로 보인다.

비슷한 개념으로 중국 송대의 유학자 주희(주자(朱子), 1130~1200)는 ≪중용장구(中庸章句)≫ 집주에서 "천지만물은 모두 본래 나와 한 몸이다"(蓋天地萬物本吾一體(개천지만물본오일체))라고 했다.

3) 대동사회는 어떤가

요즘 한국은 경제가 발달하고 물가가 오르면서 사회적 약자들이 많이 생기면서 심각한 사회문제가 되고 있다. 들불처럼 번지는 자살신드롬이 이를 대변하고 있다.

인적자산 밖에 없는 우리나라가 모든 국민이 걱정이 없는 '태아에서 무덤까지' 사회보장을 통해서 아까운 인력의 손실을 막고 인적자원을 육성하여 행복한 나라로 가야한다.

그래서 대동사상의 이념도 우리의 가슴에 새겨둬야 한다.

대동사상(大同思想)은 중국 전국시대에서 한(漢)나라 초 사이 유가에서 주장한 이상사회를 말한다. 유가들은 대동을 일종의 이상적인 유토피아 사회 형태가 되는 이데아로 설정하고 이를 실현하려는 사상이다.

대동사회에서는 만인이 계급적 차별이 없이 신분적 평등이 보장되고 착취가 없어 재화의 공평한 분배가 이루어지며 자유·평등·평화의 큰 도가 행해져 모두 하나가 되는 사회이다. ≪禮記(예기)≫ '禮運篇(예운편)'에 나오는 대동사상을 구체적으로 소개하면 아래와 같다.:

"대도가 행해지면 천하는 공개념을 가진다.

현명하고 능력있는 사람이 선출되어 신의를 가르치고 화목을 도모하여, 사람들은 제 부모만을 부모로 여기지 않고, 제 자식만을 자식으로 여기지 않는다.

노인들이 편안히 일생을 마치게 하며, 장정들은 적절한 일거리를 갖게 하고, 아이들은 잘 자랄 수 있게 한다.

홀아비나 과부, 고아와 독거인, 병자도 모두 부양한다.

남자는 모두 일정한 직업이 있고, 여자는 모두 시집갈 수 있다.

재물이 내버려짐은 싫지만 자기만의 것으로 모으지 않고, 힘쓰는 것을 싫어하지 않고 자기만을 위하지 않는다.

그러므로 역모가 없고, 강절도와 난리와 도적이 생기지 않아, 대문이 있어도 닫지 않으니, 이를 일컬어 대동이라 한다."

≪禮記(예기)≫ '禮運篇(예운편)'에 말하는 대동사회는 사회민주주의 이념과 비슷한 면이 많아서, 현재 서구의 복지국가가 시행하는 사회정책을 통하여 사회정의를 실현하려는 이념과 많이 닮아 있는 것을 볼 수 있다.

대동사상이 주는 의미를 정리해 보면 대동사상은,

첫째, 천하를 공개념으로 보았다.

둘째, 국민들은 개인보다는 국민 전체를 위해 노동을 하며 골고루 남녀노소할 것 없이 모두에게 혜익을 준다. 모든 재화는 모든 사람이 향유하는 것이다.

셋째, 노동능력이 있는 장년층에게 노동하게 하여, 노동능력이 없는 노인이나 어린이까지도 부양한다.

넷째, 현명하거나 능력이 있는 사람이 선출되어 신의가 있고 화목한 사회를 구현한다.

다섯째, 모반, 강도질, 도적질 등 사회범죄가 발생하지 않는다.

여섯째, 난이 생기지 않는다.

중국 명나라의 왕수인(王守仁, 호는 陽明, 1472~1529)도 '천지만물은 한 몸'(天地萬物一體)이라고 했다.

≪네이버 지식백과≫에 왕수인의 '발본색원론'(拔本塞源論)이 나오는데,

"사욕을 근본으로부터 뿌리 뽑고 근원에서부터 막아 버려야 한다는 주장이다.

그 내용은 첫째, 천지만물은 한 몸(一體)이라는 것은 천지만물일체(天地萬物一體)의 인(仁)이며.

둘째, 만인(萬人)은 양지(良知)를 공유하고,

셋째, 양지(良知)는 영원하여 멸망하지 않는다는 것이다.

이와 같이 인체(仁體)로써 천하를 교화하고, 사욕을 극복하며, 그 폐단을 제거해 본래의 마음을 회복함으로써 대동(大同)의 세계

가 전개된다고 하였다."

발본색원론이 말하는 바는 사욕을 뿌리 채 뽑으려면 인, 즉 사랑을 베풀 때 천지만물은 하나가 된다는 말이다. 달리 말하면 천지 만물이 사랑을 느껴 한 몸이 되면 멸망하지 않는다는 주장이고, 사사로운 욕심을 버리고 대동단결하라는 말이다.

≪채근담≫에 세상 모든 것을 잠시 빌린 것에 불과한 허상으로 보면, 남과 북의 분단과 남쪽이 경제적으로 발전한 것은 잠시 빌린 것이다. 세상만물의 실상은 부모형제를 비롯하여 만물이 하나라고 한다. 그래서 지금 세계가 허상이고 분단이 허상임을 깨달아 우리가 모두 한 몸이 되어야 하는 것을 깨달아 실제로 한 몸이 된다면, 우리는 민족의 무거운 짐을 새로 짊어질 수 있고 지금까지 남과 북이 얽혀 있는 모든 속박에서 자유로워짐을 말하고 있다.

"세상의 모든 것을 허상으로 본다면
부귀공명은 물론 내 육신까지도
잠시 빌린 것에 불과하다.
세상의 모든 것을 실상으로 본다면
부모 형제는 물론 세상 만물이
나와 한 몸이 아닌 것이 없다.
세상이 허상임을 알고
만물이 나와 한 몸임을 깨닫는 다면
비로소 세상의 짐을 맡아 이끌어 나갈 수가 있고
세상의 속박에서 벗어날 수가 있다."

연암 박지원(朴趾源, 1737~1805)은 그의 ≪능양시집서(菱陽詩集序)≫에서 우리가 돋보기로 빛을 모으면 불이 일어나듯이, 민족정기가 흩어지면 아무 것도 안 되고, 민족정기를 하나로 모으면 불꽃이 일어나 타오를 수 있음을 말하고 있다.

"저 해라는 것은 태양이다.
사해를 덮어 씌워 만물을 기르는 것이다.
젖은 곳을 비추면 마르게 되고,
어두운 곳이 빛을 받으면 환하게 된다.
하지만 나무를 사르거나 쇠를 녹일 수는 없다.
왜 그럴까?
빛이 퍼져서 정기가 흩어지기 때문이다.
만약 만리 밖에 두루 비치는 빛을 거두어,
좁은 틈으로 빛을 받아 모아,
둥근 유리알에 이를 받아 그 정채로운 빛을 콩알만하게 만들면,
처음에는 내리쬐어 반짝반짝 하다가 갑자기 불꽃이 일어나 타오른다.
어째서일까?
그것은 빛이 하나로 모여 흩어지지 않고, 정기가 한데 모여 하나가 되기 때문이다."

≪논어≫ '안연편'에 '사해지내 개형제야(四海之內 皆兄弟也)'가 나온다. 즉 남을 존중하고 예를 지키면 세상 사람은 모두 형제라는 속뜻이다.

"사마우가 그늘진 얼굴로 말했다.

"남들은 모두 형제가 있는데 나만 형제가 없습니다."

자하가 말했다.

"이런 말을 들은 적이 있습니다.

생사는 하늘에 달려 있고 부귀도 하늘에 달렸다 합니다.

군자는 근엄하되 방종하지 않으며,

남을 대할 때 공경하며 예를 지키니 이렇게 하면 세상의 모든 사람이 나의 형제가 아니겠습니까?

군자가 어찌 형제가 없다고 근심을 한단 말입니까?"

안중근 의사는 1909년 11월 6일 뤼순형무소로 이감된 직후 검찰관의 첫 심문에 앞서 제출한 ≪한국인 안응칠 소회≫에서 '사해지내 개형제야(四海之內 皆兄弟也)'를 인용해, '천생증민(天生蒸民), 사해지내(四海之內), 개위형제(皆爲兄弟)'라고 썼다.

이는 사람을 하늘이 똑 같이 낳았으니 세계 내에서 모두 형제라고 주장한 것으로 보면 될 것이다.

남·북한 동포는, 굳이 안 의사의 견해가 아니더라도, 사실 모두 형제인 것이다.

불교에는 '삼생유행(三生有幸)'이 있다. ≪두산백과≫에 의하면 "삼생은 태어나기 이전의 세상인 전생(前生), 지금 살고 있는 세상인 금생(今生), 죽은 이후의 세상인 후생(後生)을 말한다"고 한다. 그런데 삼생유행은 아주 특별하고 끊어지지 않는 남다른 인연을 상징하는 뜻이다.

북한과 우리는 서로 연을 끊어야 하는 악연인가 아니면 남이 아니기에 내치지 말고 끈끈하게 이어야 할 인연인가를 다시 한 번 생각해 보자.

≪역경≫에 '이인동심 기리단금 동심지언 기취여난(二人同心 其利斷金 同心之言 其臭如蘭)'이란 말이 나온다. 이는 두 사람이 마음을 함께하면 그 예리함이 쇠를 자를 수 있고, 같은 마음의 말에서 나온 말은 그 향기가 마치 난초와 같다는 뜻이다.

만약 남과 북이 한 마음이면 쇠를 자르고 무쇠라도 녹일 수 있고 남과 북이 한 마음이 되어 한 목소리를 내면 백의민족의 아름다운 말이 되어 봄의 난초의 꽃향기처럼 향취가 온 세상에 퍼질 것이다.

남과 북이 함께 산을 넘고 바다를 건너 비록 가시밭길이라 할지라도 통일의 길로 서로 도우며 가자는 의미에서 김남주 시인의 ≪함께 가자 우리 이 길을≫이란 시를 이 책의 지면을 빌어 소개해 본다.

함께 가자 우리 이 길을

"함께 가자 우리 이 길을
셋이라면 더욱 좋고 둘이라도 함께 가자.
앞서가며 나중에 오란 말일랑 하지 말자.
뒤에 남아 먼저 가란 말일랑 하지 말자.

둘이면 둘 셋이면 셋 어깨동무하고 가자.
투쟁 속에 동지 모아 손을 맞잡고 가자.
열이면 열 천이면 천 생사를 같이하자.
둘이라도 떨어져서 가지 말자.
가로질러 들판 산이라면 어기여차 넘어 주고,
사나운 파도 바다라면 어기여차 건너 주자.
고개 너머 마을에서 목마르면 쉬었다 가자.
서산 낙일 해 떨어진다 어서 가자 이 길을
해 떨어져 어두운 길
네가 넘어지면 내가 가서 일으켜 주고,
내가 넘어지면 네가 와서 일으켜 주고,
산 넘고 물 건너 언젠가는 가야할 길 시련의 길 하얀 길
가로질러 들판 누군가는 이르러야 할 길
해방의 길 통일의 길 가시밭길 하얀 길
가다 못 가면 쉬었다 가자.
아픈 다리 서로 기대며."

10. 남북이 상생하자

≪史記(사기)≫ '李將軍列傳(이장군열전)'에 심은 대로 거둔다는 말과 같은 글귀가 나온다. 즉 "가시덤불을 심으면 가시를 얻고, 복숭아와 자두나무를 심으면 그늘을 얻는다"고 하면서

"복숭아와 자두는 말이 없지만, 나무 밑에는 자연히 길이 생긴

다"고 이르고 있다.

이는 우리가 선한 마음을 가지고, 남을 내쫓고 못 들어오게 배척하는 가시나무를 심지 않고, 누구나 먹을 수 있는 먹거리가 되고 나눠 먹을 수 있는 복숭아나무나 자두나무를 심는 진실하고 성실한 마음을 가진다면 사람들을 감화시켜 따르게 할 수 있음을 말한다. 덕이 있고 베푸는 선한 사람에게 자연히 사람이 부지런히 모여들어 길이 생기기 마련이다.

나쁜 마음을 먹으면 나쁜 응보가 있고, 좋은 마음을 먹으면 좋은 결과가 나온다.

나중에 상세히 더 언급하겠지만 서독은 동독에게 덕을 베풀어 동독사람들이 자연스럽게 서독으로 모이게 한 것이다.

데카르트는 사고하는 자신만 확실하고 그 외에 확실한 것은 없고 불확실하기에 늘 방법적 회의를 하라고 했다.

≪채근담≫에 일이 안 풀려 힘들 땐 초심으로 돌아가라면서, 성공할 사람은 일의 끝을 미리 생각해야 함을 말하고 있다. 통일하는 마지막 순간을 미리 내다보고 더 나은 대한민국을 설계하자.:

"일이 막혀 궁지에 빠진 고달픈 사람은
마땅히 처음 시작할 때의 마음을 생각해 보라.
성공하여 만족한 사람은
반드시 그 일의 마지막을 미리 내어다 보아라."

다음 ≪장자≫의 우화가 시사하는 바는, 사람이 어떻게 하면 다양한 사회 상황에서 타자와 갈등과 대립 없이 자신의 삶을 잘 영위할 수 있는지 고민하라는 말이다. 사람은 눈앞의 이익과 욕심인 정념에만 정신이 팔려 등 뒤에서 다가오는 화근을 미쳐 생각하지 못 한다. 그런데 다른 사람을 해치려 했다간 자신이 해를 입을 수 있다는 말처럼 만물은 서로 맞물려 있다는 사실을 모른 체, 저 죽을 줄 모르고 남의 목숨만 노리면서 해치려고 한다. 그런데 지나친 몰입은 이익과 손해를 불러들이는 재난의 원인이 됨을 우리는 모른다. 그래서 인간은 눈앞에 펼쳐지는 사물의 현상만 보고 허급지급 내 이익만 차리기에 급급하여 사물 그 자체를 못 보는 좁은 소견에다 경험에서 오는 불확실한 한계를 가지고 있다. 이것이 인간이 태생적으로 가지고 있는 삶의 유한성이다. 그런데 이 유한성에 대한 깨달음은 자신의 외부에 타자가 존재한다는 것을 알 때 가지게 된다. 그래서 미래의 세계를 조망하는 세계관이 없이 현재만 생각하고 목전의 현안에 너무 몰입하면 나중에 닥칠 불행의 원인이 된다.

사람처럼 국가도 서로 해를 끼치기에 앞서 국가끼리 이익을 공유해야 한다. 국가가 유한하다는 것은 국경너머 언젠가는 해를 끼치는 적이 될 수 있는 타국이 늘 호시탐탐 노려보고 있다는 것이다. 그런데 이런 존재의 위급성은 스스로 깨달아서 오기도 하지만 타자와의 소통을 통해 파악이 가능하다. 그러기에 우리는 세계와 소통하기 위해서 온갖 시비를 가리는 마음을 비우고 맑은 마음을 가져야 할 것이다.

현재 남과 북은 협력하기는커녕 마주 달려오는 기관차처럼 서로 죽을 줄 모르고 상대방의 목숨만 노리며 으르렁거리고 있다.

≪장자≫ '산목편'이 우리에게 주는 충고는 남과 북은 민족이 처한 참모습을 보아야 하며 더 이상 갈등, 반목과 대립 없이 민족의 안위를 허심탄회하게 머리를 맞대고 협의하여 상생을 논의해야 한다는 메시지이다.:

'장자가 조릉(雕陵)의 밤나무 밑 울타리를 거닐고 있었다.

그때 예사롭게 생기지 않은 한 마리의 새가 남쪽에서 날아오는 것을 보았다.

날개의 너비는 7척이나 되고 눈의 크기는 직경이한 치나 되어 보였는데

그 새는 장자의 이마를 스치고 날아가더니 밤나무 숲에 앉았다.

장자는 무의식중에 중얼거렸다.

"이것은 어찌된 새인가. 날개가 큰 데도 제대로 날 줄 모르고 눈이 크면서도 아무것도 보지 못하는 것이로구나."

장자는 바지자락을 걷고 빠른 걸음으로 다가가서 새를 잡는 화살을 들고서 새를 노려보았다.

가만히 보니까 그 나무 시원한 그늘에서는 한 마리의 매미가 자기 몸도 잊은 채 울고 있었다.

그리고 한 마리의 사마귀가 잎사귀에 몸을 숨기고서 매미를 잡으려는 중이었다.

사마귀는 매미를 잡는 데만 열중하여 자신의 몸을 잊고 있었다.

그런데 아까 본 이상하게 생긴 새는 사마귀를 노리고 있었는데

이처럼 눈앞의 이익에 혹하여서 장자가 자기를 잡으려고 활을

들고

겨누고 있는 것을 전혀 모르고 있었던 것이다.

이에 장자는 몸서리를 치면서 중얼거렸다.

"아, 사물이란 본질적으로 서로 관련되어 있고, 이로움과 해로움은 서로 상대를 불러들이고 있구나."

생각이 여기에 미치자 장자는 활을 버리고 도망쳐 나왔다.

그랬더니 이번에는 밤을 훔쳐 가는 줄 알고 밤나무 관리인이 쫓아오면서 욕을 퍼부었다.

장자는 새를 잡는데 정신이 팔려 남의 밤나무 밭에 들어간 사실도 몰랐던 것이다.

이 일을 겪고는 장자가 석 달 동안 집에서 꼼짝을 하지 않자 이를 이상히 여긴 제자 인저(藺且)가 의중을 물었더니 장자가 말하기를 "지금까지 나는 밖으로 드러나는 것만을 지켰지 나 자신을 잊고 있었다.

나는 흐린 물을 보는데 마음을 빼앗겨 맑은 못에 몸을 비춰보는 것을 잊고 있었다네.

나는 또 스승에게서, "세속에 들어가면, 그 세속을 좇으라"는 교훈을 들었는데, 지금 나는 조릉에서 노닐다가 내 자신을 잊어버리고, 이마를 스치고 지나간 그 이상한 까치에 정신이 팔려, 내 참 모습도 생각하지 못했던 것이라네.

그 때문에 밤나무 숲지기에게서 모욕을 당했기에, "그래서 내가 이렇게 두문불출하게 되었던 것이라네"

≪도덕경≫ 제73장은 "勇於敢則殺, 勇於不敢則活, 此兩者或利

或害，天之所惡，孰知其故，是以聖人猶難之，天之道，不爭而善勝，不言而善應，不召而自來，繟然而善謀 天網恢恢，疏而不失(용어감즉살, 용어불감즉활, 차양자혹이혹해, 천지소악, 숙지기고, 시이성인유난지, 천지도, 불쟁이선승, 불언이선응, 불소이자래, 천연이선모, 천망회회, 소이불실)"이라는 문장으로 이루어져 있다.

윗 문장은 우리가 통일을 하려면 세상에 도를 가지고 통치하여 북한정권보다 도덕적으로 우위를 점하면, 이것이 통일을 가져올 것임을 시사하고 있다.

"勇於敢則殺，勇於不敢則活(용어감즉살 용어불감즉활)"을 저자가 동서독에 있었던 사실과 관련하여 의역을 해 보면, 결단력이 강하고 용감하면 죄인을 죽이고 결단력이 약하면 죄인을 살린다는 뜻이다. 이를 통일 전 동서독에 적용해 보면, 체제에 비판적인 사람을 처벌하는 결단력이 강했던 동독은 탈출범이나 정치범을 죽이거나 감방으로 보냈다. 그에 반해 서독은 탈출범을 따뜻이 포용해주고 동독체제에 순응하지 못한 정치범을 동독정부에게 돈을 주고 사서 자유를 주기 위해 서독으로 데려왔다.

다음으로 '此兩者或利或害，天之所惡，孰知其故(차양자혹이혹해 천지소악 숙지기고)'는, 사람을 죽이고 살리는 두 가지 행동에는 이로움도 있고 해로움도 있으나 하늘은 어느 것을 미워하는지 모른다고 하고 있다.

'是以聖人猶難之(시이성인유난지)' 그래서 성인조차 하늘이 어느 것을 미워하는지 모르기에 어느 장단에 춤을 춰야할지 혼란스러운

것이다. 저자가 보기에는 그러므로 사람들이 자연의 순리에 어긋나는 행동을 일삼는 것이다,

그리고 '天之道, 不爭而善勝, 不言而善應, 不召而自來, 繟然而善謀(천지도 부쟁이선승 불언이선응 불소이자래 천연이선모)'의 문장이 주는 함의는 하늘의 도, 즉 자연의 섭리에 따라 시비를 가리지 않고 누구를 미워하지 않고 만물을 사랑하는 하늘의 마음인 인간의 본성을 가진 도를 터득한 사람(서독인)은 싸우지 않고도 (동독을) 잘 이겼고, (서독은 동독민에게) 말은 하지 않았지만 그 때 그 때 사랑으로 잘 응대하다보니, 누구(동독인)를 부르지 않았는데 도가 지배하는 세상이어서 스스로 모여든다. 실제로 동독인들은 제 발로 서독으로 왔다. (서독인은) 천연히 있는 것 같아도 (통일을) 잘 도모했다는 뜻이다.

'天網恢恢, 疏而不失(천망회회 소이불실)'은 하늘의 그물은 넓고 넓어 엉성한 것 같아 잘잘못을 저질러도 잘 빠져 나갈 것 같지만 그물이 성글어도 빠뜨리지 않는다고 말하고 있다. 그러니 우리는 하늘마음에 어긋나는 행동은 자제하고 인간의 본성이고 자연의 섭리인 사랑을 베푸는 도를 터득해야 할 것이다.

명나라와 청나라 지식인들이 남긴 ≪청언소품≫ '快說(쾌설)'에 '豈不哀哉(기불애재)'란 글이 나온다.

내용인 즉슨, 길거리에서 두 사내가 서로 싸우는데 몇 년이 가도 쉬이 그칠 것 같지 않는 모양새였다.

그런데 기골이 장대한 제3자가 나서서 위엄을 보이니 두 사람

이 흩어졌다고 한다.

남과 북이 서로 화해 않고 으르렁 대는 모양새가 언제 끝이 날지 도무지 알 수가 없다.

그런데 사드갈등으로 중국이 한국에 제재조치로 압박을 하니 한국도 타격이 크기에 이제 남과 북이 싸움을 그만두고 화해하고 민족공생의 길로 가야할 적기인 것 같다.

"길거리에서 두 사내가 한 가지 일로 싸우는데,
두 눈은 부릅떠 찢어질 것만 같고 목덜미는 벌겋게 되어
불구대천의 원수 같이 으르렁거렸다.
게다가 두 손은 후려칠 듯 높이 쳐들었고
허리는 낮게 숙이고 입으로는 연신, "이 자식이! 그래서? 뭐야?"
따위의 말을 쏟아대면서 그칠 줄 몰랐다.
그 서슬은 몇 년 동안이라도 그만 두지 않을 것만 같았다.
그때 갑자기 기골이 장대한 사내가 팔을 휘두르며 나타나
그 속에서 위엄을 보이며 크게 소리쳐 흩어 버렸다.
또한 통쾌하지 아니한가?"

11. 유무 상생하라

2017년 2월 26일에 54회로 끝난 KBS 주말드라마 ≪월계수 양복점 신사들≫은 노장사상에서 암시하는 것처럼, 세상만물을 차별 없이 평등하게 보고 유무상생의 도와 덕을 갖춘 월계수 양복점 신

사인 신구와 아들 이동건은 마지막에 복을 받고, 만물을 차별하고 구분하고 평등하게 대하지 않은 박준금은 결과가 좋지 않고 망한다는 한 가지 사례를 분명하게 보여주고 있다.

우선 드라마에서 전개되는 세상은, 월계수 양복점, 양복점 주인인 신구의 집, 과거 처녀시절 월계수 양복점 경리였다가 미사어패럴 사장에게 후처로 들어간 박준금의 평창동 집, 박준금의 아들로서 미사어패럴 사장인 박은석이 업무보는 미사어패럴 사장실 등으로 국한될 정도로 우리가 '세상은 좁다'고 말하는 것처럼 좁다. 그래서 드라마에서 전개되는 사건도 세상이 좁다는 것을 실감할 정도이고, 배다른 자식에게 차별하고 구분하고 평등하게 대하지 않아 생기는 인과응보도 금방 나타난다.

사려가 깊지 못하고 포용력이 없고 신경질적이고 다혈질인 박준금은 남편인 회장이 사망한 후 '미사어패럴'이란 회사의 재산과 좋은 저택까지 차지하는데 성공한다. 그러면서 심지어 회장의 사위이자 미사어패럴 부사장인 이동건까지 몰아내고 아들인 박은석을 사장으로 앉히는데 성공했다. 이동건은 박준금의 배다른 딸인 구재이의 남편이다.

이동건은 해외유학파에다 월계수양복점의 아들로서 전문성도 갖추었기에 그가 부사장으로 재직시 미사어패럴의 경영실적이 좋아 경영능력이 입증된 사람이다. 박준금은 그런 이동건을 한직으로 보내 쫓아내다 시피하고 이렇다 할 전문성과 리더십도 없고 그릇도 안 되어 매사에 신경질만 내고 삐뚤어진 사고를 가진 아들

박은석을 사장자리에 앉히길 성공한다.

한편 박은석의 이복누나이자 미사어패럴 회장의 전처소생인 구재이는 이동건이 미사어패럴 부사장으로 재직시절 이동건의 부인이었다가 이동건이 사장자리다툼으로 밀려나 사장이 못 되자 이를 못 마땅하게 여겨 이혼을 하자고 이동건에게 요구하여 이혼을 했다. 그런데 구재이는 이혼 후 이동건에 대한 향수를 느끼고 이동건과 재결합의 음모를 꾸준히 한다.

한편 구재이는 함께 살고는 있지만 새 엄마 박준금으로부터 차별을 받고 있다고 느끼기에 박준금과 그녀의 아들과 딸을 싫어하고 호시탐탐 박준금에게 앙갚음을 할 기회를 노린다. 드디어 박은석의 경영능력부족으로 회사가 어려워지자, 구재이는 회사를 부도위기로 몰고 이사들을 사주하여 박은석을 몰아내고 대신 이동건을 시장으로 경영일선에 복귀시키는데 성공한다. 한편 회사가 어려워지자 박은석은 어머니 박준금과 자기가 함께 사는 본가까지 담보로 잡혔는데, 이는 구재이의 음모였고 압류처분되어 은행경매에 넘어갈 지경이 된다. 압류딱지가 붙은 박준금의 저택을 구재이가 어머니 아버지가 살던 집이기에 앙갚음으로 박준금 몰래 경매까지 받는다. 이에 가정부는 구재이가 무섭다고 말한다.

한편 구재이는 이동건과 재결합하기 위하여 이동건이 경영일선에 다시 복귀시키는 은밀한 막후작업을 박준금과 박은석 모르게 추진한다.

경매로 집을 비워줘야 하는 박준금은 딸 이세영의 남자친구인 현우가 마련해 준 전셋집으로 이사하게 된다. 박준금은 현우가 이

전셋집을 구해준지도 모르고 여전히 딸과 갈라놓기를 재촉한다.

한편 KBC아나운서인 차주영은 원래 현우 여자친구였다. 방송국 들어가기 전 어려울 때 경제적으로 현우 엄마로부터 도움을 많이 받았지만 아나운서가 된 후 현우가 취업준비생에 불과하기에 차갑게 돌아서 버린 여자이다. 그러다가 박은석이 미사어패럴 사장이라서 결혼을 한다. 그런데 미사어패럴이 망하고 박준금이 경매로 집을 비우고 동네 전셋집으로 이사를 하자 친구집에 있겠다면서 사실상 별거 통보를 박준금에게 한다. 이에 박준금은 차주영에게 "돈 보고 결혼했지" 하고 다그친다.

한편 이동건의 부인이 된 조윤희를 사랑했던 지승현은 이동건을 몰아내고 박은석이 미사어패럴 사장이 되도록 박은석과 음모를 꾸민다. 지승현은 조윤희와 결혼하는 식장에서 박은석이 지승현의 미래를 사탕발림으로 약속했기에 모든 걸 혼자 뒤집어쓰고 교도소에 들어간다. 그러면서 조윤희를 너무 사랑하기에 조윤희 아버지가 신장이 나빠 수술실에 들어갔을 때, 자기 신장을 주었다고 거짓말을 둘러대어 10년 동안 조윤희가 심적 부담을 느끼도록 협박하며 결혼해 줄 것을 강요한다. 지승현은 이동건과 조윤희의 결혼식 직전 조윤희를 납치하여 안성의 엄마 포도농장에 감금했다가 이를 알아 챈 이동건과의 격투 사고로 생명을 잃을 뻔까지 한다.

노자는 ≪도덕경(道德經)≫ 제2장에서 '유무상생(有無相生)'이란 네 글자로 우리가 유무상생하여 세계 속에서 공존하기를 당부하고 있다.

그는 이 세상에 존재하는 모든 세계가 유와 무라는 두 대립면으로 서로 긴장하는 관계에 있다는 세계관을 가졌다. 그래서 그는 공존하는 해법으로 도(道)를 실천함으로써 '유무상생' 할 것을 주장했다.

유무상생을 말 그대로 해석하면 있고 없음은 서로 상대되거나 대립면이기 때문에 한 쪽에 치우치지 말고 경계면에 서라는 것으로 해석할 수 있다.

≪장자≫ '대종사편'에 물고기들이 못에 물이 없을 때 상부상조하는 모습을 묘사하여 모든 사물은 상대적이므로 유무상생해야 함을 우리에게 일러주고 있다. 물이 말라가는 상황에서 나만 살겠다하면 나도 죽고 너도 죽고 모두가 죽기 십상일 것이다. 그러다가 위기를 넘기고 상황이 호전되어 강이나 호수에 이르면 물이 많아 그럴 필요가 없으니 각자가 자기 위치로 돌아가면 된다.:

"못이 말라붙으면 물고기들은 진흙 위에서,
서로 물기를 뿜어주고 거품으로 적신다.
하지만 그보다는 넓은 강이나 호수에서 서로를 잊고 사는게 훨씬 편안하다."

독일에는 유무상생, 상부상조나 관용을 나타내는 'leben und leben lassen'이라는 금언(Spruch)이 있다. 영어로 번역하면 'live and let live'인데, 굳이 우리말로 번역하면 '나도 살고 너도 살게 해 준다'란 뜻이다.

남티롤 지방 카스텔루터 출신들의 보컬그룹 '카스텔루터 슈파쩬(Kastelruther Spatzen)'도 'Leben und leben lassen'이란 제목으로 노래도 불렀다. 구글에 15,200번의 검색결과가 나올 정도로 유명하다.

형사역을 맡는 탤런트 디트마르 베어(Dietmar Bär)가 볼프 마안 Wolf Maahn의 가사로 또 다른 'Leben und leben lassen'을 부르기도 했다.

> "카스텔루터 슈파쩬이 부른 'Leben und leben lassen'이란 노래는
> 장벽이 없는 세상에서 인간의 자유를 희구하고 있다.
> 가사의 1절을 번역하면:
> '이 세상은, 각자가 모든 것을 가지지 않은, 하나의 도시이다.
> 행복과 눈물이 집집마다 있고
> 어떤 울타리는 너무 높다.
> 장벽은 여전히 존재하고.
> 장벽 뒤에서는 아무 것도 할 수 없다.
> 인간에게 위대한 자유를 위해서는
> 돌(장벽)은 해결책이 아니다.
>
> 그래서
> 나도 살고 너도 살게 한다.
> 각자가 마음에 들도록
> 나도 살고 너도 살게 한다.
> 그러기 위하여 우리가 지구상에 있다.
> 그리고 수십억의 사람들도 있다.

아무도 너와 같지 않다.
그도 살고 그리고 살게 하자
나는 믿는다."

염돈재는 그가 쓴 ≪올바른 통일준비를 위한 독일통일의 과정과 교훈≫ 62면에서 "콜 정부는 1983년과 1984년 두 번에 걸쳐 동독에 19억 5천만 마르크의 현금차관을 제공하고 1987년에는 동독 호네커 서기장의 서독방문을 초청, 동서독 간에 화해·협력 분위기가 다시 고조되기 시작했다", "한 가지 눈여겨볼 것은 경제적 지원의 성격이다. 당시 서독 정부는 동독에 대한 각종 지원이 공산정권 강화에 이용될 가능성을 면밀히 검토했다. 동독이 먼저 요청할 때 반드시 대가를 받고, 서독의 지원을 동독 주민들이 알게 하는 방법으로 지원한다는 원칙도 고수했다. 특히 무상원조나 현금지원은 엄격히 제한해, 동서독 기본합의서 체결 11년 후인 1983년과 1984년 두 차례에 걸쳐 19억 5,000만 마르크(약 1조 2,000억원)의 은행차관을 주선해주었을 뿐이다"고 쓰고 있다.

바로 이 점이 염돈재의 책이 신빙성을 의심케하는 대목이다. 그는 독일 체류경험도 일천하면서 독일어를 모르는지 그의 책에는 독일어로 된 참고자료가 없다.

사실 이 차관을 제공한 것은 콜 정부가 아니라 바이에른 주의 슈트라우스 수상이었기에 여기서 바로 잡고자 비교적 상세히 기술한다.

저자가 다만 서독에서 이 차관제공에 따른 사실에서 부러워하는 것은 연방정부가 동독에게 하는 차관제공도 아니고, 우리 같으면 어림없는 일개 주 수상이 적인 동독에게 차관을 제공했는데도 관용으로 넘어간 서독인들의 관용정신이다.

독일 남쪽 바바리아 주를 기반으로 한 기독교사회연합(CSU)은 기독교 민주주의와 보수주의, 자유주의 그리고 사회 정의를 표방한다. 바바리아 주는 연방국가의 16개 주 중 하나의 주에 불과하지만 소박하게 보이는 '보다 작은 국가, 보다 작은 자유'란 이념의 실현을 통해서 사회정의를 추구하고 있다.

독일의 개별 주들도 외교권을 가지고 있다. 1983년과 1984년 2회에 걸쳐 당시 기독교사회연합 당수이자 바바리아주 수상이었던 슈트라우스(Franz J. Strauss)는 동독정부에게 우리 돈 1조원(총 19억 6천만 마르크)에 달하는 상업차관을 혼자 독단적으로 결정하여 제공했다. 독일 사회도 이를 관용으로 대했다.

다만 당시 기독교사회연합(CSU)은 슈트라우스를 당수로 다시 추대하는데 보통은 95%의 지지를 했지만 이 차관 사건 때문에 77%의 지지만 했다.

그는 동독경제가 붕괴될 경우에는 전쟁이 일어날 수 있다는 우려를 강하게 제기하며 동서독간의 군사적 충돌을 방지하고 동독경제 회생을 위해서는 실용주의적 차원에서 동독에게 차관을 제공해야 한다는 명분이었다.

동독은 차관을 받는 조건으로 국경의 자동발사장치를 제거했으며 청소년 교환의 최저상한제 폐지, 이미 서독으로 이주한 가족을 위한 동독가족의 서독이주의 완화와 여행완화, 동독국경에서 통관절차 간소화 등을 이행했다.

당시 독일은 1981년 미국 레이건 대통령 취임이후 미·소간 냉전으로 한층 더 긴장된 상황아래 유럽이 미소의 중거리 핵미사일 사정거리 안에 있었기 때문에 이에 대한 불안과 미국소련간 핵미사일 공격으로 서로 맞서면 독일은 고래싸움에 새우등 터지듯 강대국 사이에서 희생양이 될 수 있다는 불안감이 컸었다. 당시 독일인은 전쟁이 촉발될 수 있는 상황이라고 보고 호주나 미국 등 핵미사일 사정거리 밖에 있는 국가들로 이민가려는 사람도 많았었다.

1) 유무상생의 도를 가지자

앞서 잠깐 언급했지만 ≪장자≫ '제물론'에 모든 사물은 절대적으로 옳은 것도 없는 상대적인 것이니 시비를 가리고 대립을 하지 말고 문에서 중추역할을 하는 도추처럼 유무상생의 자세로 만물에게 유익한 존재가 되는 지혜를 가지기를 일러 주는 문구가 있다.:

"모든 사물은 저것이 아닌 것이 없고, 이것이 아닌 것이 없다.
저쪽에서 보면 보이지 않으나, 자기가 보면 환히 알게 된다.
따라서 저것은 이것에서 나오고,
이것은 또한 저것에서 비롯된다고 말할 수 있다.
곧 저것과 이것이 함께 생겨난다는 상대적인 개념이다.
그렇기는 하나, 삶이 있으면 죽음이 있고, 죽음이 있으면 삶이 있다.
가능한 것은 불가능하게 되고 불가능한 것은 가능하게 된다.
옳음에 의지하여 그릇됨이 있고 그릇됨에 의지하여 옳음이 있다.
그러므로 성인은 이 같은 상대적인 것에 의지하지 않고,

하늘의 이법에 비추어 본다.

이것이야말로 진정 옳음에 의지하는 셈이다.

이와 같은 경지에서는 이것은 곧 저것이며 저것은 또한 이것이다.

저것도 한 가지 시비의 판단이며, 이것도 한 가지 시비의 판단이다.

그런데 과연 저것과 이것의 개념은 애당초 있는 것일까, 아니면

저것과 이것의 개념은 없는 것일까.

저것과 이것의 대립이 해소된 경지를 도추(道樞)라고 한다.

지도리는 고리의 한가운데에 걸려 무한히 돌게 된다.

절대적 경지에서 보면 옳음도 무궁한 변화의 일부분에 지나지 않고,

그름도 무궁한 변화의 일부분에 지나지 않는다.

따라서 밝은 지혜에 따르는 것보다 나은 게 없다고 함은 이를 말한 것이다."

노자 ≪도덕경≫ 제39장은 우리가 '하나'가 되었을 때 오는 순기능을 언급함으로써 하나를 얻음으로써 후대까지 천하를 올바르게 다스리는 방법을 말하고 있다. 즉 도의 경지에서 유무상생을 하여 하나가 되었을 때 얻는 여러 순기능을 우리에게 말하고 있다.:

"옛날에 하나(一)를 얻은 것이 있는데, 하늘은 하나를 얻어 맑아졌고,

땅은 하나를 얻어 편안해졌으며, 신은 하나를 얻어 영묘해졌고,

골짜기는 하나를 얻어 가득 찼고, 만물은 하나를 얻어 생존케 되었고,

임금은 하나를 얻어 천하를 바르게 다스리게 되었다.

그것들을 이렇게 만드는 것은 하나인 것이다."

독일은 1871년에 비스마르크에 의해 처음으로 여러 개의 연방 국가로부터 하나가 되었다. 그러다가 히틀러가 유럽과 아프리카를 하나의 독일로 만들려고 세계 제2차 대전을 일으켰으나 패전하여 한민족 두국가인 동·서독으로 나뉘고 폴란드와 구소련이 독일의 일부 영토를 점하게 되었다.

중국인에게 '하나(一)'라는 용어가 중요하게 대두된 것은 7개 국가를 하나로 통일해야 하는 전국시대의 상황 때문이다. 주나라가 멸망한 후 춘추전국시대가 되면서 어떻게 천하통일을 이룰 것인가 하는 문제가 등장한 것이다.

'하나'라는 개념은 춘추시대에는 쓰지 않았지만 전국시대에 이르러 천하귀일(天下歸一)이라는 관념으로 비로소 본격적으로 쓰기 시작했다.

그런데 ≪도덕경≫ 제39장은 세계가 만물이 대립면으로 이루어진 것을 이해하지 못하고 혼자 독야청청하려면 미래는 마음먹은 대로 되지 않음을 말하고 있다. 즉 유무상생을 망각한 세계는 늘 세계의 순환이 일정하다는 '항상성의 원리'가 성립되지 않기에 불행한 결과가 올 것이라는 주의를 주고 있다.

"하늘이 끊임없이 청명하려고만 하면 장차 무너져 내릴 것이다,
땅이 끊임없이 안정을 유지하려고만 하면 장차 쪼개질 것이다.
신이 끊임없이 영험하려고만 하면 장차 사라지게 될 것이다.
계곡은 채우려고만 하면 장차 말라버릴 것이다.
만물은 살려고만 하면 멸종할 것이다.
통치자가 고귀하려고만 하면 장차 도태될 것이다."

독일의 경우 유무상생의 도를 망각하여 세계 제2차 대전을 일으켰다가 패전하고 국토가 동·서독으로 갈라지고 말았다. 그러다가 서독이 동·서독간, 그리고 동·서독을 분할하고 있던 미국, 소련, 프랑스, 영국 4개 국가와의 유무상생의 필요성을 절감하고, 이를 실현하고자 동방정책을 도입하여 20년 만에 통일을 한 것이다.

그런데 하나가 유무상생이 주는 현상임을 잊고 늘 독야청청하려 하면 ≪도덕경≫ 제39장은 유무상생의 도가 실현되지 않았을 경우에 다음과 같은 역기능이 나타남을 경계하라고 인간에게 충고하고 있다.:

"그러므로 고귀함은 비천함을 뿌리로 하고,
높음은 낮음을 기초로 한다.
이 때문에 통치자는 스스로를 고, 과 그리고 불곡 등으로 낮춰 부르는 것이다
이것이 비천함을 근본으로 하는 것이 아니겠는가?
정말 그렇지 않은가?

그러므로 몇 가지 명예를 지키려 하다가는 명예 자체가 없어져 버린다.

옥처럼 고귀해지려고 하지 말고 돌처럼 소박하라."

≪장자≫ '제물론'에 "무릇 사물은 이루어진 것이나 망가진 것[毁]이나 다시 통하여 하나가 된다. 오직 통달한 사람이라야 통하여 하나가 됨을 알 수 있다"고 하고 있다.

네이버 백과사전을 검색하면 ≪순자≫ '유효'편은 최고의 선을 도덕이라고 보고 '하나'에서 선이 이루어지므로 하나를 이루는 도가 중요한 개념임을 알 수 있다:

"도는 '하나'에서 나왔다.
무엇을 '하나'라고 하는가?
신(神)을 잡아 견고한 것을 말한다.
무엇을 '신'이라고 하는가?
선(善)을 다하고 잘 다스리는 것을 '신'이라고 한다.

선왕을 본받고,
예의를 통일하며,
제도를 하나로 하고[一],
얕은 것을 가지고 넓은 것을 알고,
옛것을 가지고 지금의 일을 장악하고,
하나[一]를 가지고 만 개를 아는 것은 진실로 인의(仁義)의 종류다."

또 『순자』의 「해폐」편은 사람이 편파적이거나 편향적이 되어서는 통일을 이룰 수 없음을 말하고 있다.

고사성어에 '不偏不黨(불편부당)'이 있는데 이 말 역시 한 쪽에 치우치지 말라는 뜻이다.:

"사람은 한쪽으로 치우친 이론에
지배되면 큰 줄거리,
천하의 공리를 알 수 없게 된다.
이것이 인간이 빠지기 쉬운 약점이다.
처음부터 자기 마음에 의혹을 품고 있으면서
다른 의혹이 있는 문제를
해결하려고 하면
그 결정은 결코 적절한 것이 될 수 없다."

제갈량도 출사표에서 '하나'라는 개념을 가지고 촉·한·오나라로 갈라진 삼국에서 유비를 도와 천하를 통일한다는 의지를 밝힌 바 있다.:

"봉화가 쉴 새 없이 올리는 난세였습니다.
승냥이 같은 무리와 전쟁의 연기가 그치지 않았습니다.
최근에는 이 나라가 삼국으로 찢어졌습니다. …
한쪽으로 치우친 말이나 편견은 믿지 마소서. …

천하가 하나로 합쳐지고
대한이 유씨에게 돌아와
백성이 평온하도록 하겠습니다."

세계는 지금 모두 대립되는 관계로 구성되어 있다. 동서양의 냉전이 그렇고, 남북한의 적대관계가 그렇다. 또 문명의 충돌이라는 기독교와 회교의 대립이 그렇고, 미국 내에서 종종 나타나는 인종간의 갈등, 여당과 야당의 대립, 국가간의 영토분쟁이나 축구경기 등으로 촉발된 전쟁은 두 이해당사자간의 긴장이 증폭되어 대립된 순간에 일어나는 것이다.

국내에서도 보면 유무의 개념에서 본 두 세계의 대립은 빈부격차, 남녀차별, 동쪽인 영남과 서쪽의 호남간의 차이, 갑과 을, 상사와 아래 직원, 고용주와 피고용인의 갈등 등으로 나타난다. 그렇기에 노자는 인간이 도의 경지에 들어가 세상만물을 볼 때 그 근원이나 이치를 객관적이고 상대적인 관점에서 바라보고 유무상생을 유념해야 한다고 이르고 있는 것이다. 우리가 한 세계를 아름답다고 생각하면 다른 한 상대는 추하게 보이고, 한 쪽을 선하고 좋다고 정의내리고 생각하는 데서 다른 한 대립면은 악의 축이 되는 것이다.

유무상생을 하려는 마음에 따라 희비가 엇갈린 사례가 독일에도 있다. 서독 총리였던 빌리 브란트를 불신하는 불신임안이 상정되고 부결되는 과정에서 동방정책은 국민으로부터 신임을 받아 탄력이 붙는다. 이후 현명한 이성적 산물인 동방정책은 동독에게 상생의 덕을 베풀어 이를 기점으로 17년 후 독일통일이 된다. 독일통일 후 지금 동방정책을 평가해 보면 동방정책으로 독일통일의 운명이 결정지어진 것이다.

야당인 CDU 내에서는 당대표가 주도한 불신임안 부결된 이후 당권이 교체되는 명암이 엇갈린다.

동방정책을 제창하고 실행하는 과정에서 빌리 브란트에게 총리직의 명운이 걸린 브란트 불신임안이라는 카드가 야당(CDU)대표 라이너 바르젤(Rainer Barzel)로부터 1972년 4월 27일 제출된다. 바르젤은 불신임안이 가결될 것으로 낙관하고 예비내각까지 조각했다.

바르젤은 불신임안이 가결된 오후 3시에 독일연방대통령으로부터 총리 임명장을 받고, 한 시간 후인 4시에 의회에서 취임선서를 하고, 5시에 총리공관에 이사한다는 계획까지 세웠었다.

그런데 1시 22분에 불신임안의 개표결과가 알려졌는데 반대가 249표이고 찬성은 247표에 그쳐 2표 차이로 불신임안은 부결되었다. 바르젤은 250표를 계산했던 모양이다.

바르젤은 당시 독일국민이 가진 통일의 절박성을 깊이 인식하지 못한 체, 동방정책으로 전통적인 독일영토를 포기한 협정들이 가당치 않다는 당내의 좁은 여론에 몰입했던 것이다. 결국 유무상생을 하지 않으려는 바르젤의 잘못된 판단은 그를 정치의 뒤안길로 가게 했다.

빌리 브란트는 사실 동독 안에서 외딴 섬과 다름없는 서베를린에서 1957년부터 66년까지 시장을 역임하면서 1961년 베를린장벽이 세워지는 현장을 자기 눈으로 똑똑히 보았다. 그래서 서베를린 주민이 서독을 왕래할 때 동독정부로부터 겪는 인간적인 고통을 목격하면서 분단의 아픔을 절감하며 유무상생의 도가 필요함을 절감한다.

미국·영국·프랑스·소련의 4개국 연합국에 의해 분단된 독일의 현실을 직시한 빌리 브란트에게 동방정책은 독일을 통일시키기 위해서 나온 현명한 고육지책이었다. 동베를린 주민 중 1961년 장벽이 설치되고 난후 1989년까지 탈출에 성공한 사람은 5천여 명에 이르지만 239명이나 서베를린으로 탈출하다가 총에 맞아 죽었다. 서독인이 서베를린으로 통행 시 갑자기 동독경찰로부터 속도위반 적발을 당하는 것은 기본이었다. 그리고 동독경찰이 갑자기 도로를 막고는 자동차나 소지품을 뒤지면서 몇 시간동안 도로가 정체되는 등 동독 측의 횡포로 서독인은 자주 고통을 겪기도 한다.

브란트는 1969년 서독총리가 된 후에 유무상생을 실현하는 소련과의 기본조약(1970년), 폴란드와의 바르샤바 조약(1970년)을 체결한 바 있다. 이 두 국가 간의 조약에는 과거 독일영토였지만 두 나라가 실효지배하고 있어 영토를 포기한다는 내용이 들어있었다. 이것이 야당은 빌리 브란트를 불신임할 수 있는 아주 좋은 호재라고 판단한 것이다. 브란트는 과거 침략과 학살의 쓰라린 역사가 있는 주변국과의 화해에 따른 협정없이는 독일 통일 등 독일의 장기 과제를 해결하는 미래가 없다는 혜안을 가졌다.

에곤 바르는 그의 회고록 ≪독일 통일의 주역, 빌리 브란트를 기억하다≫에서 불신임안이 부결된 것은 당명을 거역하고 브란트 통일정책을 지지한 야당 기민당 소속 젊은 의원 12명이 있었다고 밝히고 있다. 유무상생을 실천한 이들 12명 중에는 훗날 서독 대통령이 된 폰 바이츠제커와 비스마르크에 이후 독일 역사상 두 번째로 재통일을 한 통일총리인 헬무트 콜도 들어 있었다.

이후 바르쩰은 불신임안 부결로 인해 당대표직을 잃게 되고 젊은 의원 헬무트 콜이 당대표가 된다. 콜의 사망한 부인 한네로레 콜의 말에 의하면 헬무트 콜과 한번 친구가 되면 영원한 친구가 된다할 정도로 덕을 가진 콜은 후에 비스마르크에 이어 두 번째로 독일을 통일한 총리가 된다. 빌리 브란트에 대한 불신임안이 가결되었다면 동방정책은 유야무야되었을 수도 있는데 이 불신임안 부결이 동방정책에 탄력을 붙여주었고 결과적으로 17년 후 독일통일의 대업으로 이어 진 것이다.

이 불신임안 부결을 두고 독일의 시사주간지 ≪슈피겔(Spigel)≫은 2013년 10월 15일자 기사에서 독일역사의 한 장이었다고 쓰고 있다. 브란트는 불신임안 부결이후 국민의 동정심을 얻어 1972년 가을에 실시된 조기총선에서 사민당 역사상 가장 좋은 선거결과를 얻게 된다.

마하트마 간디도 세계는 대립면으로 구성되어 있지만, 이를 뛰어 넘어야 집착으로부터 자유로움을 말하고 있다.:

"세상은 서로 반대되는 것들로 가득하다.
행복 뒤에는 슬픔이 있고, 슬픔 뒤에는 행복이 있다.
햇빛이 비치는 곳이면 어디든 그늘이 있고,

빛이 있는 곳이면 어두움이 있게 마련이다.
태어남이 있는 곳에 죽음이 있다.
이들을 이겨내는 길은 이들을 없애버리는 데 있는 것이 아니라,
이들을 뛰어넘고 집착으로부터 완전히 자유로워지는데 있다."

≪채근담≫에도 득의양양할 때 갑자기 실의의 상황이 오고, 밝음은 어두움에서 비롯되므로 항상 반대의 상황에 대비하라고 충고하고 있다.

"굼벵이는 더럽지만
매미로 변하여 가을바람에 맑은 이슬을 마시고,
썩은 풀은 빛이 없지만
반딧불로 변해서 여름밤을 빛낸다.
깨끗함은 항상 더러움에서 나오고
밝음은 항상 어둠에서 비롯되는 것이다.
…
괴로움 속에서
언제나 마음을 즐겁게 하는 멋을 얻으며.
득의만면할 때에
갑자기 실의의 슬픔을 낳게 된다."

≪근사록≫에도 주염계(周廉溪)가 "우주의 본원은 한 면으로 생각하면 무(無)이고 또 다른 한 면으로 생각하면 유(有)이다. 혹은 또 유와 무를 초월하는 것이다"라고 말하고 있다.

출처를 알 수 없지만 '物我相忘, 安有爭鬪(물아상망 안유쟁투)'라는 문구가 있다. 이는 '사물과 내가 서로를 잊는다면 어찌 다툼이 있으랴'는 뜻으로 분쟁은 구분하는 마음에서 생기므로 마음을 비워 객관적인 자세를 견지해야 한다는 뜻이다.

'我旣不可以傷人, 人亦不可以傷我(아개불가이상인 인역불가이상아)', 내가 이미 남을 해치지 않으니, 남이 또한 나를 해칠 수가 없다는 뜻이다.

산에 사는 사람 중에는 산짐승을 해치지 않는 사람이 많다. 그 이유는 짐승을 죽이지 않음으로써 그들로부터 오는 보복을 미연에 방지하려는 이유에서이다.

남과 북을 구별하고 가르는 차별적인 판단에서 싸움은 벌어지고 평화는 조각난다.

그러기에 사물과 자아 사이에, 만물을 구분하고, 구별하고 분별하는 마음을 비워 물아일체가 되면 통일에 다가가질 것이다.

조선 명종 때의 재상 상진(尙震, 1493~1564)이 직접 36자를 써서 자신의 좌우명으로 삼으면서 그의 자손에게 물려준 ≪자경명(自警銘)≫의 글귀는, 북한에 대한 적개심으로 속이 타는 후손들인 우리가 겸허히 새겨들어야 할 것이다. 나만 옳다고 소리치며 북녘 동포를 미워하고 욕하고 구분하는 마음을 품고 있지 않은 지 반성해 보자.

경박함은 중후함으로 바로잡고. 輕當矯之以重(경당교지이중)
급한 성격은 느긋함으로 고치며. 急當矯之以緩(급당교지이완)
치우침은 너그러움으로 바루고. 偏當矯之以寬(편당교지이관)
조급함은 고요함으로 다스린다. 躁當矯之以靜(조당교지이정)
사나움은 온화함으로 다잡고. 暴當矯之以和(포당교지이화)
거친 것은 섬세함으로 고쳐나간다. 麤當矯之以細(추당교지이세)

고요히 차분하게 이성적으로 한 번 더 생각해 봤으면 더 좋은 판단과 해결책이 나올 수 있는 일을 적개심으로 들뜬 분위기에 휩쓸려 그르친 적은 없지 않았는지 차분하게 생각해 보자. 더 중후해지자. 좀 더 여유를 가지고 주관을 버리고 객관적으로 생각하고 행동하여, 비록 원수라도 더 너그럽게 대하자. 급할수록 돌아가라고 더 곰곰이 생각하고 온화하게 행동하며, 차분하게 따져보는 지혜와 혜안을 기르자.

12. 남북이 협력하자

외교부 홈페이지에 들어가면 권영민 전 독일대사가 2004년 7월 18일자 국민일보에 쓴 '접근을 통한 변화'라는 특별기고문이 나온다.

기고문을 쓸 당시 독일대사였던 그는 옛 동독의 마지막 국방장관이었다가 통일 후 연방 하원의원이 된 라이너 에펠만 의원(기민당)을 이따금 만나고 했던 모양이다. 라이너 에펠만 의원은 한국의 통일 문제에 대하여 누구보다도 각별한 관심을 갖고 있어서 권 대사를 만날 때마다 강조하면서 반복하는 말이 있었다고 한다.:

“무엇이든, 어떠한 형태라도 좋으니 북한과의 교류를 늘리십시오.
이것이 바로 북한을 살리고 한국을 살리는 상생의 길입니다.
할 수 있는 한, 무엇이든, 줄 수 있는 것이 있으면, 주십시오.
식량이든, 소비재든, 의약품이든 전자제품이든, 북한이 필요해하는 것이 있으면, 무엇이든 주십시오.
이것이 결국은 한국에도 득이 될 것입니다.
사회주의 국가에서는 특히 소비재가 부족합니다.
나는 사회주의 국가를 압니다.
그 속에서 살아 왔으니까요.”

목사 출신으로 동독 시절 반체제 운동에 참여했으며, 보수당인 기민당 출신 의원인 그는 ‘남북 간 협력 강화와 대북 지원 확대야 말로 남북한 상생의 길’이라고 늘 충고했다고 한다,

우리가 느끼기에, 언뜻 ‘대북 퍼주기’로 비판받을 수도 있는 이런 얘기를 반복해서 강조하는 이유는 그가 60평생을 사회주의 체제에서 살았던 자신의 경험 때문이라고 한다.

그는 아무리 작은 접촉이라도 북한 내에 파장을 불러 모으고 장기적으로는 변화를 유발하게 된다는 것이다.

처음에는 집권 권력층만 혜택을 받는다고 하더라도 이를 계속하면, 결국 일반인에게도 혜택이 돌아간다는 논리이다.

저자가 오랜 세월 자주 지구촌의 부패정권이 멸망하던 뉴스를 보고 느낀 것인데, 예컨대 필리핀의 마르코스 대통령 같이 외국에서 오는 원조를 정권의 핵심이 독차지한다면, 그 국가내의 내부 모순은 점점 커지게 된다. 그리고 어느 순간 이 모순이 눈덩이처럼 굴러가며 커져서 급기야 국민의 불만이 표출되는 지경에 이르면 급속히 정권이 붕괴한다는 것이다.

동독국민과 동독 권력층간의 괴리도 이런 모순에 기인하는 바가 컸다. 국가지불불능 상태 직전이었다는 동독이 망하고 난 뒤에 보니, 서민은 오렌지나 바나나도 못 먹었다. 그리고 기껏 26마력짜리였던 트라비 자동차와 냉장고도 10년 이상 기다려야 인도받을 수 있었다. 그런데 동독 제1 서기였던 에리히 호네커는 온갖 종류의 자동차들을 7대 가졌을 정도로 동독 내 모순이 컸었음을 독일 매스컴이 보도한 것을 저자는 기억하고 있다.

우리도 북한과의 접촉을 통하여 북한의 집권층이 부정부패와 부정축재를 하게끔 모순을 촉발시켜 북한정권을 망하게 하는 전략도 고려해 봄직하다.

≪맹자≫ '盡心(진심)' 下21에 "산속에 난 좁은 길도 계속 다니면 금방 길이 만들어지지만, 다니지 않으면 풀이 자라 길을 막는다(山徑之蹊間, 介然用之而成路, 爲間不用 則茅塞之矣(산경지혜간 개연용지이성로 위간불용 즉모색지의))"는 말이 있다. 미국 오바마 대통령도 2009년 미중전략경제회담에서 이 말을 인용했다.

지금 남북으로 서로 통하는 길은 다녔다면 맹자의 말처럼 길이 만들어지고 넓어졌겠지만 다니지 않아 막혀 있다. 막혀 있는 길은 사람이 다니려면 어떻게 하던지 원상복구를 해야 한다.

또 말하지만 '순망치한(脣亡齒寒)'이란 말은 ≪춘추좌씨전(春秋左氏傳)≫ '희공 5년조'에 나오는 말인데, 입술이 없으면 이가 시리다는 뜻으로 서로 떨어질 수 없는 밀접한 관계에 있다는 의미를 가지고 있다.

남·북한은 당장은 대결국면을 보이고 있지만 순망치한과 다름없다는 것을 서로 알아야 한다.

남과 북이 대화를 통해 좋은 관계를 가져야 하는 것은 우리 민족의 본성이고 북이 어려움이 있다면 지나친 경계를 삼가고 사랑을 줘야하는 것이 같은 민족이 가진 본성이 아닐까하고 저자는 생각해 본다.

≪장자≫ '천지편'에 사마귀의 무모함을 일컫는 '당랑거철(螳螂拒轍)'이란 구절이 있다.

사마귀가 무모해서 그런지, 아니면 하룻강아지 범 무서운지 몰라서 그런지, 상대가 얼마나 센지 모르고 자신의 집게를 벌려서 수레바퀴에 맞선다는 이야기이다.

또 범을 다룰 때 살아있는 먹이나 먹이를 통째로 주지 않는 것은 범을 제대로 헤아려 다루기 위해서이다. 동물을 다루는데도 요령이 있듯이 우리의 국력만 믿고 북한을 얕잡아 보거나 무시하는 것을 경계하고 삼가면서 겸손하게 대하고 만용을 삼가야할 것이다.

"당신은 저 사마귀를 아십니까?

그 놈은 곧장 집게를 벌리고 수레바퀴에 맞서는데,

도저히 상대가 되지 않는다는 것을 모르기 때문입니다.

이렇게 자기의 재주만을 믿는 것은 어리석은 일입니다.

경계하고 삼가야 합니다.

당신의 빼어남을 내세워 그를 거스르면 위태로워 집니다.

당신은 저 범을 기르는 이를 아십니까?

그가 범에게 결코 산 먹이를 주지 않음은,

그것을 죽일 때 사나움이 일어나기 때문입니다.

또한 먹이를 통째로 주지 않는 것은,

그것을 찢다보면 사나움이 일어나기 때문입니다.

그는 범의 굶주림과 배부름을 제대로 헤아려 그 성질을 이끄는 것입니다.

범은 인간과 종류가 다르지만, 여전히 기르는 주인을 따르게 되는 것은,

범을 기르는 사람이 범의 본성을 따라 거스르지 않기 때문입니다.

또 말을 사랑하는 사람은, 좋은 바구니에 똥을 담고,

대합에 그 오줌을 받습니다.

그러나 모기나 등에가 붙었다고 해서 느닷없이 때리면,

말은 깜짝 놀라 재갈을 물어뜯고 주인의 머리를 깨거나 가슴을 다치게 합니다.

이렇게 사랑하는 마음이 지극하여도

그것을 잃는 수가 있습니다.

어찌 조심하지 않을 수 있겠습니까?”

조선 후기의 대학자 이덕무는 그가 지은 ≪이목구심서≫에서 근거없이 남을 비방하지 말아야 한다고 말하고 있다. 비방한 것은 언젠가는 탄로 나게 마련이기에 혹시 우리가 북한에 대해 근거도 없이 비방을 하지 않았는지, 그리고 관계의 정상화를 위해 앞으로 비방을 하지 않도록 조심해야 할 것이라고 본다.

“천하에 가장 상서롭지 못한 것은 근거 없는 비방을 멋대로 남에게 해대는 것이다.

그러나 그 비방한 바는 언젠가는 탄로 나게 마련이다.

비방하는 말을 들은 사람이 이리저리 변명을 늘어놓을 것 같으면 또한 번잡스러운 데로 얽혀들게 된다.

더욱이 가볍고 무거운 차이가 있을 때는 더욱 살펴 삼가야 한다”고 했다.

또 “남이 나를 저버릴지언정 내가 남을 저버리지는 말아야 한다.

평탄하고 드넓고 쉽고도 곧게,

천리마를 타고 큰 길을 내달리듯 하되 조금도 돌아보거나 곡해함이 없어야 한다”고 함으로써 북한이 우리를 버리더라도 우리는 버리지 않는다는 마음가짐을 가져야 할 것이다.

이덕무의 ≪이목구심서≫는 또 지금 사람들은 옛 사람들처럼 좋은 일을 하지 않는다고 한다.

아마도 옛 사람들은 북한동포에게 적개심을 지금 세대처럼 가지지는 않았을 것이다. 그리고 지금 세대는 이 적개심 때문에 동족에 대한 사랑을 잊으면서 사랑을 주기를 거부하고 있는지도 모르겠다.

"지금 사람이 옛 사람에 미치지 못하는 것은 단지 지금 사람이 스스로 처하기를 옛 사람이

자처하듯 하지 않기 때문이다.

만약 좋은 일 닦아 두기를 단지 옛 사람과 같게만 한다면

반드시 뒷사람이 나를 기려 이렇게 말할 것이다.

"아무 옛 분이 이러이러한 좋은 일을 했으니 배울 만하다."

그 이른 바 좋은 일이란 내가 오늘 닦아둔 바에 지나지 않는다."

이덕무의 ≪이목구심서≫는 지금처럼 하면 고식적이라 큰 우환을 만나기 쉽고, 통일이라는 대업을 놓치기 쉽고, 싸워서 이기려는 사람은 큰 적수를 만나기 쉽다고 경계심을 늦추지 말 것을 후손인 우리에게 주문하고 있다.

"손쉬운 것만 찾는 사람은 큰 절개에 어지럽고,

하던 대로만 하려는 사람은 큰 사업을 놓치고 만다.

고식적인 사람은 큰 우환을 만나고,

이기기를 좋아하는 사람은 큰 적수와 마주치게 된다.

그 형세가 그런 것이다."

이덕무는 대인은 마음을 비우는 경지에 있어야 하므로 본인도 도의 경지에 들어가고 싶은 심정을 노래하고 있다.

"간사한 사람의 가슴 속에는 가시돋힌 납가새풀 한 곡(斛)이 들어 있고,

속된 사람의 마음 안에는 켜켜이 앉은 때가 한 곡이나 들어

있다.

맑은 선비의 가슴 안에는 얼음이 한 곡 들어 있다.

강개한 선비의 가슴 속에는 온통 가을 빛깔의 눈물뿐이다.

기이한 선비의 마음속에는 심장과 폐가 들쭉날쭉 모두 대나무와 바위를 이루고 있고,

대인의 가슴 속에는 텅 비어 아무 물건도 없다.”

“가슴 속에 가시를 품고 사는 사람이 있고,

더러운 때가 잔뜩 끼어 있는 사람이 있다.

얼음처럼 맑은 사람, 비분강개의 눈물이 가득 찬 사람,

대나무와 돌을 품고 사는 사람도 있다.

그러나 정말로 큰 그릇의 사람은 가슴을 열어보면 텅 비어 아무 것도 없다. 나도 그렇게 되고 싶다.”

그러면서 이덕무는 맹자가 말한 4단의 측은지심과 같은 심성을 가지고 사람끼리 서로 아끼고 힘을 주면서 어려운 사람을 불쌍히 여기는 인간의 본성을 보여야 한다고 말한다.

북한 동포를 아끼고 힘을 주고, 그들이 어려운 처지에 있으니 사랑하자.:

“나보다 나은 사람은 우러러 이를 사모하고,

나와 더불어 같은 사람은 아끼어 사귀며 서로 북돋워주고,

나에게 미치지 못하는 사람은 불쌍히 여겨 이를 가르쳐 줄진대 천하는 마땅히

태평하게 되리라."

정민은 '한문학'에서 중국 명나라 말기 진계유(陳繼儒, 1558~1639)의 저술인

'모세어(模世語)'에서 나온 문장을 소개하고 있다.

여기서 진계유는 지금 우리가 북한에 하고 있는 행태에 대해 충고하고 있는지 모른다. 진계유는 '모세어'에서 특히 형제와 자매는 동기간이라 다투지 말 것, 나쁜 짓하면 괴로움을 당한다, 인생은 빈손으로 가므로 인색하지 말 것, 총명함을 드러내는 것을 조심할 것, 시비는 저절로 가려지니 시비를 가리지 말 것, 원수를 갚으면 보복이 따르니 원수 갚기를 자제할 것, 세상일을 헤아리지 말 것, 욕하지 말 것을 주문하고 있다.

"사람 사는 한 평생이란 운명의 안배일 뿐이니 구해본들 무엇하리.

운명은 때로 끝끝내 기다려야 함이 있으니 힘쓴들 무엇하리.

앞길이 막히면 다른 길이 있으니 서둘러 무엇하리.

어버이 공경은 않고서 부처에게만 예불하니 아첨한들 무엇하리.

형제와 자매는 모두 동기간인데 다투어 무엇하리.

부귀와 영화는 눈앞의 꽃이니 연연해 무엇하리.

자식은 스스로 제 복을 타고 나거늘 근심한들 무엇하리. 종들은 부모께서 내신 것이니 업신여겨 무엇하리.

높은 지위에 있으면서 쉬운 일도 하지 않는다면 높은들 무엇하리.

관아에 틀어박혀 수행에 힘쓴대도 흉년이야 어찌하리.

도필(刀筆)의 송사(訟事)로 남을 죽이면 마침내 스스로를 죽이게 되니 따져본들 무엇하리.

머리들어 석 자 위엔 신명이 있으니 속인들 무엇하리.

문장은 예로부터 근거가 없는 것이니 뽐낸들 무엇하리.

다른 집의 부와 귀는 전생에 타고난 것이니 질투한들 무엇하리.

평생 나쁜 짓하면 끝내 괴로움을 당하게 되니 원망한들 무엇하리.

깨진 것은 채우고 추우면 막다가도 따뜻해지면 그만두니 내버려 둔들 어떠하리.

목구멍만 지나면 똥이 되고 마니 탐한들 무엇하리.

죽은 뒤엔 한푼도 가져가지 못하니 인색해 무엇하리.

앞 사람의 토지를 뒷사람이 거둬가니 소유한들 무엇하리.

총명함이 도리어 총명함을 그르치니 똑똑한들 무엇하리.

빈말이 평생의 복을 죄 꺾어 버리니 속여서 무엇하리.

관청 일에 이익을 보려면 돈이 드니 소송하여 무엇하리.

시비는 결국은 절로 분명하니 말해서 무엇하리.

세상에선 입 열고 웃을 일을 만나보기 어려우니 걱정해 무엇하리.

모르는 사이에 그대의 골수를 말려버리니 음란하여 무엇하리.

열 개를 가져오면 아홉 개가 없어지니 내기해 무엇하리.

손쉽게 얻어서는 손쉽게 잃고 마니 욕심은 내어 무엇하리.

근검으로 집안을 다스림이 남에게서 구하는 것보다 나으니 사치해 무엇하리.

한가로움 다투느라 마당이 텅비었으니 한탄한들 무엇하리.

악한 사람은 절로 악인에게 고통을 당하리니 미워한들 무엇하리.

원수를 원수로 서로 갚으면 편안할 때가 없으리니 한을 품어 무엇하리.

인생이 어디선들 만나지 않으리오. 다퉈본들 무엇하리.

세상일은 참으로 한 판의 바둑과 같으니 헤아려 본들 무엇하리.

누군들 언제나 일 없음을 보전할 수 있으리오. 욕해본들 무엇하리.

숨어 삶은 마음에 달려 있지 산에 있지 않으니 도모한들 무엇하리.

남을 속이면 재앙이 되고 대접하면 복이 되니 점쳐 봐야 무엇하리.

지금 우리의 경제도 어렵고 정치적으로도 출구가 없을 만큼 복잡하다. 이런 시기에 우리는 북한과 ≪손자(孫子)≫에서 말하는 오나라 사람과 월나라 사람이 한 배에 타서 어려운 상황에서 원수라도 서로 협력하는 오월동주(吳越同舟)의 자세나 원수라도 한 가지 일을 위해서는 서로 도우려고 한 배를 타고 강을 건너는 동주제강(同舟濟江)의 지혜가 필요하다.

남과 북이 서로 협력해야 만 ≪독립선언문≫에서 선언한 것처럼 신천지가 눈앞에 전개될 것이고, 힘으로 지배하는 위력의 시대가 가고 도의의 시대가 올 것이다. 그리고 인도주의 정신이 시작될 것이고 민족의 자유권이 보전되고 민족의 독창력이 발휘되면서 민족의 정수가 결집될 수 있을 것이다.

조조의 둘째 아들 조식(曹植)이 지은 ≪칠보지시(七步之詩)≫에 콩을 삶는 데 콩깍지를 태운다는 '자두연기(煮豆燃萁)'란 말이 유래한다. 이는 형제끼리 서로 미워하고 들볶는 것을 의미한다.

어느 날, 평소 조식을 시기하는 조조의 아들 조비가 왕에 올라 10살인 동생 조식을 불러 하명하기를, "일곱 걸음을 옮기는 사이에 시를 짓도록 하라. 짓지 못할 땐 중벌을 면치 못할 것이니라" 했다 한다. 이에 조식은 걸음을 옮기며 아래 ≪칠보지시≫를 읊었다고 한다.

우리도 같은 조상에서 나온 북한동포를 가마솥에 넣어 삶으려고 하지 않는지 생각해보자.

≪칠보지시≫의 내용은:

"콩을 삶는데 콩깍지로 불을 때니(煮豆燃豆萁(자두연두기)),
콩이 솥 안에서 우는구나(豆在釜中泣(두재부중읍)).
본래 같은 뿌리에서 나왔거늘(本是同根生(본시동근생)),
서로 삶기를 어찌 이리 급하게 구는가(相煎何太急(상전하태급))"

이다.

≪한서(漢書)≫ '주운전(朱雲傳)'에 화살을 부러뜨림을 뜻하는 '절전(折箭)'이 나오는 데, 이 말은 남북이 힘을 하나로 합하여 서로 협력하라는 의미를 우리에게 준다.

중국 남북조시대 후위(後魏) 때, 토곡혼(吐谷渾)의 왕 아시(阿豺)

는 아들이 20명이나 되었다. 위대(緯代)가 맏아들이다. 아시는 아들들에게 각자 화살 하나씩을 주고 그것을 부러뜨려 보라고 했다. 그리고 이복동생 모리연(慕利延)에게도 화살 하나를 부러뜨리기를 주문하니 모리연은 그것을 쉽게 부러뜨렸다. 그러자 아시는 모리연에게 또 화살 열아홉 개를 주고 그 것을 한 번에 부러뜨려 보기를 명하니 모리연은 젖먹던 힘까지 내어 화살 19개를 부러뜨리려고 했으나 불가능했다. 이에 아시는 "너희들은 알았느냐? 하나는 쉽게 부러뜨리지만, 많은 것은 그렇게 하기 어렵다. 힘을 하나로 합친 연후에 국가는 견고해지는 것이다"라고 말했다 한다.

지금까지의 대한민국 성장정도는 남한 혼자서 그간 힘들었지만 이룩할 수 있었다. 그런데 지금 한국에도 정치, 경제, 사회, 외교분야 등 여러 분야에 전방위적으로 위기가 몰려오고 있다. 그러기에 북한과 힘을 합쳐야만 명실공히 강대국인 '대한민국'이 가능해 질 것이다. 그래서 무엇보다도 국민 한 사람 한 사람이 마음을 합치는 지혜를 모아야 한다.

13. 도와 덕으로 북한을 열자

≪장자≫ '산목편'에 무릇 이익으로 맺어진 것은, 위급, 궁핍, 재난, 우환, 해로움 등이 있을 때 서로 버린다고 하고 있다. 그러나 천륜으로 맺어진 것은 위급, 궁핍, 재난, 우환, 해로움 등이 있을 때 서로 돕는다고 하고 있다.

그런데 우리가 명심해야 할 것은 "몸은 만물의 자연스런 변화

에 순응해야 하고,

심정은 자연의 본성을 따라야만 한다"고 하고 있어 동포로서 사랑하는 본심을 잃지 말아야 함을 충고하고 있다.

이어서 ≪장자≫ '산목편'은 자연의 변화에 순응하면, 남북한이 서로 떨어지지 않고,

본성을 따르면 마음의 번거로움이 없으니 남북한이 서로 떨어지지 않는다 하고 있다.

현재 우리나라에 경제성장이 되고 소득이 높아지면서 먹고 살만하니 도와 덕은 부를 축적하는데 별 도움이 안 되고 별 것 아니라는 생각을 하는 사람이 많은 것 같다. 그런데 도와 덕을 갖추었을 때 오는 나와 세계와의 긍정적인 관계를 무시하고 아무렇게나 내 마음대로 하면 될 것 같지만 세상에서 일어나는 많은 사실은 도와 덕을 닦아 유무상생을 해야 함을 시사하고 있다.

세상에는 온통 배부른 돼지가 배고픈 소크라테스보다 가진 게 많다고 우대받기에 부모형제간에도 재산다툼이 치열하고 세상인심도 저자가 어릴 때보다 훨씬 각박해졌다.

그렇지만 이런 시대상황에서도 우리가 금과옥조로 새겨들어야 할 인문학은 귀신 신나락 까먹는 소리라고 무시하면 안될 만큼 소중해져 가고 있다.

최근 박근혜 대통령이 탄핵을 당하고, 첫 여성대통령이지만 서울구치소에 구금이 되어 있다. 여기서 저자가 말하고자 하는 것은 탄핵이 불거진 발단이다. 그것은 민주사회에서 우리가 살아가면서

지켜야 할 규범인 만물을 차별없이 평등하게 대하는 도와 덕, 유무상생을 잊고, 도와 덕이 결여되어 사람을 차별하고 구분하는 잘못된 가치관과 인식에서 불거진 것이라고 저자는 본다.

과학기술의 발달로 인한 노동의 상실의 실태를 보면, 컴퓨터의 발달로 인한 3D 프린트, 빅데이터 등 인공지능이 가져온 소위 '4차 산업혁명'은 인간을 무차별적으로 작업장에서 몰아내고 있다. 실제로 전화교환원은 많이 없어졌고 은행직원이나 고속버스, 지하철의 매표소 직원은 현금인출기나 매표기 숫자가 늘어나는 만큼 빨리 사라지고 있다. 이런 첨단기술이 인간에게 주는 위기의 순간에도 공자는 ≪논어(論語)≫ '이인편'에서 "덕은 사람을 외롭게 하지 않으며 반드시 이웃이 있게 마련이다"라고 말하고 있어 덕을 갖춰야 할 필요성을 말했다.

다시 반복해서 말하지만 역사는 돌고 돈다. 우리의 시야를 국제정치로 돌려 국제적인 관계를 생각한다면, 지금 한국이 처한 현실은 마치 구한말 대한제국이 처했던 현실과 같다고 사람들은 말하고 있지 않은가? 현재 한국은 북한, 미국, 러시아, 중국, 일본 등 개별국가의 이해나 입장을 고려해서 등거리 실리외교를 해야 하느냐 아니면 북한의 위협이 상존하기에 사드 배치 등 미국의 입장을 더 생각해야 하느냐 하는 중대한 기로에 서 있다. 이럴수록 도와 덕에 기반한 올바른 판단을 할 수 있는 현명한 지혜가 필요한 시점이라고 저자는 본다.

이 글에서 우리가 새겨들어야 할 것은 도와 덕은 강 건너 등불 보듯 남의 일만은 아니며, 나와는 상관없이 없으니 딴 데 가서 알아보라는 식이 아닌, 나로부터 도와 덕을 가슴에 담고 실천하고 내가 거듭나야 통일이 가능할 수 있고, 통일은 지금 나에게 주어진 여건을 좋게 만들 수 있고 먼 후대까지 '대한민국'이 번성 수 있을 것이다.

그래서 저자는 통일을 위하여서는 도와 덕을 가진 철학이 무엇인지, 왜 필요한지 이 책에서 쓰는 것이다.

저자는 이제 독자들에게 동서양 철학자들이 말한 도와 덕이 통일을 위하여 주는 의미를 알게 하여, 도와 덕이 단순히 처세에 도움이 되는 것을 넘어 통일을 가능하게 하는 생활철학으로 자리매김 시켜주어야 한다고 생각한다. 이에 저자는 평소 우리가 유념해야 하며, 간과하기에 너무 소중한 도와 덕을 여기서 상기시켜 볼까 한다.

저자가 과거 서독 유학시절에 겪어 아는 바로는, 서독이 동독을 도와 덕으로 대한 결과 20년 만에 민족통일이라는 대업을 달성할 수 있었다.

공자는 ≪논어≫ '이인편'에서 군자는 덕을 생각하고 소인은 재물만 생각한다고 했다.

앞에서 예를 든 KBS 주말드라마 ≪월계수 양복점 신사들≫은 사람은 왜 도와 덕을 가져야하며, 그렇지 않고 재물만 탐했을 경우 인간이나 가정이나 기업이 망하는 사례를 보여 주고 있다.

1) 도에서 무엇을 알 수 있는가

노자가 쓴 ≪도덕경≫은 나 자신과 가정과 나라를 지키면서 보다 바람직하게 변화시키기 위해 '도'와 '덕'을 주문하고 있다.

≪장자≫ '대종사'는 공자는 "고기는 물에서 자라고 사람은 도에서 자란다. …

도에서 자라는 사람은 세상일을 버리므로 마음이 안정된다. …

사람은 도의 세계에서 피아의 차별을 잊는다"라고 하고 있어 도는 사물에 대한 차별을 않으므로 세상에 집착하지 않게 하고 마음을 안정시키기에 사람에게 꼭 필요함을 말하고 있다.

≪장자≫ '제물론'은 "옳고 그른 것의 차별이 생기면, 도는 이지러지는 것이다.

도가 이지러짐으로 인해 편애가 생기게 되었다"고 말하고 있다.

이는 시비를 가리면 차별하는 마음이 생기고 사물을 평등하게 대하려는 마음이 사라지기에 도를 잃게 된다는 말이다. 이는 우리가 도를 잃게 되면, 결국 북한에 대해 차별하는 마음으로부터 고정관념을 가진 편향된 생각이 생겨 시비를 가리게 됨을 경고하고 있다고 봐도 될 것이다.

도를 알면, 세상만물은 각자의 이해관계나 입장이나 생각이 다르기에 서로 다른 대립면을 가지고 있다 할지라도, 세계는 구분과 차별이 없이 긍정적인 인간 본성이 지배하는 자연의 질서대로 움직이므로 더 성숙한 나와 대한민국이 만들어진다는 것을 알아야 할 것이다.

2) 도와 덕은 무엇인가?

≪중용≫은 하늘이 명령한 것을 본성이라 이르고, 그 본성을 따르는 것을 '도'라고 이르며, 그 '도'를 닦는 것을 가르침이라고 했다. 그리고 '도'라는 것은, 잠시라도 자기에게서 떠날 수 없고, 떠날 수 있다면 그것은 도가 아니라고 했다. 그리고 성은 '인의예지신'의 5상을 덕으로 삼는다고 했다.

도를 정의하는 한 예화가 있다:

장자가 문혜군이라는 왕을 초청해서 소 잡는 백정을 강사로 내세워 도를 강의하게 하였다. 강사가 실기를 선보이자 문혜군은 그의 손놀림, 자세, 그리고 칼을 쓰는 동작에 놀라서 어떻게 이런 경지에 이를 수 있는지를 물었다. 이에 백정은 기술이 아니라 도를 좋아해서 경지에 이르렀다고 말했다.

이 예화가 시사하는 바는, 도는 만물을 낳고 포용할 수 있기에 인간은 도를 따라야 하고, 도를 벗어나면 스스로 상한다는 것이다.

"도는 빈 것이다. 그것은 무이다.
그러므로 만물을 낳고 포용할 수 있다.
만물 중 하나인 인간은 도를 따라야 한다.
도를 벗어나면 오직 스스로를 상할 뿐이다.
도를 따르지 않으면 쓴 칼날이 무디어지듯이."

노자 ≪도덕경≫ 제21장은 "큰 덕의 모습이란 오직 도를 따르는 것이다"라고 하고 있다. 가정, 사회, 국가정치, 윤리 등 인간 세상에서 덕을 가진 사람을 존경하고 있는데 존경받을 가장 훌륭한 덕성은 도를 따라 했을 때 나온다고 보면 될 것이다.

≪장자≫ '경상초편'은 도와 덕과 본성의 관계에 관해 언급하고 있다. '경상초편'에 따르면 도는 덕이 늘어서서 도가 되는 것이고, 삶은 덕이 비추어 주었기에 빛이 나므로 덕의 빛이다. 그래서 삶은 덕에게 고맙게 생각해야 하고 덕에게 빚을 지고 있는 셈이다. 그리고 삶을 영위해 나가는데 있어서 감정이 절제된 선한 본성이 기본이 되어야 한다. 본성을 통해 무엇을 하는 행위가 이루어지는데, 이 때 행위가 본성을 따르지 않고 인위적이면 본성을 잃은 것이라고 ≪장자≫는 말하고 있다.

또 앎이란 물건과 접촉을 통한 감각에서 얻어 지는데, 이 때 앎이란 데카르트가 말한 것처럼 사유에서 온다고 ≪장자≫는 말하고 있다. 그런데 지혜로운 사람도 곁눈질만으로는 모든 것을 알지는 못하는 것과 같이, 감각이나 현상만으로는 사물 그 자체, 즉 본체를 못 보는 것이다. 그러므로 사람은 모름지기 자연의 순리인 덕으로 행동하고, 인간의 본성에 따라 감정이나 욕구를 잘 다스려 이성적으로 행동해야 한다. 무엇을 하는 것이 명예를 추구한다면 인간의 본성에 반하는 것이고 실제적인 것을 행하는 것은 자연의 순리에 해당한다고 ≪장자≫는 말하고 있다.:

"도라는 것은, 덕이 늘어선 것이다.
삶이란 것은 덕의 빛인 것이다.
본성이란 것은 삶의 바탕인 것이다.

본성이 움직이는 것을 행위라고 말하는데,
행위가 인위적이면 본성을 잃은 것이라 한다.
앎이란 물건과의 접촉에서 생겨난다.
앎이란 생각함으로써 이루어진다.
그러나 슬기로운 사람이 알지 못하는 것이 있는 것은,
곁눈질로서는 물건의 전체를 볼 수 없는 것과 같은 것이다.
행동을 하되 자연을 따라 부득이하게 움직이는 것을 덕이라 말한다.
행동을 하되 자기의 본성을 잃는 일이 없는 것을 다스림이라 말한다.
명성을 추구하는 것은 사람의 본성과 반대가 되지만
실제적인 것을 추구하는 것은 자연에 순응하는 것이 된다."

북한과의 관계에서도 우리는 미워하거나 증오하는 인간의 나쁜 본성에 의해서나 자연의 순리에 반하는 감정이나 욕구나, 감각에 의존해서 판단하고 행동하지 말고 덕과 이성에 따라야 한다. 그리고 지도자의 공명심에서 대북관계를 추진하는 것도 자연의 순리에 어긋난다고 말하고 있다. 다만 대북접촉이 실제적이고 민족의 이익에 부합된다면, 이는 자연에 어긋나지 않는다는 것을 ≪장자≫를 미루어 보면 알 수 있다.

≪장자≫ 잡편의 '경상초편'은 통일을 하려면 우리가 기존의 고정관념과 편견을 버리고 새로운 통일방안을 배우고 연구해야 하는 근원적인 자세에 대해서 말하고 있다. 즉, 통일을 위해서 배우려는 사람은 배울 수 없는 것을 배워야 하고, 통일을 실천하려는

사람은, 그가 실행할 수 없는 것을 실행하려 해야 한다. 그리고 통일이론가는 그가 종래의 이론으로 밝힐 수 없는 것들을 논하려 해야 한다는 것을 시사하고 있다.:

"마음이 닦인 사람은, 언제나 일정한 덕을 지니고 있다.
일정한 덕을 지닌 사람에게는,
사람들이 귀의하게 되고 하늘이 그를 돕게 된다.
사람들이 귀의하는 사람을, 천민(天民)이라고 한다.
하늘이 도와주는 사람을, 천자(天子)라고 말한다.

학자란, 그가 배울 수 없는 것을 배우려 한다.
일을 실행하는 사람은, 그가 실행할 수 없는 것을 실행하려 한다.
이론가는 그가 이론으로 밝힐 수 없는 것들을 논하려 한다.
그가 알 수 없는 경지에 처신할 줄 안다면, 그것이 지극한 앎인 것이다.
만약 이러한 경지에 처신하지 못한다면, 자연의 도를 무너뜨리는 결과가 될 것이다."

≪도덕경≫ 제51장은 "도는 살아 숨쉬는 것이며, 덕은 그것을 쌓아나가는 것이다"라고 하고 있다.

중국 송나라 정치가이자 개혁가였던 왕안석은 ≪홍범전(洪範傳)≫에서 "도는 만물 중에 그것을 따르지 않는 것이 없는 그런 것이다"라고 했다.

과연 우리는 지금 생활하면서 도를 따르고 있는가, 아니면 잊고 지내도 좋은 것인가?

특히 북한동포를 대할 때 도를 무시하고 막 대해도 될까?

노자는 ≪도덕경≫ 제25장에 도는 "소리도 없고 형체도 없고, 무엇에 의존하지도 않고 변하지도 않는다. 두루 움직여도 위태롭지 않으니, 가히 세상의 어머니라 하겠다"고 하여, 도는 듣지도 보지도 못하고 기대지 않고 불변하지만, 도를 만물을 낳는 어머니와 비유시켰다.

제62장에서는 "도라는 것은 만물에 비가 내리는 것과 같다, 깨달은 이는 뿌리가 되었는데,

깨닫지 못한 이는 도달해야 될 곳이 뿌리인 것이오"라고 하고 있어 도를 터득하면 식물의 뿌리가 된다. 그러면 도는 식물의 성장에 필수불가결하고 소중한 비 내림으로 말하고 있다. 우리도 각자가 남북통일을 위한 견고한 뿌리가 되도록 노력하고, 이 뿌리에 꼭 필요한 도를 가지도록 해야 할 것이다.

3) 무위 자연하자

노자는 ≪도덕경≫에서 '무위자연(無爲自然)'을 역설하고 있다. 여기서 무위가 의미하는 것은 "아무 것도 하지 않는다"는 뜻이 아니다. ≪도덕경≫에 의하면 모든 사물은 선과 악, 미와 추 등 대립면을 가지고 있다. 하지만 우리는 선한 인간의 본성을 따르고 자연에 반하는 행동을 하지 말고 종교, 이념, 사상, 노여움 등에서 차별적이고 편향된 자세나 사고를 가지지 말고 경계면에 서야 한다는 말이다.

≪장자≫ '대종사'에서 공자를 빗대어 "도와 일체가 되면 사물에 대한 좋고 싫고 사랑스럽고 미운 감정이 없어지고, 도와 동화(同化)되면 모든 집착과 구속에서 벗어나게 된다"면서 도를 통해 우리는 모든 감정과 집착에서 벗어나 자유롭게 됨을 알 수 있다.

노자는 ≪도덕경≫ 제48장에서 "배움의 길은 날로 쌓아가는 것이며 도의 길은 날로 덜어내는 것이다. 덜어내고 또 덜어내면 무위의 경지에 이른다.

무위는 못함이 없는 함이다"라 하고 있다.

도는 만물의 어머니이다. 우리는 북한에 대한 차별의식, 구분하는 마음과 편향된 생각을 비우고 또 비워 무위의 경지에 이르러야 한다. 무위는 못 함이 없기에 그래야 통일이 올 것이다.

우리 경제는 현재 어렵다. 우리가 통일을 해서 보다 더 자유롭고 행복해지려면, 도를 생각하고 배우고 익히고 지식도 날로 보태야 한다. 그리고 만물을 도로써 대해야 하며 차별하고 구분하는 마음을 비워야 한다.

≪도덕경≫ 제68장은, 선한 도인은 무력과는 멀고, 화도 내지 않고, 적과 맞부딪치지 않고 적을 이긴다고 하고 있다.

서독은 아데나워 정부 때는 소위 '할슈타인 원칙'으로 동독을 위시한 소련 등과 대립각을 세웠지만, 동방정책 이후 동독에게 싸우지 않고, 화내는 감정을 자제하고, 평화조약을 통하여 부딪치지 않았기에 이겼다.

심지어 우리 같으면 그 속에 간첩이 있을지 모르고, 말도 안

듣는 골치 아픈 사람들인 반국가사범을 돈을 주고 사오는 것은 어림없다고 할 텐데, 서독은 선한 마음으로 동독의 반체제 인사에게 일인당 우리 돈 5,000만원 정도를 주고 자유를 주기 위해 사왔다. 이는 서독이 모든 감정을 비웠기 때문에 가능한 일이었다. 이것이 바로 싸움을 않고 덕을 베푸는 방법이고 싸움이 없이 적을 허물어 이기는 방법이다.

"있는 그대로의 선한 마음으로 행하는 도인이라면 무력을 쓰지 않소.

있는 그대로의 선한 마음으로 싸우는 것은 화를 내지 않는 것이오.

있는 그대로의 선한 마음으로 적을 이기는 것은 서로 맞부딪치지 않는 것이오.

있는 그대로의 선한 마음으로 인재를 쓰는 것은 자신을 아래로 낮추는 것이오.

이것이 다툼이 없는 덕(德)이라고 말하는 것이외다.

이것이 인재를 쓰는 방법이라고 말하는 것이오.

이것이야 말로 가장 깊은 도의 본바탕에 이르는 것이오."

노자 ≪도덕경≫ 제64장에 무슨 일이라도 시작이 중요하다는 의미를 가진 '합포지목(合抱之木)'과 천 리 길도 한 걸음부터라는 '천리지행시어족하(千里之行始於足下)'란 구절이 있다.

'합포지목(合抱之木)'은 보들보들한 새싹이 자라서 아름드리 큰 나무가 되는 자연의 이치처럼 모든 일에는 그 시작이 있으며, 9층 누대도 바닥부터 점차 쌓아 올라가는 것이 당연하게 무리가 없는 일의 순서로 여기고 있다.

도와 덕은 하늘에서 뚝 떨어지는 것이 아닌 매일의 일상생활에서 노력해서 쌓아나간다는 뜻이다. 그런데 이런 자연의 섭리처럼 억지로 하지 않거나 집착하지 않으면 잃을 게 없다는 뜻이다.

≪네이버 지식백과≫에서 '두산백과'가 말한 '합포지목(合抱之木)'을 보면:

"만사가 생기기 전에 신중히 하며,
어지러워지기 전에 다스려야 한다.
아름드리 큰 나무도 터럭만한 싹에서부터 생겨나고,
9층 높이의 누대도 흙을 쌓아 올려 세워지며,
천 리 길도 한 걸음부터 시작되는 법이다.
억지로 하려는 자는 실패할 것이며,
집착하는 자는 잃게 될 것이다.
이런 까닭에 성인은 억지로 하지 않으므로 실패하지 않고,
집착하지 않으므로 잃는 것이 없다"고 하고 있다.

≪도덕경≫ 제63장은 천하의 어려운 일은 반드시 쉬운 것에서 시작되고, 천하의 큰 일은 반드시 작은 것에서 비롯되므로 천하의 어려운 일도 쉬운 데서부터 풀어 나가라는 '천하난사 필작어이(天下難事 必作於易) 천하대사 필작어세(天下大事 必作於細)'를 말하고 있다.

이 말이 가진 함의는 큰일도 세세한 일에서부터 이루어지므로, 세상에 그냥 지나칠 의미없는 일은 없으며 현재 하고 있는 작은

일이라도 즐기면서 충실히 하면 후에 그것이 큰 업적이 될 수 있다는 뜻이다. 또 작은 일을 시작함으로써 큰 능력이 길러질 수 있을 것이다. 그리고 원한은 크든 작든 많든 적든 덕으로 갚으라 하고 있다.

≪도덕경≫ 제63장을 상세히 보면,

"무위로 행하고
무사로 일하며
무미를 맛으로 즐겨라.
작은 것을 크게 여기고 적은 것을 많다 여겨라.
원한을 덕으로 갚아라.
어려운 일은 쉬운 것부터 하고
큰 일은 작은 것부터 하라.
천하의 어려운 일은
반드시 쉬운 것에서 일어나고
천하의 큰 일은
반드시 작은 것에서 일어난다.
이로써 성인은
끝내 큰 것을 도모하지 않는다.
그래도 능히 그 큰 것을 이루게 된다.
무릇 가벼운 허락은 필경 믿음이 부족하게 되고
용이한 것이 많으면 필경 어려움이 많을 것이다.
이로써 성인은 그러한 것을 오히려 어렵게 여겨서
그런 연유로 끝내 어려움이 없게 되는 것입니다."

우리도 통일을 하려면 작은 것, 쉬운 것부터 시작하여 하나씩 실천해 보자. 그리고 북한에 가진 원한이 있다면 덕으로 베풀어 보자.

≪도덕경≫ 제43장에, "천하의 가장 부드러운 것이
천하의 가장 단단한 것 속으로 침투해 들어가는데,
형체가 없으므로 틈새 없는 곳도 스며들어 갈 수가 있는 것이오"라고 하고 있다.

형체가 없고 소리도 없지만 만물을 차별하지 않는 부드러운 도가 베를린 장벽의 콘크리트를 무너뜨렸다.

독일통일의 빌미를 제공한 빌리 브란트의 동방정책이 가진 전략 중에 하나가, 소리 나지 않게 조용히 한 걸음씩 걸으며 다가간다는 뜻을 가진 털신을 신은 '작은 걸음 정책'이었다. 이 전략은 서독이 당장 통일이라는 말을 입 밖에 내어 동독을 자극하지 않으면서도 작은 행보로 동독과 교류의 폭을 넓혀 나가는 전략이었다.

독일이 통일되고 난 뒤 동독 출신 관료들은 탱크나 대포보다 훨씬 더 위협적이었고 파괴력이 컸던 것은 털신을 신은 '작은 걸음'이었다고 말했다고 한다.

≪중용장구≫ 제30장은,
"해치지 않고 위배되지 않음은,
작은 덕이 냇물처럼 흐름이고,
함께 길러지고 함께 행해짐은,

큰 덕의 도타운 교화인 것이다.

작은 덕은, 전체가 나누어진 것이고,

큰 덕은, 모든 것의 다름의 근본인 것이다"라고 하고 있어 무위자연을 행함이 덕을 가져옴을 말하고 있다.

그래서 우리가 북한을 해하지 않음은 작은 덕을 행하는 것이고, 균등하게 차별하지 않고 함께 나누어 북한동포를 사랑하면 북한이 큰 덕으로 교화될 것이다.

무위자연이 주는 의미는 중용을 지키라는 말과 유사하기도 하고, 키케로가 ≪의무론≫에서 말한 '데코룸(decorum)'과 비슷하다고 저자는 생각한다.

데코룸이란 고유함, 혹은 적절하다는 뜻을 가지고 있는데, 데코룸한 행동은 어떤 상황에서도 감정이 배제되고 이성으로 가장 적합한 말씨나 모습, 행동을 하는 것을 뜻한다. 그래서 데코룸한 것은 도덕적으로 선하며 도덕적으로 선한 것은 데코룸하다고 키케로는 말했다.

한편 키케로는 ≪의무론≫에서 도덕을 최고의 선으로 보았다. 유교에서는 '인의예지'를 인간이 지켜야 할 덕목으로 보았는데, 키케로는 모든 덕은 지혜, 인내와 정의 세 가지로 이루어져 있다고 보았다. 그래서 그는 인간이 사이비 덕만 가져도 훌륭한 사람들과 살아가므로 약간의 덕이라도 있는 사람은 무시되어서는 안 된다고 생각했다.

또 그는 사이비 덕을 가진 사람보다는 더 완전하고 온건한 덕인 중용, 절제, 그리고 정의 그 자체를 많이 지닌 사람에게 더 많은 혜택이 주어져야 한다고 생각했다.

키케로에 의하면 덕은 인간에게 최대의 이익을 가져다주기도 하고, 또 최대의 손해를 끼치기도 하는데, 누구나 이러한 상태에서 사람의 마음을 사로잡아 자기 자신에게 유리하게 붙잡아 두는 것이 바로 덕의 속성이라고 했다.

그렇다. 실제로 독일통일 전 서독인이, 그리고 현재 독일인은 완전하고 온건한 덕인 중용, 절제, 그리고 정의를 실천하고 있다.

그들은 옳고 그르고 싫고 좋은 감정을 절제하여 종교나 이념, 빈부격차, 인종을 초월해서 통일 전에는 동독동포를 비롯한 세계시민에게 정의를 실천하는 덕을 베풀어서 통일이라는 선물을 받았다. 현재도 그들은 덕을 계속 세계시민들에게 베풀고 있다. 그 결과로 중동난민이 몰려들고 있는 것이다.

≪도덕경≫ 제38장은 사람은 성인처럼 타고난 본성을 따라 사는 삶을 살라며 '상덕부덕(上德不德) 시이유덕(是以有德)'을 말하고 있다. 이는 최고의 덕은 덕을 의식하여 마음에 두지 않으니 이 때문에 덕이 있다고 하는 말이고, 주머니 속에 송곳이 드러나는 것처럼 뛰어난 덕은 나타내려고 하지 않아도 저절로 드러난다는 뜻이다.

이 제38장의 해석을 ssdd8629님이 그의 블로그에 올렸기에 마음에 들어 여기에 옮겨 본다. 그는 '웨인 다이어의 노자 읽기 중에서' 가져온 내용이라 한다.

왜 38장이 마음에 드느냐하면 서독인은 베를린 장벽이 무너지기 전에 동포에 대한 사랑, 관용, 겸손, 인간 존중이라는 인간의 본성에 따라 차별을 의식하지 않고 직접 행동으로 덕을 보여 줬고, 조건없이 베푸는 사랑, 즉 인을 실천했다. 그리고 서독인은 동독인에게 통일 전에 편견이나 구분없이 사회적 정의로 평등하게 대했다는 생각이 저자에게 들었기 때문이다.

"덕이 있는 사람은 자신의 덕을 의식하지 않아
참된 덕이 있다.
어리석은 사람은 덕이 있고자 애쓰기에
참된 덕이 없다.

성인은 아무것도 하지 않지만 이루지 못하는 것이 없다.
범인은 항상 무언가를 하지만 해야 할 일이 너무 많다.

가장 높은 덕(德)은 의식하지 않고 행동하고
가장 높은 인(仁)은 조건 없이 베풀고
가장 높은 의(義)는 편견 없이 바라본다.

도가 사라지면 덕이 나타나고
덕이 사라지면 인이 나타나고
인이 사라지면 의가 나타나고
의가 사라지면 예가 나타난다.
예는 진정한 신념의 껍질에 불과하며 혼란의 시작이다.

위대한 성인은 타고난 본성을 따르고

삶의 얄팍한 일에 빠지지 않는다.

이를 두고 이렇게 말한다.

성인은 쭉정이가 아닌 열매에 머문다.

성인은 종잇장이 아닌 반석 위에 머문다.

성인은 거짓이 아닌 진실에 머문다."

독일의 철학자 칸트는 인간을 자연계와 도덕계의 지배를 받는 이중적인 존재로 보고는 도덕을 인간의 본성인 감성이나 감정을 넘어 반드시 지켜야 할 의무로 보았다. 그래서 그는 인간은 "네 의지의 격률이 언제나 동시에 보편적 입법의 원리가 되도록 행위하라"는 이른바 정언명법을 말하기도 했다. 그가 말한 정언명법은 기독교에서 "남에게 대접 받고자 하는 대로 너희도 남을 대접하라"와 공자가 말한 "자기가 하고 싶지 않은 일을 남에게 시키지 말라"와 같은 맥락으로 보면 된다.

칸트는 또 "너 자신의 인격에서나 모든 타인의 인격에 있어서 인간성을 단순히 수단으로서만 사용하지 말고 동시에 목적으로 사용하도록 행위하라"는 소위 인격성의 정식을 말함으로써 다른 사람을 수단으로 삼아 이용해보려고 하는 인간에게 남의 인격을 존중하는 인간이 될 것을 요청하고 있다.

이제 북한보다 형님이라고 자부하는 우리가 명실공히 형님노릇을 하려면, 도와 덕을 가지려고 노력하면 시공간을 초월하여 무한한 영향력을 미칠 수 있기에, 도와 덕을 닦기를 진정 게을리 하지 말아야 할 것이다. 인간의 본성인 도와 덕을 자기 내면에서 깨닫지 못한 사람들은 심지가 굳지 못하기에 자신에게 오는 복을 멀리하는 것이다.

노자는 ≪도덕경≫ 제54장에서,
"도에 굳건히 선 사람들은
쉬이 뽑히지 않고
도를 끌어안은 사람은
쉬이 떨어져 나가지 않는다.
자손 대대로 제사가 멈추지 않는다.
도를 자신에게 실천하면 덕이 분명해지고
도를 가정에서 실천하면 덕이 확장되며
도를 나라에서 실천하면 덕이 풍성해 진다.

도는 어디에든 무엇이든 있다.
도를 진정으로 이해하기 위해서는
있는 그대로의 도를 보아야 한다.
자신으로 자신을 보고
가정으로 가정을 보고
나라로 나라를 보고
세상으로 세상을 보라.
내가 어떻게 세상이 이러한 줄을 알겠는가?
바로 나 자신의 내면을 보기 때문이다."

4) 도와 덕을 갖추자

중국춘추 시대에 왕량은 말을 잘 몰기로 이름난 사람이었다. 그리고 주나라 목왕(穆王)의 팔준마(八駿馬)를 몰던 마부였던 조보도 왕량 못지않은 명성을 가진 사람이었다. 사람들은 이들이 말을 몰면 천리를 한 걸음에 달릴 정도였다고 말했다. 그렇지만 이들처럼 엄청난 능력을 가진 이는 백년이나 천년에 한 번 날까 말까할 정도로 그다지 흔치 않다. 그러므로 그런 사람만을 기다려 일처리를 하려고 한다면 백년하청이어서 불가능하다고 봐야할 것이다.

저자는 왕량이나 조보를 애플사를 창립한 스티브 잡스, 마이크로 소프트사를 세운 빌 게이츠나 페이스 북을 만든 마크 쥬커버그 등과 비유하고 싶다.

왕량이나 조보처럼 천리를 단숨에 말을 몰아 소식을 전할 수 있는 인물이 다시 태어난다는 것은 사실상 불가능하다. 그러면 차선책으로, 세계적으로 유명한 프랑스의 투어 드 프랑스 자전거대회처럼, 천리를 잘게 나누어 많이 사람으로 하여금 말을 이어서 달리게 하면 왕량이나 조보만큼 빠른 시간 내에 급한 용무를 처리할 수 있을 것이다.

스티브 잡스, 빌 게이츠나 마크 쥬커버그가 아무리 사업천재라 하더라도 혼자 할 수 없기에, 많은 마부가 릴레이하여 천리 밖의 소식을 빨리 전할 수 있는 대안처럼, 사물인터넷으로 대표되는 인공지능 시대에 우리 자신이나 우리의 후손이 인공지능시대에 살아남기 위해서는 우리에게 다가오고 있는 통일로 가는 기차의 '플랫폼'에 자기만 가지고 있는 새로운 기술과 도덕을 접목하여 올라타고 통일에 공헌해야 할 것이다. '플랫폼'은 다름 아닌 우리가 기차를 타기 직전 기다리는 홈이다.

5) 마음을 비우자

≪장자≫에 보면 황제(黃帝)가 곤륜산을 여행하고 집으로 돌아오던 중 구슬인 현주를 잃어버리고 난 후 잃어버렸던 구슬을 다시 되찾는 이야기가 있다.

이 황제의 구슬 찾기 이야기는 우리나라가 해야 할 통일과 비슷한 경우를 보여주는 우화인 것 같아 저자가 적어본다.

이 고사에서는 풍부한 지식을 가진 지(知), 눈이 아주 좋다는 이주(離朱), 말솜씨가 좋은 끽후(喫구)는 현주를 찾는 데는 실패했다. 그렇지만 통일이라는 구슬을 찾기 위해서는 많은 사람이 뭉쳐야 하므로 이들도 필요하다. 그런데 더 필요한 것은 상망이다. 그는 비록 우공이지만 현주를 찾았다. 이는 그가 마음을 비우고 사물을 있는 그대로 보는 지혜를 가졌기에 찾을 수 있었는지도 모른다.

통일은 억지로 하려고 하면 부작용만 많고 더 안 될 수도 있으므로 우직하면서도 끈기있게 상황에 따른 자유로운 사고가 가능한 사람이면 통일을 이루는데 도움이 될 것이다. 그는 새로운 국면이 전개되는 순간순간 필요한 순발력을 가지고 있어, 세계를 그만큼 다양하고 유연하게 볼 수 있기 때문이다.

황제는 먼저 아는 것이 많은 지(知)를 시켜서 현주를 찾게 했지만 찾지 못했다.

지(知)는 자신이 남보다 많은 지식을 가지고 있기 때문에 자신의 지식에 의존해서 현주를 찾으려고 했다. 하지만 현주는 한정된 지식으로는 포착될 수 없기 때문에 지는 아무리 지식을 짜내도 현주를 찾을 수 없었다. 덧셈을 겨우 배운 사람이 곱셈을 이해하려고 해도 할 수 없는 것과 비슷한 이치라고 한다.

지식너머 현주를 찾는데 필요한 보이지 않는 대상을 보는 지혜가 없었던 셈이다.

이어서 황제는 눈이 밝아서 머리카락도 찾아내는 이주와 말솜씨가 좋은 끽후를 보냈지만 모두 실패했다.

이주는 자신이 남보다 눈으로 아는 뛰어난 감각 능력을 지니고 있기 때문에 자신의 능력을 믿고서 현주를 찾으려고 했다. 하지만 현주는 이주의 감각 너머에 있는 대상이기 때문에 이주가 자신의 감각을 최대한으로 발휘한다고 해도 현주를 찾을 수 없었다. 이는 데카르트가 말한 이목구비에 의한 감각은 때때로 불확실하고 감각을 초월한 이성의 능력을 가지지 못했기 때문이다. 배율이 낮은 현미경으로 아무리 미생물을 들여다봐도 관찰할 수 없는 것과 비슷하다할 것이다.

일상의 경험에서 얻는 앎은 한정되어 있어 경험너머에 있는 보이지 않는 세계 그 자체는 이성적인 사유를 해야만 가능하다는 것을 이해하지 못한 것이다.

끽후는 자신이 남보다 뛰어난 언어 능력을 갖추고 있기 때문에 자신의 말솜씨를 사용해서 현주를 찾으려고 했다. 하지만 끽후의 말솜씨로는 현주의 묘사가 불가능하기 때문에 끽후가 아무리 말을 잘한다고 해도 현주를 찾을 수 없었다.

한두 달 배운 서툰 외국어 실력으로 외국 바이어의 구매의사를 바꾸자고 해도 의사가 제대로 전달되지 않는 것과 비슷한 맥락인 것이다.

≪장자≫ '제물론'에서는 '言辯而不及(언변이불급)'이라 하여 언변으로도 미치지 못한다고 하면서 떠들수록 사물의 참모습을 볼 수 있는 도의 경지에서 멀어짐을 말하고 있다.

그래서 마지막으로 황제는 지, 이주와 끽후가 지식, 감각과 그리고 말이 뛰어났는데도 현주를 못 찾았기에, 특별한 재주가 없는 상망을 시켰더니 예상과 달리 현주를 찾아왔다. 이에 황제도 믿기지 않는 듯이 감탄했다. "희한하구나! 상망이 현주를 찾아낼 수 있다니!"하고 감탄하면서 어떻게 상망이 지·이주·끽후가 찾지 못한 현주를 찾을 수 있었을까하고 궁금해 했다.

상망은 지식·감각·언어의 소유자를 의인화한 지·이주·끽후와 달리 어떤 특별한 특성을 가지고 있지 않았다. 달리 말해서 상망은 어떤 한정된 성질, 이미지 등으로 규정할 수 없는 도를 가진 존재였다.

상망은 앞선 세 사람과는 달리 지식·감각·언어의 특정한 방식에 의존해서 현주에 접근하지 않았다. 상망은 아무런 선입견이나 전제를 가지지 않고, '나는 모른다'는 자세로 무엇이든지 보고 듣고 배우려는 현자처럼, 보려고 해서 보지 않고 보이는 대로 보고 들리는 대로 들은 결과 현주를 찾을 수 있었던 것이다.

결과적으로 상망이 현주를 찾았다고는 하지만 사실은 현주가 스스로 자신의 모습을 상망에게 드러낸 것이라고 봐도 무방할 것이다.

미사여구의 현란한 말만으로 통일을 이루지 못하고 독일인처럼 이성이 있는 도덕적인 인간존중의 지혜가 통일을 가져다 줄 것이다.

앞서 말한 것처럼, 공자도 말로 꾸미는 교언영색을 싫어했다. ≪논어≫ 공야장편에 공자가 이르기를,

"그럴듯하게 꾸민 달콤한 말과 부드러운 듯이 꾸민 반질한 얼굴과 아첨의 소지가 있는 지나친 공손은 좌구명이 그것을 부끄럽게 여겼거니와 나도 그것을 부끄럽게 여긴다.

원한을 감추고 그 사람을 친구로 삼는 것은 좌구명이 그것을 부끄럽게 여겼거니와 그것을 나도 부끄럽게 여긴다"고 했다.

독일통일의 경우 지식이나 감정이나 동서독간의 교묘한 수사적인 말잔치가 아닌 칸트가 말한 정언명령에 의한 인간존중의 정신을 실현한 결과 독일인에게 통일이 스스로 굴러온 것이다.

우리도 통일하고 싶으면 지식이나 말같은 한정된 수단이나 화려한 수사보다는 독일민족처럼 귀와 가슴을 열고 보이지 않는 것도 볼 수 있는 북한 그 자체를 보고 우리의 이성으로 북한을 구성할 수 있는 지혜를 가져야 할 것이다.

≪도덕경≫ 제22장은 곧으면 부러지기 쉽기에 굽히면 오히려 온전해진다고 하고 있다. 그리고 도로써 세상을 상대하는 잣대로 하라고 말하고 있다.

북한에게 전략상 굽히는 것이 우리 민족을 온전하게 보존하면서 새롭게 더 큰 대한민국을 만드는 것을 가능하게 할 것이다. 그러므로 북한을 구분하지 않는 도 하나를 가슴에 품는 것을 천하를 다스리는 새로운 목표로 삼자.

"굽히는 것이 곧 온전하게 보존하는 것이오.
구부러진 것은 곧 똑바로 펴지게 되고,
움푹 패인 곳은 곧 채워지게 되며,
낡은 것은 곧 새롭게 될 수 있고,
적게 가지고 있으면 곧 더 얻게 되며
많이 가지고 있으면 오히려 미혹되는 것이오.
그러므로 성인은 도 하나만을 품는 것으로써
천하를 대하는 기준으로 삼는 것이외다."

6) 배려하는 것이 이기는 것이다.

≪도덕경≫ 제81장은 "하늘의 도는 이롭게는 하지만, 손해는 끼치진 않는다.

도에 이른 사람은 남을 위해서 행할 수는 있겠지만, 다투지는 마라"고 충고하고 있습니다. 이 말대로 우리는 늘 이타적으로 살아야 할 것이다.

또 제36장에서는 "장차 상대를 약하게 하려거든 우선 강하게

만들며,

장차 상대를 제거하려거든 우선 함께 동조하고,

장차 상대를 빼앗으려거든 우선 베풀어 주어라"고 하여 우리가 상대를 이기고 살아남으려면 역발상을 할 것을 주문하고 있다.

서독은 동독과 다투지 않고 동독을 이롭게 해서 통일을 할 수 있었다. 그러면서 동독을 망하게 해서 통일하려는 전략을 택하지 않고 우선 동독정부에게 돈도 베풀어 주면서 어려운 국가재정에 숨을 쉬게 하면서 차츰 망하게 한 것이다.

이런 견지에서 보면 독일인은 도의 경지에서 노닐었다 할 것이고 현재도 많은 난민을 받아들임으로써 도를 실천하고 있다.

무위자연을 역설한 노자는 제67장에서 용기를 얻는 사랑, 스스로를 살펴 클 수 있는 자각과 완숙한 경지로 나가기 위해 감히 세상 사람들 앞에 나서지 않는 것이 자신이 가진 귀중한 3가지 철학임을 말하고 있다. 감히 북한을 해치려고 나서지 않고 북한을 사랑하는 철학을 가지자.

14. 보이지 않는 것도 보자

≪장자≫ '제물론편'에 사람은 희노애락, 근심과 한탄, 변덕과 두려움, 요사스러움과 자유분방함, 솔직함과 꾸밈에서 오는 온갖 감정변화를 경험하는데, 그 감정의 기복이 어디서부터 나오는지

몰라서 답답하다고 하면서 그것의 근원을 알아야만 감정을 다스릴 수 있음을 말하고 있다.

≪장자≫는 이 감정기복의 근원인 주재자가 있는데 참된 주재자를 알려고 했지만 알 수가 없다고 했다. 그러면서 감정변화를 다스리는 주재자가 있기에 만물이 무엇을 취하면서 존재할 수 있고 변함없는 가치를 보여준다고 ≪장자≫는 이르고 있으므로, 주재자를 저자는 이성이라고 본다. 왜냐하면 데카르트나 칸트는 이성으로 감정이나 욕구를 제어할 수 있다고 보았기 때문이다.

그리고 이성의 힘을 빌려 철학에서 말하는 이데아를 실현하도록 해야 한다. 이데아는 불변, 진리, 개념 등으로 말해지고 있는데 우리 민족이 간직해야 할 불변의 당면한 개념은 남북통일이고 한걸음 더 나아간다면 통일 후 과거 단군 선조가 다스렸던 '단군조선'을 이데아로 하여 실현하는 것이다.

"사람에게는 기쁨과 노여움, 슬픔과 즐거움, 근심과 한탄, 변덕과 두려움,

요사스러움과 자유분방함, 솔직함과 꾸밈같은 감정의 변화가 있다.

이는 음악이 피리의 텅 빈 구멍에서 나오고, 버섯이 축축한 땅에서 돋아나듯이,

밤낮없이 교대로 우리 앞에 나타나고 있지만,

그것이 어디에서 나오는 것인지 알 수가 없다.

참으로 애가 타고 답답한 일 아닌가!

그러나 아침 저녁으로 이를 경험하는 것은 그 근원이 있기 때

문이 아닌가.

만일 그것이 없다면 내가 존재할 수가 없고,
내가 아니면 그것을 취할 수가 없다.
그렇다면 그것과 나는 아주 가까운 사이이다.
허나 무엇이 그리 되는지 알 수가 없다.
거기에는 참된 주재자가 있는 것 같은데,
그 징조를 찾지 못하는 것이다.
그 행하는 바는 의심할 수 없지만 형상을 볼 수가 없다.
그런 사실은 존재하지만 그 모양을 찾을 수가 없는 것이다.
사람에게는 백 개의 뼈마디와 아홉 개의 구멍, 여섯 개의 내장이 있다.
나는 그 중 어느 것과 친해야만 할까.
그대들은 그 모두를 좋아하는가. 아니면 특히 더 좋아하는 게 있는가.
결국 똑같은 가치를 지닌 채 우리를 섬기는 하인이 아니겠는가.
그러나 머슴이나 첩들은 서로 다스릴 수가 없는 게 아닌가.
아니면 그것들이 교대로 서로 주인과 종이 되겠는가.
역시 참된 주재자는 따로 있는 것이다.
우리가 그 사실을 헤아리든 못 헤아리든
그 주재자의 참된 가치는 전혀 변화가 없을 것이다."

흄은 ≪인간 본성에 관한 논고≫에서 "이성은 정념의 노예에 불과하다"면서도 눈, 코, 귀, 입 등을 통해 얻는 감정과 정서 등의 정념을 이성이 이길 수 없음을 말하고 있다. 그렇지만 그는 관찰되지 않은 미래의 경험적인 사실은 불확실하다고 했다.

그래서 칸트는 우리가 사물의 현상을 보고 얻는 인식 자체도 오류가 있기에 감각에서 얻는 경험적인 인식을 넘어 물 그 자체(Ding an sich), 즉 있는 그대로의 세계도 있기에 사물 그 자체를 파악하라고 했다.

우리가 현재 북한을 바라보는 시선이나 태도는, 현재의 북한 자체를 아는 이성적인 사고에서 나온 것이기 보다는, 다분히 과거 북한과의 경험에 주로 의지하고 있는 측면이 많다. 그리고 북한에 대한 결정을 내릴 때 그 결정이 옳으냐는 차치하고라도 많은 경우 감각에서 나온 경험에 의존한 결정이 많다.

그런데 북한을 경험해 보지 않고 상상에 의한 결정은 없을까? 많을 것이다. 그래서 우리가 이성보다는 감각이 주는 정념에 사로잡혀 북한을 바라보고 있지 않은가 한 번 곰곰이 생각해 보자고 저자는 제의하고 싶다.

데카르트는 감각은 때때로 우리를 속이므로 불확실하여 믿을 것이 못 된다는 견해를 가졌다. 사람이 대상을 간단히 일별해서 보거나 피상적으로 보거나 간과하거나 해서 잘못 볼 수 있다는 애기이다.

부부간에도 살다보면 자주 상대편 배우자의 새로운 면을 보게 된다. 그 때마다 '저 사람이 저런 사람이었나'하고 배우자를 대견스러워 하거나 당황할 때도 많다. 우연히 만나 감정에 이끌려 결혼을 했지만 배우자의 또 다른 못마땅한 면을 결혼 후 보고는 심한 마음의 갈등을 겪기도 한다. 심한 경우 파경까지 가는 추세가 점점 더 많아지고 있다. 이는 배우자를 보는 감각에서 오는 경험으로 인해 인내하며 살아야 한다는 감정이 폭발했기 때문이라고 볼 수 있다. 그만큼 감각에서 온 경험 때문에 이성적인 사고가 지배당한다는 얘기이다.

그래서 칸트는 감각너머에 있는 물 그 자체를 보라고 했다. 감각너머에 존재해 있는 사물 그 자체는 파악하기 힘들고 불가능한지도 모른다. 그래도 끊임없이 대상의 참된 그 자체 모습을 알기를 멈추면 안 될 것이다.

감정이 지배하는 대북한관이 아닌 북한의 진정한 모습을 보기를 게을리 말고 참된 모습을 보기를 부단히 노력해야만 통일을 위한 올바른 결정을 할 수 있고 통일할 수 있을 것이다.

≪장자≫ '응제왕(應帝王)'에 정나라 계함이라는 무당이 있었는데, 사람들은 그의 관상보는 능력이 너무나 신통해서 귀신같이 맞추기에 두려움을 느낄 정도였다고 한다.

이런 계함을 열자가 만나보고는 평소 그가 도의 경지에 도달했다고 생각되는 호자에게 그의 관상보는 능력을 말했다. 이에 호자는 계함을 보자고 하고는 만날 때마다 얼굴을 다르게 보여 계함의 관상보는 능력이 신통치 않음을 증명해서 계함이 마침내 줄행랑을 치도록 만들었다. 이 일이 있은 후 열자는 자기의 식견이 부족함을 깨닫고 집으로 돌아가 3년 동안 문밖에 나오지 않았다고 한다. 그는 그의 아내 대신 밥을 짓기도 하고 돼지를 길렀다고도 한다. 그는 자신이 본 경험의 불확실성을 느꼈고 그가 본 경험적인 사실이 확실하다는 주관을 버리고 홀로 진실함을 지키다가 일생을 마쳤다고 한다. 열자는 계함의 단면만을 보고 계함의 진면모를 못 본 것이다. 눈앞의 계함의 능력만 보고 계함 그 자체를 모두 보지 못한 것이다. 눈앞의 경험적인 사실에 현혹되지 말고 이성으로 보이지 않는 것도 보는 지혜를 길러야 한다.

≪장자≫ '제물론편'에 '大勇不忮(대용불기)'라 하여 진정한 용기는 해치지 않는다는 것을 말하고 있고, '勇忮而不成(용기이불성)'이라 하여 남을 해치는 용기로는 이룰 수가 없다라고 하고 있다. 그리고 '故知止其所不知(고지지기소부지) 至矣(지의)'라 하여, 사람은 앎의 한계를 깨닫고 그쳐야만 지극한 경지에 이른다고 하고 있다. 또 '孰知不言之辯(숙지불언지변) 不道之道(부도지도)'라 하여, 앎은 말로써 표현되는 언변으로는 모르고, 도는 겉으로 나타나지 않기에 도는 아니다고 말하고 있다. 그러면서 겉으로 드러나지 않는 세계, 즉 현상의 이면이나 사물 그 자체를 보라는 것이다. 그러면 만물은 모든 것이 충만한 도라는 무한한 경지에 이를 것이고 비록 바깥으로는 안 드러나지만 도는 빛나는 경지에 들어가는 것이라고 말하고 있다.

"무릇 위대한 도는 이름을 붙일 수 없고,
큰 변론은 말로써 나타내지 않는다.
참으로 어진 것은 어질지 않는 듯하며,
진정한 청렴은 하찮은 청렴을 드러내지 않고,
참다운 용기는 해치지 않는다.
도가 밝게 드러나면 진정한 도가 아니며,

말도 떠들어 대면 사물의 참모습에서 멀어진다.

어진 것도 고정되면 어짐을 이룰 수 없고,

청렴도 지나치면 겉치레가 된다.

그리고 남을 해치는 용기로는 이룰 수가 없다.

이 다섯 가지는 둥근 것이지만 지나치면 모난 것이 된다.

그러므로 사람은 앎의 한계를 깨닫고 그쳐야만 지극한 경지에 이르는 것이다.

하지만 누가 말로써 표현되지 않는 변론과 나타나지 않는 도를 알겠는가?

만약 그런 것을 아는 이가 있다면,

이를 천신의 보물창고에 비할 수 있으리라.

거기는 아무리 부어도 넘치지 않고, 아무리 퍼내도 마르지 않는다.

그럼에도 그 근원을 알 수가 없으니,

이런 경지를 드러나지 않은 빛이라고 한다."

애니메이션 영화 ≪글래디에이터: 로마 영웅 탄생의 비밀 3D≫는 이태리 출신의 감독 이기니오 스트라피가 제작하여 2013년 여름방학을 앞두고 국내에 개봉되었다.

저자가 이 영화에 의미를 두는 것은, 이 영화는 우리의 꿈과 목표가 너무 크면 실현이 불가능할 것 같지만 이성을 가지고 사유하면서 희망을 가지고 마지막까지 도전하고 포기하지 않고 노력하면 실현된다는 것을 시사하고 있기 때문이다. 뜻이 있으면 하늘은 스스로 돕는 자를 돕는다는 말이 있듯이 뜻하지 않는 외부의 변수에 의한 보이지 않는 손도 작용하면서 하고자 하는 일에 길도 생긴다. 가만히 있으면 되는 게 없고 퇴보만 있을 뿐이다.

이 영화는 우리가 이성과 지혜를 가지고 목표를 이루려고 노력하면 이루어진다는 것과 목표를 이루기 위해서는 목전에 감각으로 느끼는 현상뿐만 아니라 그 너머에 있는 보이지 않는 것도 볼 수 있는 지혜를 가지라는 철학적인 것을 시사하고 있기 때문이다.

이 영화는 로마 시대인 서기 79년 베수비오 화산 폭발로 인해 아주 어릴 때 부모를 잃고 고아가 된 소년 주인공 티모가 글래디에이터로서 로마 영웅으로 탄생한 성공과정을 묘사하고 있다.

이 영화는 나약하고 우유부단하고 마음은 연약하지만 의협심을 가진 게으름뱅이 티모가 로마 최고 검투사로 변신하는 과정을 영화화함으로서 우리가 목표를 가지고 이성으로 노력하면 뜻하는 바가 이루어진다는 교훈을 주고 있다.

줄거리를 보면:

티모가 아직 어릴 때 잠자리에 들기 전 티모엄마는 책을 읽어 주면서, 티모에게 노력하면 성공한다고 일러주면서 남을 도와야 한다고 일러준다. 바로 그날 밤 이태리의 베수비오 화산이 폭발해서 티모엄마는 티모를 안고 피신을 하는데 티모엄마는 그만 날라오는 돌에 깔려 죽게 된다. 그런데 티모는 운 좋게도 로마 검투사 아카데미를 담당하는 크로니 장군에게 구출되어 그의 집으로 가서 그의 딸 루씰라와 함께 성장하게 된다.

그러면서 티모는 루씰라와 소년소녀의 청순한 감정으로 사랑을 그리게 된다. 그런데 루씰라가 그리스로 8년간의 유학을 떠나게 된다. 이에 티모는 루씰라를 그리워하며 크로니 장군이 관할하는 로마의 유명한 글래디에이터 아카데미에 다니는데도 불구하고 매사에 의욕을 잃으면서 게으르고 검투사훈련도 소홀하게 된다.

당초 훌륭한 검투사 자질이 있다는 주변의 기대와 달리, 티모는 훌륭한 검투사로서의 열정을 잃었고 노력은커녕 하루하루 친구들과 어울려 노는 데 정신이 팔려 있었다.

그러던 중 루씰라가 로마황제의 조카이자 로마 제일의 검투사 '카시오'와 결혼하기 위해 귀국하게 된다. 티모는, 루씰라의 마음을 사로잡아 결혼하려면 당대 최고의 상대인 카시오를 검투에서 이겨야 하는 불가능에 가까운 목표를 달성해야 하는데, 훌륭한 검투사가 되어 카시오를 이기기로 마음먹는다.

검투사가 되는 1단계에서 티모는 친구들과 그냥 어울려 노는 것만 좋아하고 검투 실력은 형편없었다. 그래서 라이벌 카시오와 대결하면 형편없이 무시당할 정도였다.

그런데 2단계에서 티모는 주변 친구의 도움으로 여신인 시크릿 트레이너 '다이애나'를 소개 받아 지옥훈련을 받게 된다. 티모는 비록 게으르고 배가 나왔지만 어릴 적 첫사랑 루씰라의 마음을 얻기 위해서는 트레이너 다이애나의 험난한 지옥훈련을 이겨내고 로마 최고의 글래디에이터로 성장해야 하는 것 외에는 달리 다른 선택지가 없었다.

처음에는 부족한 실력과 게으른 성격 때문에 검투사로서의 능력이 모자라 주위로 부터 무시만 당했던 티모였다. 하지만 다이애나로 부터 검투사로서의 기본 자질을 인정받아 "네 두뇌가 가장 중요한 무기"라면서 생각하라는 'Think' 글귀가 새겨진 조끼를 그녀로부터 받아 입고 처음 훈련을 받는다. 그렇지만 티모는 다이애나의 기대에 못 미쳐, 두 번째로 더 생각하라는 'Think more'가 새겨진 조끼를 받아 입고 검투사를 위한 조련을 받게 된다.

티모는 다이애나의 가르침으로 열정과 믿음으로 무장하면서 사물을 인식할 수 있는 지혜까지 배우며 최고의 검투사가 되는 지옥 훈련을 받는다.

다이애나는 티모가 재능을 가졌다면서 재능을 두려워말라고 말한다. 그리고 그 재능으로 인해 티모가 언젠가 누군가를 도울 수 있을 거라고 말한다.

훈련 중 다이애나는 당장 눈앞에 훈련도 힘들어하고 훈련이 가져올 미래의 효과를 모르는 티모에게 "넌 당장 눈앞에 보이는 것만 보고 싶어 하고 보이지 않는 건 안 보려해" 하고 질책한다. 또 티모에게 "모든 걸 너무 쉽게 생각해", "너 자신에게 너무 관대해"라고 말하면서 티모를 훈련시킨다. 그러면서 티모는 점차 최고의 검투사로 멋지게 변신해 가고 있었다.

티모는 마지막 단계인 3단계에 이르러 그간 닦은 실력을 바탕으로 자신을 무시했던 카시오에게 당당히 맞서며 검투를 하게 된다. 검투 중에 실력이 딸려 다급해진 카시오는, 과거 티모가 금지약물을 한 번 복용했다가 사기라며 검투시합에서 실격까지 당했던, 그 약물을 팔에 바르며 티모와 맞섰다. 그런데 카시오는 금지 약물을 너무 많이 마신 나머지 황소뿔 같은 뿔이 생기는 괴물로 변신하게 되어 이성을 잃고 닥치는 대로 사람을 죽이는 난동을 부리고 원형경기장을 쑥대밭으로 만든다.

이런 위급한 순간에 보이지 않는 것도 생각하는 훈련을 받은 티모는 순간순간 지략으로 카시오와 맞서 카시오와의 검투에서 이긴다. 그 후 어머니가 생전에 넌 사람을 구할거라고 말한 것처럼 마지막에 루씰라와 그녀의 아버지 크로니 장군을 무너지는 원형경기장에서 구해낸다. 그 후 마침내 티모는 크로니 장군에게 자신을 지진으로부터 구하고 키워준 은혜를 갚고, 루씰라와 다시 사랑에 빠찐다.

중국의 병서 ≪육도삼략≫에 '善除患者理於未生(선제환자리어미생)'이란 말이 나온다. 이는 문제를 쉽게 해결하는 사람은 일어나지 않은 일까지 염두에 둔다는 뜻이다.

히딩크 감독이 ≪육도삼략≫을 읽고 국가대표선수들을 훈련시킨 것은 아닌지 모르겠다.

2002년 월드컵축구 경기 준비를 위해 히딩크 감독이 실시한 파워프로그램인 셔틀런은 국가대표축구선수들을 20미터 구간을 150번 왕복으로 전력질주하게해서 훈련시키는 것이다.

히딩크 감독은 월드컵 축구국가대표선수들의 체력강화를 위해 이 프로그램을 적극 활용했다. 셔틀런 훈련은 선수가 몇 회까지 버틸 수 있는지를 측정하면서 훈련이 끝난 후 선수의 회복속도까지 측정했다.

당시 이런 훈련방법을 처음 접한 우리 축구계에서는 이 훈련에서 단지 겉으로 보이는 현상만 보고, 이 훈련이 가져오는 보이지 않는 미래효과를 보지 못한 나머지, 고개를 갸우뚱하면서 저런 훈련을 왜 시키느냐하는 의견이 지배적이었다.

그런데 우리 선수들의 경기는 어땠는가? 4강까지 가면서 경기일정은 점점 짧아지고 체력은 고갈된 상태에서 강인한 체력과 빠른 피로회복은 승리를 위한 필수요건이었음이 증명되었다. 결승진출을 목표에 두고 준비한 히딩크 감독의 체력강화프로그램이 빛을 본 것이다.

저자는 통일운동에서도 우리가 보이지 않는 것도 보고 알려는 노력이 필요하다고 본다. 히딩크 감독이나 '글래디에이터: 로마영웅의 탄생' 영화에서 티모처럼 통일이라는 당면한 민족의 목표를 달성하기 위해서는 보이는 것만 보는 것을 넘어 통일과 관련한 모든 면에서 보이지 않는 것까지 보려는 지혜를 가지는 노력을 한다면 민족통일은 한층 더 가까워질 것이다.

우리가 통일문제와 관련해서 자기의 논리나 주장을 펴면서 과연 국가와 민족이 당면할 미래의 '보이지 않는 것'까지 보면서 말하고 있는 가를 되돌아보고 반성해 볼 일이다. 왜냐하면 국가와 민족의 미래 경쟁력, 번영과 실익과 명운이 걸려있는 것이 통일이기 때문이다.

15. 시작은 미미하나 끝은 창대하다

성경 '욥기' 8:7에 "네 시작은 미약하였으나 네 나중은 심히 창대하리라"라는 구절이 있다. 이를 해석해 보면 '너의 시작은 미미하고 약하였으나, 너의 세력이 나중에는 심히 커지고 번성하리라'고 할 수 있을 것이다. 또 시편 133:1에 "형제가 연합하여 동거함이 어찌 그리 선하고 아름다운고"라고 하고 있다.

이 책 앞에서 이미 예로서 든 세코이아 나무가 수천년을 사는 생존 비결을 다시 생각해 보자. 그리고 그 작은 씨앗으로부터 엄청난 크기의 세코이아 나무로 성장한 비결을 보자. 나무 높이가 백여 미터, 둘레가 30미터 이상 되는 세코이아는 수령이 3천2백년이나 되는 세코이아도 있다. 그런데 세코이아나무는 아무리 바람이 거세도 끄떡하지 않는다. 식물학자들이 세코이아가 고지대의 강풍을 이겨내는 비결을 조사했지만 나무뿌리는 의외로 얕고 깊지 않다. 그렇지만 그 뿌리들은 거센 바람에도 쓰러지지 않고 지탱하게끔 땅 속에서 서로 뒤엉켜 있다. 그것이 장구한 세월을 견뎌내고 크게 번성하여 울창한 숲을 이루고 있는 비결이다. 그런데 이 나무의 씨앗은 겨우 0.05그램 정도의 무게를 가졌다고 한다.

이 세코이나 나무가 상생하는 모습이 바로 독일이 통일을 한 비결과 비슷하다. 독일은 기독교 국가이기에 이웃사랑을 염두에 두고 베푸는 풍습이 있다. 이 이웃사랑은 동방정책을 낳았고, 동방정책은 초창기 시작은 미미하고 서독 내에서도 논란이 많아 끝을 가늠할 수 없는 정책이었지만 끝은 창대했다. 시작은 4개국 분할 통치하에 있는 분단국가인 서독이 동독인에게 동포애를 발휘하고 동구권 국가들과 심지어 세계시민들을 포용하는 동방정책을 시행하였기에 무혈 통일을 할 수 있었고 강대국 반열에 등장하게 되었다. 장구한 세월동안 국가번영이 예견되는 대목이다.

우리도 세코이아 나무를 볼 수 있고, 나무를 헤아릴 수도 있다. 그러나 미미하고 작은 씨에서부터 장대한 세코이아까지 성장하는 비결을 생각하여 아는 지혜를 가지는 것은 그리 쉽지 않다. 씨앗 속에 보이지 않는 장구한 미래의 나무가 있듯이 오늘은 사람들에게 우스워 보이고 현명한 생각으로 보이지 않는 동방정책 같은 것이 창대한 미래를 열 수 있을 것이다.

춘추 시대의 민요를 중심으로 모은 중국에서 가장 오래 된 시집인 ≪시경≫에 '人知其一 莫知其他(인지기일 막지기타)'라는 구절이 있다. 우리말로 하자면 사람들은 하나는 할 수 있지만 그 밖의 것은 못한다는 뜻이다.:

"감히 맨손으로 범을 잡지 못하고
감히 걸어서 강을 건너지 못하네
사람들은 그 하나는 알지만
그 밖의 것은 알지 못하지
두려워 벌벌 떨며 조심하기를
깊은 연못에 임하듯 하고
얇은 얼음을 밟고 가듯 하라"

사람은 다른 동물에 비해서 손놀림이 자유롭다. 그런데 맨손으로는 호랑이를 잡을 수는 없고, 사람이 걷기는 하지만 물위를 걷지는 못하기에 능력이 유한한 동물임을 암시하고 있다. 그러기에 호랑이를 볼 때나 강에 다다랐을 때 두려워하고 조심하라는 말이다. 그렇지만 인간은 사유하는 동물이다. 그래서 인간은 사유하여 일상생활 중에 뜻하지 않게 다가오는 두려움을 극복하고 자연을 정복하기 위해서 호랑이 잡을 도구를 만들고, 강을 건너는 배를 만든 것이다.

우리가 경험하는 것도 그렇다. 인간이 감각으로 스스로 볼 수 있는 것은 한정되어 있고 때로는 잘못 볼 수도 있고 판단을 잘못하여 대응에 실패하는 수도 있기에 사유를 해서 경험 너머에 있는 보이지 않는 것, 사물 그자체도 보도록 해야 한다.

감각이 불확실하여 판단자체를 그릇되게 한 역사적인 사례를 들어볼까 한다. 우리가 잘 알다시피 선조는 1590년 임진왜란이 일어나기 전 일본에 대립과 갈등의 두 계파에 속한 서인인 황윤길과 동인인 김성일을 통신사로 보내 일본이 조선을 침략할 가능성에 대해 관찰하여 보고하도록 했다.

1년 후 1591년 3월 1일자 ≪수정선조실록≫ 에 의하면, 황윤길은 "반드시 전쟁이 일어날 것입니다(必有兵禍)!"라고 귀국보고를 했지만 김성일은 "(일본의 침략) 낌새는 발견하지 못했습니다. 황윤길이 장황하게 아뢰어 인심을 동요시키니 이는 옳지 못합니다" 하고 반박했다고 한다. 당시 이를 기록한 사관은 서인과 동인의 당파싸움 때문에 이런 상반된 보고를 했다고 말하고 있다.

당파싸움 때문에 거짓 보고를 했었거나 불확실한 감각으로 인해 김성일이 일본 그 자체를 잘 알지 못했고 선조도 일본을 알지 못해서 임진왜란에 대한 대비를 못하고 방심한 결과 전쟁이 발발한 것이다.

이는 지금 '햇볕정책'에 대한 우리의 상반된 주장에 대해서 하나의 경종을 주고 있다. 나날이 변해가는 지금의 북한을 경험해 보지도 않아 북한 그 자체를 모르면서 6.25전쟁을 일으켰다는 과거의 사실과 상상만으로 북한을 구성하여 통일논의를 하고 있다.

이제 전쟁의 참화없이 통일을 성취한 독일이 우리에게 시사하듯이 우리의 현명하고 냉철한 이성의 능력에서 나온 대북정책으로 북한 그 자체를 알고 통일을 준비하도록 하자.

칸트는 있는 그대로의 세계는 잘 알려지지 않기에 알 수 없다고 했다. 우리가 북한을 사유해서 알려고 해도 잘 알지 못할 수도 있다. 그럴수록 독일이 통일한 철학적인 방법을 따라 우리의 이성으로 북한을 구성하고 북한이 우리의 이성의 능력에 의해 우리를 어쩔 수없이 따라오도록 해야 할 것이다.

16. 다르게 생각하자

불교에 '방하착(放下着)'이라는 선종의 가르침이 있다. 이는 "집착하는 마음을 내려라", "모든 것을 버리라"는 뜻이다. 즉 내가 집착하고 있는 어리석은 아집과 편견 등 좋지 않은 마음을 내려놓으라는 말이다.

방하착은 ≪장자≫가 말하는 마음을 비우고 차별없는 도의 경지에서 자유롭게 살라는 가르침이나 노자 ≪도덕경≫에서 말하는 것처럼 온갖 차별, 옳고 그름을 가리는 마음과 구분하는 마음을 비우고 '무위자연'하여 '유무상생'하라는 가르침과 같은 맥락이다.

방하착에서 무엇보다도 한국 사람이 가지고 있는 주의사상을 내리고 남과 북을 가르는 마음을 내려 놓아라하는 것이 눈에 확 들어오는 대목이다.

"놓아버려라 놓아버려라 놓아버려라.
무엇을 어떻게 놓아버리라는 말인가
주의사상(主義思想)을 다 놓아버리고
인간세상도 다 놓아버리고
천당극락도 다 놓아버리고
일심천하도 다 놓아버리고
산은 높고 물은 깊다는 생각도 놓아버리고
앞뒤좌우도 놓아버리고
춘하추동도 놓아버리고
동서남북도 놓아버리고
흑백염정도 놓아버리고
진짜가짜도 놓아버리고
고락성쇠도 놓아버리고
빈부귀천도 놓아버리고
복혜화앙도 놓아버리고
놓고 놓다가 놓을 것 없는 것까지도 놓아버리면
도의 꽃이 필 때 봄바람이 진짜 불어 만사가 평안해

행주좌와 어묵동정에
서있는 자리가 모두 다 진주처가 되리라
진짜 이렇게 방하착하여야
비바람은 고루내려 백성들은 안락하고
천하가 태평하여 법륜이 항상 구르리라."

불교에서는 방하착과 대비되는 말인 '착득거(着得去)'란 말도 있다. 이 말은 마음속에 있는 온갖 상념을 그대로 지니고 떠나라는 뜻을 내포하고 있다.

북한에 대한 온갖 잡다한 생각을 버리러 독일로 갔다가 모든 것을 방하착하고 이 땅에 다시 와서 통일운동을 해 보자.

III

독일통일에서 무엇을 알 수 있는가

Ⅲ

독일통일에서 무엇을 알 수 있는가

1. 독일통일의 4원인은 무엇일까?

아리스토텔레스는 우주를 이루고 있는 만물은 어떤 목적을 위해 변화한다면서 사물의 운동과 변화를 가져오는 4가지 원인을 구분하여 말했는데, 그 4원인은:

1) 형상인(形相因)
2) 질료인(質料因)
3) 작용인(作用因)
4) 목적인(目的因)이다.

4가지 원인 중 목적인은 어떤 운동의 원인이 되는 것이다. 예컨대 분단된 서독사람에게는 통일은 목적인이었고 동서독을 막론하고 그들이 가진 인간적인 고통완화는 동방정책의 목적인이었다.

다음은 질료인인데 질료인은 대상이 무엇으로 이루어져 있는지를 나타내는데, 조각상 같으면 대리석이라든가 청동 등의 재료가 질료인이다.

독일통일의 질료인은 동방정책의 도입이후 베를린 장벽이 무너지기까지 20년간 어느 정당에서 누가 총리가 되던지 상관없이 한결같이 추진되었던 동방정책과 동독을 동등한 국가로 대하면서 차별없는 지원을 가능케 한 동서독기본조약, 그리고 이를 중단없이 수행한 독일인의 이성이 준 능력과 지혜와 기독교적인 이웃사랑을 들 수 있다.

서독인이 기독교적인 이웃사랑과 인간적인 고통완화라는 사회정의를 실현했던 철학은 동독정부에 대한 재정지원, 서독을 방문하는 동독인에게 지원하는 환영금, 동독 정치범의 자유구매, 동독에 거주하는 친척에게 보내는 선물 등 여러 형태로 표출되었다. 그런데 어떻게 이런 철학과 가치관이 독일통일에 도움이 되었는가는 이 책에서 보다 상세히 언급될 것이다.

작용인은 변화 또는 변화가 처음 시작되는 것에 관한 것이다. 책상은 어떤 목수가 책상을 만들어서 있는 것이라 목수가 작용인이 된다.

독일통일의 작용인은 가깝게는 서독을 방문하는 동독인에게 지급한 노잣돈이었던 환영금, 서독으로 여행권을 따기 위해 헝가리나 폴란드 체코 등지로 탈출하여 베를린 장벽 붕괴의 단초를 제공한 동독주민들, 서방으로 여행이 즉시 허용된다는 동독 공보담당 귄터 샤보브스키의 실언, 라이프찌히에 있는 니콜라이 교회에

매주 월요일 운집했던 월요시위자들, 소련 공산당서기장이었던 고르바초프의 개혁과 개방정책을 들 수 있다.

그러나 근원적인 작용인은 독일통일을 접근을 통한 변화를 통하여 촉발되도록 한 빌리 브란트 총리, 그리고 동방정책을 중단없이 이행한 헬무트 콜 총리, 동방정책을 입안한 에곤 바를 위시해서 동방정책을 이해하고 동독동포에게 묵묵히 이웃사랑을 베푼 서독인들, 베를린 장벽이 무너지게 시위에 참여한 동독인들이다.

다음은 형상인인데 형상인은 사물의 본질이나 형상이 되는 원인이다. 즉 독일통일의 설계도나 청사진과 같은 요소를 뜻한다.

독일통일을 가져온 형상인이 무엇이냐 하는 문제인데, 이 경우 독일통일을 설계한 기본적이고 근원적인 형상인은 동방정책이고, 그에 따른 동서독기본조약을 들 수 있다. 왜냐하면 독일통일은 빌리 브란트가 설계한 '접근을 통한 변화'와 '작은 걸음 정책'을 통한 동·서독관계가 진전되어 이루어졌다. 독일통일은 결과적으로 동방정책과 동서독기본조약을 바탕으로 동·서독간의 접촉에 의해 쌓인 변화들이 모여서 왔다고 저자는 보고 있는데 이에 대한 자세한 설명은 이 책에서 다시 하기로 한다.

지금 우리에게 목적인은 남북통일이 우선적으로 되어야 한다. 그러기 위해서는 모든 국민이 통일을 위한 작용인이 되어야 한다.

만약 우리가 7,000조에 달한다는 북한의 지하자원과 인력을 활용하여 몇 세기를 내다보는 21세기 초일류국가 '대한민국' 건설이나 민족통일을 목적인으로 한다면, 저자가 보기에 안타까운 것은 목적인을 이루는 작용인이 바뀜에 따라 목적을 달성하는 형상인이 정권에 따라 달라지는 것이다. 즉 정권이 바뀔 때마다 통일에 대한 형상인이 되는 청사진이나 설계도가 달라지고 있다는 것이다. 그런데 무엇이 통일을 가져오는 참된 형상인인가 하는 것을 다시 한 번 회의하고 의심하면서 곰곰이 생각해 보아야 한다. 이 형상인을 외국이 우리에게 제공해 주거나 외국인이 만들어 줄 것 같지는 않다. 그러나 독일의 통일을 가져온 형상인을 보고 배워 비슷하게 그릴 수는 있을 것이다.

그리고 통일을 가져올 수 있는 작용인은 우리 국민 모두여야 하며 통일을 만드는 재료인 질료인은 우리가 원인을 제공해야 한다. 그런데 그 질료인이 무엇인가 하는 것에 대한 명확한 답이 현재는 없고 정권이 바뀔 때마다 바뀌는 것은 아쉽기만 하다.

지금 우리는 통일을 이루려는 것이, 나무 그루터기를 지키며 토끼를 기다리는데서 유래한 고사성어 '수주대토'처럼, 불확실한 기대로 공연히 시간만 보내면서 우연한 행운을 기대하는 것은 아닌지 모르겠다.

이제 우리는 무엇이 민족통일을 가져오는지 알고 실천하는 진정한 작용인이 되어야 한다. 가장 좋은 것은 모든 국민이 통일의 작용인이 되어, 참된 형상인이 되는 청사진을 가지고, 통일이라는 목적인을 완성할 질료인이 무엇인지를 진지하게 고민하고 토의하며 지혜를 모아야 한다.

이 책에서 저자는 민족통일과 공자가 말하는 100 세대를 뛰어 넘는 초일류국가 '대한민국'을 위한 통일철학을 저자 나름대로 정리해 볼 것이다.

그리하여 이 책은 지금까지 통일에 대해서 진지한 방법론과 사유없이 남이 장에 가니까 거름지고 장에 간다는 식으로 북에 대해서 그냥 무턱대고 부정적이었던 국민들로 하여금 통일을 위하여 의식이 변화하는 작용인이 되도록 힘 쓸 것이다. 그리고 이 책은 그들로 하여금 통일을 가져 오는 형상인과 질료인을 다시 생각하게 하도록 하여 장·단기적인 통일로 가는 목적인을 수행하는 작용인인 통일꾼이 되도록 철학적인 사유를 하게끔 하려고 한다.

2. 이성

1) 이성이란?

인간은 사유를 통해 무엇을 아는 마음의 힘인 이성을 가질 수 있다. 그래서 이성의 힘은 사유를 통해 무엇을 아는 능력에서 나온다. 데카르트는 사유를 통해 무엇을 아는 능력을 이성적 능력으로 보았는데, 그에 의하면 우리는 이성적 능력을 통해서 궁극적으로 우주의 질서까지도 알 수 있다고 했다.

≪네이버 지식백과≫ '두산백과'는 이성은 "사물을 옳게 판단하고 진위(眞僞)·선악(善惡), 또는 미추(美醜)를 식별하는 능력. 이성은 인간을 인간답게 하고 동물과 구분되게 하는 것이며, 여기에서 "인간은 이성적 동물이다"라는 정의가 성립한다.

R.데카르트는, 만인에게 태어날 때부터 평등하게 갖추어진 이성능력을 '양식(良識)' 혹은 '자연의 빛'이라는 말로 표현하였다. 그뿐 아니라, 예로부터 이성은 어둠을 비추어 주는 밝은 빛으로서 표상되어 왔다"고 쓰고 있다.

위에서 이성은 만물이 참이냐 거짓이냐, 선한가 악한가, 또는 아름다운가 추한가를 식별하고 판단하는 능력으로서 만인에게 평등하게 주어진 올바르게 판단하는 능력이자, 어둠을 밝혀주는 자연의 밝은 빛임을 알 수 있다.

실제로 독일은 앞이 안 보이고 막혀 캄캄하기만 했던 통일전망을 이성으로 동방정책이란 틀을 만들고 이를 입법으로 구체화하여 밝게 만들어 통일을 한 것이다.

2) 이성으로 위기를 극복하다

베를린은 2차 대전 이후에 미국, 영국, 프랑스로 구성된 연합국에 의해 점령된 서베를린과 구소련에 의해 점령된 동베를린으로 나뉘었다. 그래서 서베를린은 서독의 주권이 미치지 않는 지역이었다.

≪네이버 지식백과≫를 보면, 1948년 6월 24일부터 이듬해 5월 12일까지 11개월가량 소련에 의해 진행된 서베를린으로 통하는 육로 및 수로가 봉쇄되는 소위 베를린봉쇄사건이 일어났다. 그러나 이 봉쇄사건은 연합국의 차분한 이성적인 대처로 전쟁으로 이어지지는 않은 평화적인 해결이었다.

1948년 3월 미국, 영국, 프랑스로 구성된 연합국은 그들이 점령한 독일 지역을 하나의 경제단위로 통합시키기로 결정했다. 그런데 소련은 이에 반대하면서 연합국관리위원회에서 탈퇴하였다.

그러던 차 당시 서베를린에 새로운 독일 마르크화를 통용시키자, 소련은 이를 동독통화(東獨通貨)에 대한 위협으로 간주하였다.

1948년 6월 24일 소련은 4개국의 베를린 행정위원회의 폐지를 선언하며 서유럽 연합국은 더 이상 베를린에 대해 아무런 권리가 없다는 선언을 했다.

그러면서 소련은 미국, 영국, 그리고 프랑스로 구성된 연합국이 서베를린에 대해 가진 모든 권리를 포기하도록 하기 위하여 서베를린에서 서방측 점령지구간, 즉 서독으로 통하는 모든 육로·수로를 봉쇄했다.

그러자 6월 26일부터 미국과 영국은 항공편으로 서베를린에 생필품들을 공급하고, 서베를린 산업수출품들을 거꾸로 공수했다. 7월 중순에 동독 주둔 소련 점령군은 40개 사단까지 늘어났고 미, 영, 프랑스 연합군은 8개 사단에 불과했다. 7월말까지 3개 편대의 미국 전략폭격기가 영국군을 실어 나르기 위해 파견되었다.

생필품, 연료와 전력은 부족했지만 이 공수작전은 11개월 동안 총 27만 7,264회의 미국 수송기가 이착륙하며 서베를린을 버티게 하자 마침내 1949년 5월 12일 소련은 봉쇄를 해제했다. 베를린 봉쇄를 중단시킬 수 있었던 이유는 동독의 교통통신에 대한 연합국의 대응조치 및 중앙유럽의 모든 전략수출품에 대한 서유럽 국가들의 경제봉쇄 덕분이었다. 봉쇄로 긴장은 고조되었으나 이성적인 대처로 전쟁은 일어나지 않았다.

이 작전 기간 동안 모두 101건의 사고가 발생했는데 미군 항공기 17대와 영국군 항공기 8대가 추락했다. 이 작전을 통하여 도합 232만 3,738t의 식량과 연료, 기계 및 기타 물품이 수송되었다. 이 작전에 소요된 비용은 약 2억 2,400만 달러였는데, 오늘날의 가치로 환산하면 대략 20억 달러가 넘는 금액이다. 작전 중 희생자도 발생하여 영국군 조종사 39명과 미군 조종사 31명이 희생되었다.

독일민요 중에 'Die Gedanken Sind Frei(생각은 자유롭지)'라는 노래가 있다.

위키피디아 독일어 사전에 의하면 생각의 자유를 노래한 이 민요는 1780년경 가사가 찌라시 형태로 돌다가 1810년과 20년 사이에 곡이 붙여졌다고 한다. 그러다가 1842년에 호프만 폰 팔러스레벤과 에른스트 리히트에 의해 슐레지엔지방에서 민요로 알려지게 되었다.

그런데 1948년 9월 9일 서베를린이 봉쇄될 당시 베를린 시장이었던 에른스트 로이트는 30만 이상이 폐허가 된 제국의회 건물 앞에 운집한 베를린 시민 앞에서 베를린 봉쇄로 인해 서베를린을 포기 않도록 세계만방에 연설로 호소한 적이 있었다. 그 때 모인 군중들은 자연스럽게 이 'Die Gedanken Sind Frei' 등 독일민요를 불렀다고 한다.

그 때 서베를린 봉쇄에 맞서 베를린 군중들이 애절하게 불렀던 이 민요 3절에 "내 생각은 차단기와 장벽을 산산이 부숴버리기 때문이지"라는 구절이 나온다.

이 구절이 마치 예견이나 한 것처럼, 약 41년 후 1989년 11월 9일 자유를 원하는 사유를 한 동베를린 사람들의 이성 앞에 중무장한 동독경찰이 지키는 바리게이트와 베를린 장벽도 맥없이 무너지고 말았다.

독일기본법에는 인격의 발현이 보장되어있다. 사유의 자유는 사냥꾼도 쏠 수 없다고 노래는 말하고 있다. 노자가 말하는 '상선약수'처럼 위에서 아래로 흐르는 물은 아무도 막을 수 없다. 심지어 동독의 국가보위부나 경찰도 도도히 흐르는 자유의 물결을 막을 수 없었다.

동독에서 정치범들이나 체제불만을 가진 사람을 감옥에 가둔들 그들의 생각을 막을 순 없었다. 그들은 1년 이상의 형을 받으면 서독정부가 동독정부에 돈이나 현물을 주면서 소위 자유구매를 하기에 석방되는 자유를 얻는다. 그래서 만약 구속된다 해도 1년 후 서독행이 보장되어 구속의 두려움이 그다지 없는 동독의 시위꾼들이기에 베를린 장벽이 무너지기 직전인 마지막 월요일 라이프찌히 집회에는 50만이나 운집하여 결과적으로 장벽을 무너뜨리는데 일조를 한 셈이다.

아래는 Die Gedanken Sind Frei(생각은 자유롭지) 가사이다.:

"생각은 자유롭지!
누가 그걸 맞출 수 있겠어,
생각은 야밤의 그림자처럼
그렇게 지나가지.

아무도 그걸 알 수 없고,
사냥꾼도 그걸 맞힐 수 없지.
변하지 않는 것이 있다면:
생각은 자유롭지!

나는 내가 원하는 것과
나를 즐겁게 만드는 것만을 생각하지.
하지만 드러내지 않고 조용하게
물 흐르듯 자연스럽게.
내가 바라는 것을
아무도 막을 수 없지.
변하지 않는 것이 있다면:
생각은 자유롭지!

그리고 나를 어두운 지하감옥에
가둔다고 할지라도
이 모든 것은
헛수고일 뿐이지.
왜냐하면 내 생각은
차단기와 장벽을
산산이 부숴버리기 때문이지.
생각은 자유롭지!

그래서 나는 항상

걱정을 하지 않으려고 하지.
그리고 더 이상 변덕스럽게
나 자신을 괴롭히려고 하지 않아
마음속에서는
항상 웃을 수도, 누군가를 놀릴 수도.
그리고 이렇게 생각할 수도 있는 거지.
생각은 자유롭지!"

만약 예기치 않게 북한정권이 무너지고 통일의 기회가 왔다고 치자. 북한공산당원 머리속에 들어있는 공산주의 사상을 어떻게 할 것인가? 그들을 모두 처벌할 것인가, 아니면 죽일 것인가?

독일기본법이나 세계시민주의나 UN의 세계인권선언에서 말하듯이 모든 사상을 포용해야 민족의 평화와 변영이 올 것이다. 독일은 사상의 자유를 선택이 아닌 천부인권이자 당위로 보고 있다.

1965년 4월 5일 서독 정부가 서베를린에서 연방의회를 열겠다고 결정하자 동독은 갑자기 동·서베를린을 가로 지르는 베를린장벽에 있는 브란덴부르크 문(Tor)에 바리케이드를 쳐 통행을 막고는 전투기까지 출격시키면서 긴장이 고조되었다.

그런데 이 위기를 서독은 미군을 동원하여 만약의 사태에 따른 충돌 위기에 대비하면서 막을 수 있었다.

이런 긴박한 순간에 흥분과 적대감으로 인하여 감정이 앞서 이성을 잃고 충동적인 응징을 했을 수도 있을 법한데 이성으로 해결한 경우이다.

이후 빌리 브란트는 이성으로 틀을 만든 동방정책의 실현으로 동·서독간, 그리고 동구권과의 화해에 공헌하여 노벨상도 타고 독일통일의 기초를 다졌다.

당시 독일 수상이었던 빌리브란트는 1970년 12월 7일 폴란드를 방문 중이었다. 그날 빌리 브란트는 춥고 흐린 겨울인데도 불구하고 폴란드 수도 바르샤바에 있는 유태인추모비에 헌화하고는 갑자기 아무 것도 깔지 않은 차가운 콘크리트바닥 위에 무릎을 꿇고 고개를 숙였다. 그리고 그는 독일이 과거 일으켰던 전쟁의 잘못을 빌고 유태인 학살에 대한 반성을 하는 진정성이 있는 참회의 묵념을 오랫동안 했다.

한 나라의 총리가 차가운 콘크리트 위에 털썩 무릎을 꿇고 참회하는 모습은 폴란드, 독일, 유럽뿐만 아니라 전 세계에 엄청난 반향을 불러 일으켰다. 그러면서 이 무릎 꿇기는 동서양 국가들이 전범국가 독일에 대해 그간 가지고 있었던 이미지를 바꾸어 놓는 계기가 되었다. 결과적으로 이 진솔한 참회는 독일의 이미지를 바꾸면서 독일통일에도 긍정적인 영향을 주었다고 볼 수 있다. 빌리 브란트는 이듬해 노벨평화상까지 수상하게 된다.

언론 인터뷰에서 빌리 브란트는 이 참회의 행동에 대해 "인간이 말로써 표현할 수 없을 때 할 수 있는 행동을 했을 뿐이다"라고 했다. 하지만 세계 언론들은 이 돌발사죄에 대해 "무릎을 꿇은 것은 한 사람이었지만 일어선 것은 독일 전체였다"라고 의미를 부여하기도 하였다.

남다른 이성으로 사죄를 한 빌리 브란트 행동은 세계인의 감성에 긍정적인 자극제가 되면서 통일을 가져오는 이성의 힘이 얼마나 큰지 보여주게 된다. 칸트의 말에 의하면 이성은 입법자로서의 역할을 하는데, 그가 이성적으로 입안한 동방정책은 독일이 통일되고, 또 냉전체제를 무너트리고 동서해빙을 도우면서 명실공히 세계 평화에 기여하였다.

3) 이성으로 북한을 만들자

저자는 이 장에서 마음의 눈인 이성에서 오는 이성의 힘을 언급함으로써 지금까지 북한과 대화없는 우리의 대북정책이 최선의 대안인지 아니면 현재 우리 마음 속 대북정책을 방법적 회의를 통해 다시 한 번 최선의 대북정책을 생각해 보는 의미에서 '이성으로 북한을 구성하자'는 화두를 던져보기로 한다.

프랑스의 철학자이며 수학자이자 물리학자였던 데카르트(René Descartes 1596~1650)는 '근대 철학의 아버지'라 불리며 이성을 통해 자연변화의 궁극적 원인을 사유하는 합리주의 철학에 막대한 영향을 주었다.

데카르트는, 아리스토텔레스주의자들이 우리의 감각이 대체로 참된 앎을 준다고 보았는데 비해, 이성은 마음의 눈인데 이성은 세계가 변하면 그에 따라 같이 변하는 원리를 가진 동형성을 가졌으므로 이성으로 세계의 변화를 파악할 수 있다는 견해를 가졌다.

그는 이성을, 통상 이목구비나 손으로 느껴지는 감각과 대비되는, 사유를 통하여 무엇을 아는 앎의 열쇠로 본 것이다. 그래서 그는 감각이 아닌 이성을 강조하며 이성으로서 감정을 제어할 수 있다고 보았고 우리가 행복해 지기 위해서는 이성을 통해 우리의 욕구, 욕망과 정념을 잘 이끌어야 한다는 견해를 가졌다.

데카르트는 우리가 감각적 경험을 통해 얻은 지식은 단편적이고 우연한 것이고 불확실하므로, 그 지식이 명백한 진리에 도달하기 위해서는 의심할 여지가 없을 때까지 회의와 의심을 하는 사유를 해야 한다고 보았다. 그는 진리를 찾기 위해 자기 자신을 포함하여 모든 것을 의심하였는데 이를 '방법적 회의(懷疑)'라 한다.

데카르트에 의하면 감각은 가변적이어서 때때로 오류가 있기에 불확실하며, 그러기에 감각은 믿을 만한 것이 못 된다는 것이다.

'악령의 가설'에서 데카르트는 전능한 악령이 나를 속이고 있지 않다는 것이 확실하지 않다는 회의의 심연에 빠져 보는 방법적 회의를 할 것을 주문했다.

저자가 생각하기에, 1596년에 태어난 데카르트가 신교인 기독교와 구교인 가톨릭 사이의 피비린내 나는 30년(1618~1648년) 종교전쟁을 겪고 이런 근본적인 회의에 더 깊이 빠진 게 아닌가하는 생각도 든다.

동양철학에서는 만인이 평등하게 타고 나서 가지고 있는 마음의 눈인 이성을 말하지 않고 있다. 즉 인간이 동물과 다르게 인간만이 가지고 있는 마음에서 오는 힘인 이성의 힘에 관하여 언급하고 있지 않는 것이다. 논어와 맹자는 지도가가 되려면 살아가면서 인의를 갖출 것을 말하고 있고, 장자는 만물제동으로 보고 도를 위한 수양인 '심재(心齋)', '좌망(坐忘)'을 강조하면서 벼슬을 하지 말고 초야에 묻혀 지내라고 했다. 실제로 장자도 벼슬을 주는 제의를 거절했다.

저자가 어릴 때 주변에 어른들 중에 자기는 양반이라 칭하면서, 그들이 때도 잘 묻고 더러움도 잘 타면서 세탁하기 힘든 흰 두루마기나 흰 옷을 입기를 즐겨하면서 아무 것도 안 하고 놀던 풍습도 장자와 무관하지 않다고 생각한다.

노자는 '무위자연', '상선약수', 그리고 '유무상생'으로 상징되는 말로 자연을 거스르는 시비나 유무를 구별하지 말고 경계면에 서는 마음을 가지라고 말하고 있다.

최근 우리나라에 창의력이라는 단어가 자주 등장한다. 이성에서 나오는 힘 중에 하나인 창의력을 우리가 계발해야 전문성을 갖추게 되고 남다른 경쟁력이 있는 차별성도 생겨 나라를 부강하게 하고 개인이 잘 살아가는 방도 중에 하나로 생각하고 있다.

서양에서는 소크라테스 이래로 스토아학파를 중심으로 인간이 본성에서 오는 감정이나 욕구를 통제하는 것이 가능하다고 보고 인간의 자율적인 의지에서 나온 이성에서 나온 최고의 선인 도덕적인 행위를 의무로서 보는 키케로나 칸트의 견해도 생겼다.

중세 암흑시대를 지나 르네상스 이후 신 중심사고에서 벗어나 인간은 이성이 가진 창조적인 힘도 증명이 되면서 문예부흥도 왔다.

저자는 서양이 동양보다도 이성의 힘으로 점차 더 논리적이고 윤리적이 되면서 산업발달이 오지 않았나 저자가 짐작하는 부분이다.

4) 사유하고 회의해 보자

데카르트의 방법적 회의를 통한 문제제기는 1641년에 출간한 ≪제1 철학에 관한 성찰≫에 나와 있다. 여기서 그는 그가 어릴 때부터 참이라고 당연히 여겨왔던 사실이 거짓이라는 남다른 이성적 사고를 가지고서부터 방법적 회의를 하는 철학자가 된 것이다.

"몇 해 전에 나는 내가 어렸을 때 참이라고 받아 들였던 많은 것들이 사실 거짓이고,

이 거짓들을 토대로 쌓아 올린 구조 자체가 무척 의심스럽다는 사실에 놀랐다.

그래서 학문에서 안정적이며 영속적인 것을 하나라도 얻기 위해서는 평생에 적어도 한번은 모든 것을 무너뜨리고 기초에서부터 다시 출발해야할 필요가 있다는 것을 깨달았다"(AT VII 17).

그는 방법적 회의를 통해서 세계를 의심해 보고, 회의하고 두려워하고 궁금해 하면서 이것저것 따져보았다. 그러다가 그는 궁극적으로 이렇게 생각하는 자기 자신만 의심할 수 없다는 결론에 도달을 한 것이다.

이에 그는 생각을 하는 한, 생각을 하고 있다는 자신은 의심할 수 없다면서 그 유명한

"나는 생각한다, 그러므로 나는 존재한다(Cogito ergo sum)"는 말을 남긴 것이다.

데카르트는 1645년 8월 4일(AT IV 265) 스웨덴의 엘리자베스

공주에게 보낸 편지에서 정념에 휘둘리지 않고 어떤 방식으로 살아야 행복할 수 있는지에 대한 그의 생각을 전하면서 행복은 이성이 시사하는 바처럼 도덕적으로 행동하고 살면 얻을 수 있다고 보았다. 그러면서 만족한 삶은 우리가 욕구나 욕망, 감정과 정서로 대표되는 정념에 잘못 인도되지 않고, 이성적으로 살면 이루어진다면서 이성에 대한 결연한 자유의지를 요청했다.

"다음의 세 가지 조건을 존중한다면,
외부의 도움없이 각자 스스로의 만족스러움에
도달 할 수 있지 않을까 생각됩니다.

첫째, 우리는 삶의 다양한 조건 속에서
각자가 해야 하는 것과 하지 말아야 하는 것을
발견하기 위해 최대한도로 마음을 쓰고 노력하는 일입니다.

둘째, 정념이나 욕구로 인해 길을 잃지 않고
이성이 권하는 바를 실행하겠다는
굳건하고 영원한 의지를 유지하는 일입니다.
제 생각에 덕이라고 하는 것은
바로 이러한 결심을 굳건하게 견지하는 것에 있다고 생각합니다. …

셋째, 이렇게 최대한으로 이성에 의거해 스스로의 삶을
영위해 가려고 할 때, 얻지 못하는 좋은 것들은
모두 스스로의 힘 밖에 있음을 받아들이는 일입니다.

이를 통해 우리는 그것들을 원하지 않게 되는 것에
익숙해질 것입니다."

데카르트의 위 견해처럼 서독은 동독과의 관계에서 감정에 휘둘리지 않고 늘 차분한 이성으로, 대동독정책은 이성의 힘을 통한 통일로 가는 능력을 발휘했다고 볼 수 있다. 이는 동방정책 시행 이후 해마다 꾸준한 동독과의 정치·경제·사회·문화적인 협력과 정권이 바뀌어도 변치 않았던 동방정책에서도 볼 수 있다.

우리는 어떤가?

우리는 북한이라는 대상을 칸트가 말한 것처럼 우리가 경험으로부터 무엇을 알고 그에 따라 구성된 북한이 아닌 우리의 이성으로 북한을 구성해야 한다. 그러려면 북한 그 자체를, 있는 그대로의 북한을 이성으로 철저하게 잘 파악하고 새롭게 북한을 구성해야 할 당위성은 통일을 위해서 아주 크다.

그런데 우리는 북한에 대한 판단을 감정에 휘둘리지 않고 불편부당하지 않게 이성적으로 잘 파악하고 있는가? 보이지 않는 북한을 잘 안다는 것은 북한을 위해서가 아니라 우리를 위해서이다. 올바른 북한에 대한 인식이 기초하면 그에 따른 합리적 대안이 나올 것이다.

과연 우리는 북한에 대한 합리적인 인식에 기초한 판단에 따라 적절인 대북정책을 시행하고 있는가하고 이성의 힘으로 생각해 보아야 한다.

우리가 현재 북한과 분단되어 있으면서도 남북통일이라는 민족의 명제를 가지고 있다.

그런데 우리가 주장하는 북한이 순간순간 저지르고 있다는 일련의 사건들과 그에 따라 우리가 내리는 반대 조치가 정말로 민족적 이익에 부합하는 일인가, 아니면 우리가 민족적 이익에 반하여 구성한 것인가, 급히 내리는 제재조치가 심사숙고한 이성에 의해서 내려진 것인가, 그리고 단순히 우리의 경험에 의한 불확실한 감각에 의존해서 내려진 판단에 따른 조처가 아니었는지 깊이 사유해야 한다.

데카르트에 의하면 감각은 때때로 우리를 속이므로 단순히 감각에 의존해서 성급한 결론을 내린다면, 그것이 민족통일이라는 민족의 당위성에 중대한 어깃장을 놓는 것이 될 수도 있기 때문이다.

≪맹자(孟子)≫ '양혜왕(梁惠王)' 상(上)은 '求若所欲, 猶緣木而求魚也(구약소욕, 유연목이구어야)'라 했다. 이는 "욕망을 추구하는 것은 나무에 올라가 물고기를 찾는 것과 같다"라는 뜻이다. 즉 욕망을 추구하는 것은 나무에 인연해서 물고기를 구할 수 없는 것과 마찬가지로 목적을 달성하기는커녕 쓸데없고 소용없는 헛된 일이라는 말이다.

영국의 철학자 데이비드 흄은, 데카르트가 이성의 능력을 강조한 데 반하여, 1740년에 출판된 ≪인간본성론(A treatise of human nature)≫에서 "이성은 정념의 노예다(reason is, and ought only to be, the slave of the passions)"는 논리를 피력했다.

여기서 흄은 인간이 자연속의 일부로서 이성으로는 감정, 정서와 욕구 등 좋고 나쁨에서 오는 정념을 통제하기가 불가능하므로 이성의 역할을 제한된 것으로 보면서 이성보다는 경험이 앎과 지식을 확장한다고 보았다. 그렇지만 흄도 경험한 사실로부터 미래에 있을 관찰되지 않은 경험적 사실을 추론하는 것은 옳지 않다고 했다. 흄은 관찰되지 않은 경험적 사실은 확실성을 가지지 못한다는 입장을 견지한 것이다.

흄의 경험한 사실로부터 경험하지 않은 사실을 추론하는 것은 옳지 않다는 견해를 볼 때 현재 우리가 북한을 가 보지도 않고 경험해 보지도 않았으면서 경험한 듯이, 그것도 매스컴에서 보도한 것만 가지고, 그 보도가 얼마나 진실에 근거한 것인지 따져보지도 않고 북한을 추론하여 통일에 찬 물을 끼얹는 말을 하거나 행동을 하는 것은 독일통일의 경우를 비추어 보건데 통일에 도움이 되지 않는다.

칸트는 우리가 경험에 의해 구성한 세계도 있지만 드러나지 않는 세계 그 자체(Ding an sich)가 있다고 했다.

우리도 불확실한 경험에 의해 구성된 북한에 대한 대응책을 마련하는 것 보다 드러나지 않는 북한 그 자체를 알도록 연구하고 노력하고 체험해서 우리가 북한을 구성해 보자. 그것이 통일을 더 빨리 오게 할 수도 있다.

독일은 동독이 무슨 일을 저지르면 경험으로 그에 대응해서 무슨 반응을 한 것이 아니다. 반대로 칸트가 코페르니쿠스적인 전환을 구상했듯이 이성의 힘을 이용해서 동방정책을 만들어 동독이라는 대상을 구성해서 통일로 갈 수 있었다.

5) 중과 화로 다스리자

공자의 손자 자사가 썼다는 ≪중용≫ 제1장에 "怒哀樂之未發(희노애락지미발) 謂之中(위지중) 發而皆中節(발이개중절) 謂之和(위지화)"라는 구절이 있다.

이는 기뻐하고 노여워하고 슬퍼하고 즐거워하는 감정이 아직 나타나지 않은 상태, 즉 이성이 희로애락의 감정을 완전하게 지배하고 있어 균형있는 내적질서가 유지되는 마음상태를 중이라 했다.

그러므로 중은 감정적으로 한 쪽으로 치우치거나 한 쪽만 기대지 않은 중심을 잡고 있는 상태이기도 하고 지나치거나 모자랐을 때도 마음의 평정을 잃지 않은 상태이다.

이것이 곧 사람의 본성인데 우리는 중이 되는 본성을 회복해야 한다. 그래야만 우리가 어느 한 곳에 치우치거나 꺼리낌이 없이 지극히 바르고 고요하고 편안하고 원만 구족한 상태를 누리게 되는 것이다.

그리고 희로애락 감정이 나타나더라도 모두 절도에 알맞게 된 상태를 화 和라고 한다. 이 때 화는 감정을 절도에 맞게 절제하고 있는 이성과 같아서 우리가 지향해야 할 통일을 위한 이른바 천하에 통하는 도리가 아닐까 한다.

≪중용≫은 또 中也者 天下之大本也(중야자 천하지대본야)라 했다. 이는 중이 천하의 커다란 근본이라는 뜻이고, 그리고 和也者 天下之達道也(화야자 천하지달도야)라 했는데, 화는 언제 어디서나 천하에서 통하는 도라는 의미이다.

또 致中和 天地位焉 萬物育焉(치중화 천지위언 만물육언)이라 했는데, 그 의미는,

"'깊숙한 마음의 뿌리'와 '조화된 마음의 작용'을 잘 다스려 이루면 하늘과 땅도 제자리를 유지하고 그 사이의 만물도 잘 자라게 된다"는 뜻이다.

인간이 가진 순수한 본연의 성의 상태에서 내부나 외부의 어떤 자극을 받으면 반응은 희, 노, 애, 락 등의 감정으로 나타나는데 이를 정이라고 한다. 그런데 인간의 본성은 中이기 때문에, 치우치지도 모자라지도 않으며 모든 이치를 담아 바르고 원만한 상태이기 때문에 온갖 정이 일어나되 절도에 맞는 것이다.

우리도 옳지 않은 감정을 배제하는 '중'을 남과 북의 관계에서 근본으로 삼고, 감정이 올바르게 나타나도록 절도가 있는 '화'를 남북관계에 통달되는 '도'로 삼아야 할 것이다.

6) 이성의 힘은 크다

키케로는 본능과 이성의 힘은 크다고 했다. 그는 인간만이 질서도 알고 조심해야 할 것도 알아 일시적인 충동이나 욕망과 비신사적인 행동을 자제하여 조화를 이루어 최고의 선이 형성되도록 한다고 했다.:

"진실로 저 본능과 이성의 힘은 작은 것이 아니니,

그 까닭은 이 동물, 즉 인간만이 질서가 무엇인지 예의범절과 언행에서 조심해야 할 것이 무엇인지를 감지하기 때문이다.

그런데 다른 동물들은 가시 세계에서의 미적 감각, 애정 감각,

부분들로 이루어진 전체의 조화감 같은 것을 느끼지 못한다.

이에 반해 인간의 본능과 이성은 이의 유추를 감각 세계에서 정신세계로 확대하면서 말하고 행동하고 생각할 때 훨씬 더 아름다움과 일관성과 질서를 유지하려고 하여 언행심사에서 예의범절에 어긋나거나 비신사적인 행위를 하지 않도록 하며 일시적인 충동과 욕망에 사로잡히지 않도록 하는 것이다.

이러한 것들에서 우리가 추구하는 도덕적으로 선한 것, 명예로운 것이 형성되어 나온다.

경우에 따라서 이때 우리는 정색을 하고 어떤 것이 비록 일반적으로 고귀한 것이 아니어서 아무에게서도 찬양받지 못한다고 하더라도 그것이 여전히 도덕적으로 선하고 명예로우며, 자연이 부여한 인간 본성의 면에서 볼 때 찬양받을 만한 가치가 충분히 있다고 주장하는 것이다"(허승일, 전게서 22f).

주제를 바꿔서, 우리의 눈으로 북한을 보니 북한은 핵무기 개발만 하니 아무 짝에도 쓸모가 없다고 생각하기에 개성공단을 닫고 남북관계가 얼어붙은 상태로 그냥 두는 등 별반 신경을 안 쓰고 있다.

그런데 북한이 남북관계를 바라보는 눈은 어떨까?

혹시 남한의 자본이 오고 남북한이 마음을 합치면 불어날 민족의 번영이 눈에 훤히 보이는데 현실이 그렇지 않아 안타까운 심정으로 현실을 바라보고 있지는 않을까?

저자가 제의하는 것은 남북한이 현재 보이고 있는 단순한 흑

백논리로 서로의 시비를 가리는 실제현상보다는 본체, 즉 '한겨레'라는 배달민족 그 자체를 꿰뚫어 보는 이성을 가진 힘을 기르자는 것이다. 그래야만이 남북대결 구도가 가지고 있는 현상으로부터 탈출하여 민족공영의 새로운 길이 열리고 민족의 새 역사가 창조되는 길이 열릴 것이다.

세계를 알아 관계한다는 것은 천지만물은 서로 맞물려 있기에 시비를 가리지 말고 상생하며 서로 돕는 것이다. 그것이 세계를 차별없이 있는 그대로 받아들이는 만물제동의 자세이다.

그런데 눈앞에 펼쳐진 현상 너머에 있는 본체인 대상 그 자체를 있는 그대로 바라보기란 그리 쉽지 않을 지도 모른다. 칸트의 견해처럼 불가능할지도 모른다.

왜냐하면 사람은 자신의 경험이 참인지 아닌지도 불명확한데도 불구하고 경험에 따른 기준을 가지고, 그 잣대만으로 북한을 생각하고 판단하기 때문이다. 그래서 고정관념과 편견에 따른 잘못된 구별이나 구분과 차별을 없애고 북한을 그 자체의 고유성을 있는 그대로 바라볼 수 있어야 한다. 이것이 남과 북의 상생과 실리를 찾는 시발점인지 모른다.

우리는 겉으로 드러난 북한의 현상에 대해서도 직접 경험해보지 않아 잘 모른다. 그러기에 드러나지 않는 북한 그 자체를 모르지 않는가.

우리의 마음이 혈육의 북한 동포를 사랑하는 마음이 없고 시비만 가리고 미움과 증오로 가득 차있다면 어떤 현상이 일어나든 그 현상의 진정한 본질을 바라볼 수 없다. 그래서 내 마음을 비우는 도의 경지에 있어야만 어떤 현상이든 그 본질을 진실로 체득할 수 있다.

서독은 그러기에 드러나지 않는 동독 그 자체를 알려고 동방정책을 통해서 꾸준한 접촉을 한 것이다. 서독은 '작은 걸음 정책'과 '접근을 통한 변화'를 추구한 것이다.

독일의 경우를 볼 때 베를린장벽이 무너지면서 바로 통일의 분위기가 성숙한 것은 아니었다. 앞에서 언급한 것처럼, 1989년 11월 9일 베를린장벽이 무너지고 난 후 12월 17일에 실시된 동독주민의 여론조사에서 통일을 찬성한다는 여론이 겨우 27%였다고 위키피디아는 말하고 있다. 동 여론조사에서 73%는 주권국가 동독을 원했고 71%는 사회주의를 지지했다. 그리고 39%는 자유시장경제체제를 원했다. 그런데 이런 분위기가 급변한 것은 1990년 2월 6일 실시된 서독마르크 도입도 한 몫을 했다. 이는 그간 통화가치가 적었던 동독마르크 대신 서독의 마르크로 화폐개혁이 단행된 것이다. 그리고 3월 18일 하원 선거에서 통일을 반대하는 당들의 득표율이 25%에 못 미쳤다.

예컨대 라이프니쯔 교회 월요집회를 주도하며 장벽이 무너지는데 일조를 한 시민단체들이 주로 통일에 반대를 했다. 이들 시민단체는 '노이에스 포럼(das Neue Forum)', '이제는 민주주의(Demokratie jetzt)', '평화와 인권을 위한 이니셔티브(Initiative Frieden und Menschenrechte)'이었는데, 이들은 3월 18일 하원선거에 동맹90(Bündnis 90)이라는 정당으로 선거에 참여했는데 득표율은 겨우 2.9%에 그쳐 통일에 미치는 발언권이 약해졌다.

이는 서독의 개방으로 서독정부가 주는 환영금을 타내려고 동독주민의 서독방문이 이런 결과를 가져왔다고 저자는 주장한다고 했다.

통일에 대한 반대여론이 통일을 찬성하는 쪽으로 뒤집어 진 배경에는 1989년 11월 9일 장벽이 무너지고 난 후부터 12월 말까지 한 해 한 번 주는 1인당 100마르크의 환영금을 받으려고 1,800만 명이나 되는 동독주민이 서독을 방문하여 서독을 경험했기 때문이었다.

그간 동독의 일부 지식인들이 말하던 사회주의를 개선하여 새로운 사회주의국가 만들자는 주장은 동독주민들이 서독을 직접 방문하여 서독사회를 경험한 결과 설득력을 잃어 급격하게 통일찬성 쪽으로 기울었던 것이다.

노자도 『도덕경』 제12장에서 인간은 여러 가지 색깔에 눈이 휘둥그레지고, 아름다운 소리에 홀리게 되고, 맛 때문에 맛을 잃게 되고, 사냥 때문에 미치게 되고, 재물욕심이 사람의 행동을 어지럽히는 등 감정이나 정서로부터 자유롭지 못하고 현혹되므로 이성으로 그것을 절제할 것을 주문하고 있다.

『도덕경』 제12장은 아래와 같다:

다섯 가지 (갖가지) 색깔은 사람의 눈을 멀게 한다.
다섯 가지 (갖가지) 구분된 소리는 사람의 귀를 먹게 한다.
다섯 가지 (갖가지) 맛은 사람의 입맛을 잃게 한다.
말을 달리며 즐기는 사냥이 사람의 마음을 미치게 한다.
얻기 어려운 재화가 사람의 행동을 어지럽힌다.

(이러하기 때문에) 성인은 (만족을 아는) 배를 위할망정 (이성으로 절제되지 않고 정념이 있는) 눈을 위하지 않는다.

(그러므로) 저것(눈)을 버리고 이것(욕심이 찬 배)을 취한다고 했다.

여기에 소식(蘇軾, 호 동파(東坡) 1036~1101)의 도(道)란 무엇인가에 대하여 쓴 글을 소개한다. 소식은 아버지 소순, 동생 소철과 함께 '3소(三蘇)'라고 일컬어지고 있으며, 중국 당·송대 8명의 문장가인 당나라 한유, 류종원과 송나라의 구양수, 소순, 소식, 소철, 증공, 왕안석과 더불어 당송 8대가(唐宋八大家)에 속한다.

이 글은 소식이 발해인 오언율(吳彦律)에게 장님이 해를 알려는 방법 등 도를 얻는 방법을 들려주면서 학문하려는 오언율에게 학문의 道를 일깨워주기 위해 쓴 글이다.

북한을 본 적도 없으면서 북한을 남에게 들어서 북한을 차별하고 구분하는 이들에게 참고가 될까하여 여기에 적는다.

선천적으로 장님은 해란 사물 그 자체를 본 적이 없기에 남에게 들어서 불확실한 감각만으로 해는 무엇인지, 어떻게 생겼는지 알려고 한다. 그런데 그는 해를 아무리해도 알 수가 없는 장님이다. 우리도 해를 직접 쳐다보는 경험을 해서 해를 보았지만, 해의 한 면만을 알 고 있지만, 아직 해라는 사물 그 자체는 모르고 있다.

도를 터득하는 것도 그렇다. 도란 오랜 노력과 학문(學問)을 통해서 이를 수는 있어도 피상적인 사유와 감각만으로 구할 수는 없는 것이라고 말하고 있다.

전쟁을 잘 하는 사람은 적을 보고 끌려가지 않고 적을 자기

쪽으로 유인한다고 손자는 말하고 있다. 이는 칸트가 말한 인식이 대상을 따라가는 것이 아니고 대상이 인식을 따라 오게 하는 역발상을 말하는 것이다.

앞에서 말한 것처럼 북한이란 대상이 우리를 따르도록 하는 역발상을 해보자

다음은 소식의 "日喻贈吳彦律(일유증오언률)", 즉 '오언율 군에게 주는 해에 대한 비유'의 글이다.:

"나면서부터 눈이 먼 사람이 해를 알지 못했다.

눈 있는 사람에게 물었더니, 어떤 이는 장님에게 알려주며 말하길,

"해의 모양은 구리 쟁반과 같다"라고 하였다.

쟁반을 두드려서 그 소리를 알아냈다.

다른 날 종소리를 듣고는, 해라고 여겼다.

어떤 이는 장님에게 알려주며 말하길, "해의 빛은 초와 같다" 라고 하였다.

초를 어루만져서 그 형태를 알아냈다.

다른 날 피리를 가늠해보고는, 해라고 여겼다.

해는 종이나 피리와는 멀지만, 장님은 그 다름을 알지 못하니, 그가 아직 일찍이 본 적이 없이 다른 사람에게서 그것을 구했기 때문이다.

도의 알기 어려움은 해보다 심하나,

사람의 통달하지 못함은 장님과 다를 것이 없다.

통달한 자가 모르는 사람에게 알려주기를,

비록 교묘한 비유와 뛰어난 지도가 있다고 하더라도,

또한 쟁반과 초의 수준을 지날 수 없다.

쟁반으로부터 종에 이르기까지, 초로부터 피리에 이르기까지,

이리저리 그를 돕더라도, 어찌 다함이 있겠는가?

따라서 세상의 도를 말하는 사람은 혹은 그가 본 바에 따라서 그것을 이름하거나,

혹은 그것을 보지 못했으면서 그것을 억측하는 것이니,

모두 도를 구하는 것의 잘못된 것이다.

그렇다면 도는 끝내 추구할 수 없는 것인가?

소식(蘇軾)이 말하길, "도는 이를 수 있지만 구할 수는 없다"라고 하였다.

무엇을 '치(致)'라고 하는가?

손자(孫武)는 말하길, "전쟁을 잘 하는 사람은 적을 자기 쪽으로 이르게 하지,

적에게 이끌려가지 않는다"라고 하였다.

자하는 말하길, "백공은 공방에서 그의 일을 완성하고,

군자는 학문을 함에서 그의 도에 이르게 한다"라고 하였다.

그것을 추구하지 않으나 스스로 이르게 하는 것,

이것이 '치(致)'라고 하는 것이 아니겠는가?

남쪽 지방엔 잠수부가 많다.

날마다 물과 함께 살기 때문에, 일곱 살이 되면 물을 걸어서

건너고,

열 살이 되면 물에 뜨며, 열다섯 살이 되면 잠수할 수 있는 것이다.

대저 잠수하는 것이 어찌 대충해서 그럴 수 있겠는가?

틀림없이 물의 도에 대해 터득한 것을 가지고 있을 것이다.

날마다 물과 함께 살면, 열다섯 살이면 그 도를 터득할 것이다.

나면서부터 물을 알지 못하면, 곧 비록 장성한 사람이라도,

배를 보고는 그것을 두려워한다.

따라서 북쪽 지방의 용감한 자가, 잠수부에게 물어서,

그 잠수하는 방법을 구하여, 그 말을 강에서 시험해보았더니,

빠지지 않은 사람이 없었다.

따라서 무릇 배우지 않고 도를 구하기를 힘쓰는 사람은 모두 잠수하는 것을 배우려는 북쪽 지방의 사람과 같은 것이다.

옛날엔 시로써 선비를 취하여, 선비는 잡다하게 공부하되 도에는 뜻을 두지 않았다.

지금은 경술로써 선비를 취하니, 선비는 도를 구하지만 학문에 힘쓰지 않고 있다.

발해(渤海)지방의 오언률 군(吳君彦律)이, 학문에 뜻이 있는 사람이니, 바야흐로 예부에서 과거에 뽑히길 구하고 있으므로, 해의 비유를 가지고 그에게 (학문하는 방법을) 알려주게 되었다."

≪장자≫ '제물론'은 만물제동이란 사물의 평등성을 말하고 있다. 우리가 당면한 남북의 실존적 한계성을 초월하기 위하여, 남북

이 궁극적으로 통일하기 위해서는, 지금 우리가 처하고 있는 이 대치의 국면에서 대결을 초월한 실제의 조국 그 자체를 바라볼 수 있어야 한다.

북한의 편린만 보고 북한 마치 다 아는 것 같이 북한을 차별하고 구별하고 시비를 가리려는 집단사고의 틀에서 벗어나야 한다. 그래서 보다 더 철학적으로 북한의 전체를 볼 수 있는 경지에까지 가야한다.

인간이나 사물이나 다 관점이 다르다. 어떤 일이든 다양함이 존재함으로 어떤 것이 옳다고 그냥 단정할 것이 아니라 사물 내에 존재하는 진실을 비롯한 모든 면을 사고하고 성찰하여 꿰뚫어 보아야 한다.

≪장자≫에서 보면 만물은 절대적이 것이 없고 서로 상대적이다. 그래서 어느 사물 일방의 판단에 의한 결정은 절대적 진리가 아니다.

그러므로 ≪장자≫ '제물론'은 만물이 상대적이고 서로 관련되어 있다고 했다. ≪장자≫에 의하면, 사물은 모두 저것이 아닌 것이 없고, 동시에 모든 것이 이것 아닌 것이 없다고 했다. 그러기에 자신을 상대방이 보면 저것이 되는 줄을 알아야 하는데 모르기에 자기에 관한 것만 알 뿐이다. 그리고 저것은 이것에서 나오고 이것은 저것에 연하여 생긴다고 하면서 만물은 그 근원이 하나임을 말했다. 그러면서 ≪장자≫는 방생을 말했는데 방생은 이것과 저것이 서로를 생겨나게 한다는 것이다.

요즘은 방생을 생태계를 파괴한다고 금하지만 불자들은 아직 저 생명을 살아가게 하기 위해 버스를 타고 타 지방까지 가서 방생에 참여한다.

반복해서 말하는 것 같지만 남북한은 한겨레라는 사실을 받아들여 서로 이해하여 협력하고 살아가고 서로 생겨나도록 방생하는 초월자가 되는 심정으로 살아가야 민족번영이 보일 것이다.

또 ≪장자≫ '제물론'은 우리의 감각이 제한적이어서 이것에 의거해서 보면 저것의 처지에서 보는 것이 보이지 않는다고 하고, 반대로 저것에 의거해서 보면 이것의 입장에서 본 것이 보이지 않는다고 했다. 이는 내 관점에서 보면 내가 모든 것을 다 아는 것 같지만 보는 각도에 사물이 다르게 보이기에 견해가 다르고 생각이 서로 다르다. 그래서 절대적인 진리가 되는 견해는 자연과학에서 일부만 인정되고 있고 인문학이나 사회과학에서는 없고 다만 서로 입장을 달리하는 학설이 있기에 나의 사고가 절대적인 것이라고 단정하지 말아야 한다.

그리고 획일적이고 구분하는 이분법적이고 도식적인 사고의 틀에서 벗어나 보다 더 넓은 겨레 사랑의 차원에서 북한이라는 세계의 본체를 볼 수 있어야 한다.

7) 참으로 알자

중국 주량공(周亮工)은 데카르트가 사망하고 얼마 지나지 않은 1670년에 ≪뢰고당척독삼선결린집(賴古堂尺牘三選結隣集)≫을 저술했다. 거기에 실린 문장 중에는 데카르트의 방법적 회의와 비슷한, "의심하지 않고 아는 것은 분명 참 앎은 아닐 것이다.

괴로움 없이 얻은 즐거움은 반드시 참된 즐거움은 아닐 것이다"(無所疑而知者, 必非眞知. 無所苦而樂者, 必非眞樂)라는 내용이 나온다.

이는 현재 우리가 가지고 있는 통일정책이 옳은지 의심하는 사유없이는 통일에 대한 참된 앎을 가질 수 없다는 것이다. 불확실한 통일정책은 접어 두고 가장 확실한 대안을 찾아 나서야 할 것이다. 참된 통일정책의 앎에서 남북이 하나가 될 때 분단의 아픔은 저리 가고 통일의 기쁨이 민족의 가슴에 가득 차게 될 것이다.

3. 자주성이 강하다

사람이나 국가는 흔히들 무슨 일이 생기면 그제야 허겁지겁 부산을 떨면서 대응을 한다. 이는 칸트가 말한 인식이 대상을 좇아가는 것이다. 즉 앎이 대상을 따라가는 것이다. 그런데 칸트는 이와 반대로 인식이 대상을 따라 오게 하는 코페르니쿠스적인 전환을 설파했다. 이는 이성이 세계를 구성한다는 것으로서 이성적인 정책으로 북한을 구성하고 따라 오게 만드는 것이다.

빌리 브란트 전 서독 총리는 동방정책을 구상하여 동독을 서독을 따라 오게 구성하여 자주적인 독일의 역사를 주도적하고 창조한 사람이다. 이는 비전과 철학을 가진 지도자가 중요함을 브란트 전 총리가 보여준 것이다.

염돈재 씨는 그의 책 ≪올바른 통일준비를 위한 독일통일의 과정과 교훈≫ 20면에서 독일통일이 미국의 지원으로 가능했다면서 "한미관계를 더 소중히 생각했어야 한다"고 쓰고 있다.

"독일통일의 교훈도 잘못 받아들여지고 있다. 독일통일이 미국의 적극적 지원으로 가능했다는 점을 알았다면 한미관계를 더 소중히 생각했어야 한다. 그러나 김영삼 대통령은 취임사에서 "어떤 동맹도 민족보다 더 나을 수 없다"고 선언했고 그 후부터 한미관계가 꼬이기 시작했다. 독일통일이 헬무트 콜 서독 총리의 적극적인 의지와 노력으로 가능해졌다는 것을 알았다면 서독정부가 선택한 정책과 조치내용들을 좀 더 철저히 연구해 두었어야 한다. 그러나 우리는 독일통일이 역사발전의 당연한 귀결인 것처럼 생각했고, 독일통일이 이루어질 수 있었던 배경에 대해서는 별 관심을 두지 않았다."

그런데 위 염돈재 씨의 책 내용과는 달리 통일 당시 독일은 당시 미국과 소련 어느 한 편에 섰던 것이 아니다. 1949년에 제정된 서독의 독일기본법 전문에는 "신과 인류에 대한 책임을 자각하고 민족적·국가적 인 통일을 유지하며, 통합된 유럽의 평등한 권리를 가진 구성원으로서 세계평화에 기여하려는 결의에 차서 … 제(諸) 지방의 독일 국민들은 과도기의 국가생활에 새로운 질서를 부여하기 위하여 헌법제정 권력을 행사하여 이 독일연방공화국기본법을 제정하였다"면서 "전 독일국민은 자유로운 자기 결정으로 독일의 통일과 자유를 완성하도록 요청된다"고 규정하고 있어서 독일은 민족자결로써 통일할 것임을 명시하고 있었다.

그런데 통일 후 새로운 독일기본법 전문에는 "독일인은 자유로운 자결로써 독일의 통일과 자유를 완성하였다"고 함으로써 독일통일과 통일 후 성취된 자유가 자주적인 자기결정으로 완성되었음을 말하고 있다.

이 같은 독일기본법 전문의 내용을 비추어 볼 때, 자주적인 자기결정에 의해 통일한다는 기본적인 통일원칙에 따라 현명한 외교 노력에 의해 국력을 결집한 결과 통일이 이루어졌다고 볼 수 있다.

서독은 2차 대전 후, 특히 빌리 브란트 정부이후 미·소간 등거리 외교를 주로 했다. 물론 군사동맹으로는 나토군에 속해 있었지만 동독을 분할하며 관장하고 있는 점령국가 소련을 주축인 바르샤바 동맹군도 있었기에 냉전의 현실을 고려하지 않을 수 없었다.

외세의 의존없이 자결로써 통일을 했으니 독일국민 스스로도 얼마나 대견했을까? 이런 자주통일비결은 집단지성이 반영되는 의회제도와 유권자의 표를 의식해서 나오는 감정이 배제된 이성적이고 객관적이고 현명한 외교 전략도 한 몫을 했다고 저자는 본다.

전후 초대 총리였던 기민당의 콘라드 아데나워의 국정전략은 경제적으로는 유럽공동체와 호흡을 함께하면서, 미국에 우호적이었다. 그것은 독일이 유럽공동체회원국이면서 나토회원국임을 보면 알 수 있다. 교수 출신인 아데나워 총리의 대 공산국정책의 기조는 할슈타인 원칙으로 대표될 수 있다. 이 외교원칙은 1955년 서독의 외무 차관이었던 할슈타인(Hallstein, W.)이 선언했는데, 서독은 동독 정부를 승인하는 나라와는 외교 관계를 맺지 않겠다는 외교 원칙이었다.

우리나라도 아무 실리가 없는 할슈타인 외교원칙을 노태우 정부 전까지 채택해서 북한과 외교관계를 맺는 국가와는 외교관계를 맺지 않았다.

그 결과는 외교관계가 없었으니 실리적인 외교나 무역도 못하고 무슨 사건이 터지면 수습이 힘들었다는 백해무익에 가까운 잘못된 정책이었다.

국교가 수립이 안 되었기에 외교적인 수습이 안 된 예를 들자면 1983년 9월 1일 미국 뉴욕에 있는 존 F. 케네디 국제공항을 출발하여 알라스카 앵커리지 공항을 경유해서 김포국제공항으로 오던 KAL기가 비행 중 소련 상공에서 소련 전투기 수호이 15의 공격을 받아 사할린 서쪽에 추락한 사건이 있었다. 이 사건으로 탑승자 269명 전원이 숨졌지만 외교관계가 없어 사건수습을 제대로 하지 못했다.

그 몇 해 전인 1978년 4월 20일에도 승무원을 포함하여 승객을 110명이나 태운 서울발 파리행 KAL기가 북극항로를 통하여 비행하던 중 항로잘못으로 소련 영공에 진입했다. 소련 미그기들은 KAL기를 강제 착륙시켰고 이 사고로 승객 2명이 사망한 사건이 있었지만 만족스런 조처를 하지 못했다.

중요한 것은 소련이나 중국과 외교관계만 있었다면, 파리나 유럽노선의 경우 지금처럼 중국 상공 위를 날아다닌다면 연료나 비행시간도 절약되고 고객도 덜 피곤하고, 처음부터 이런 강제착륙 사건이 생기지 않았을 것이다. 우리의 합리적이지 못한 경직된 사고가 빚은 참사들이었다.

서독은 아데나워 총리시절 라인강의 기적이라 불릴 만큼 경제가 다시 살아났고, 그에 따라 동독인들도 많이 서독으로 탈출해 와서 이주하면서 통일도 오는 듯 했다. 그러자 1961년 8월 베를린 장벽이 세워지면서 아데나워 정부에 기댔던 통일에 대한 환상이 깨지기 시작했다. 급기야 아데나워 정부는 국민의 신임을 잃게 되어 1969년 10월 21일부터 사민당의 빌리 브란트 정부가 들어서게 된다.

빌리 브란트는 그간 아데나워 정부가 가졌던 유럽공동체와 미국 일변도의 외교정책을 지양했다. 그러면서 그는 1970년 이른바 '모스크바 조약'이라 불리는 불가침조약을 독일의 4대 점령국인 소련과 체결하고, 이웃 폴란드와도 영토양보를 통한 관계개선에 나선다. 그런데 이런 영토 양보는 빌리 브란트를 총리에서 물러나도록 의회에 불신임안이 상정될 정도로 야당의 반발도 컸었다.

그런데 모스크바 조약에 들어 있는 당시 소련지역 안에 있던 서독의 영토포기는 베를린장벽이 무너지고 난 후 통일과정에서 러시아의 통일 승인과 협조를 받아내는데 심정적으로 중요한 역할을 했다. 불과 19년 후 독일통일의 승인을 소련으로부터 받아야 했는데, 이 시점을 조약체결 당시는 몰랐었지만 통일에 대비하여 전쟁당사자란 이미지를 쇄신하기 위하여 미리 큰 양보를 한 것이다.

빌리 브란트는 1970년 3월 19일 동독 에어푸르트 행 기차를 타고 동독의 빌리 슈토프와 동방정책을 협의하러 가면서 "정치는 인류와 평화에 기여할 때만 내게 의미가 있다"고 말할 정도로 인류평화에 기여하려는 강한 신념을 가진 사람이었다.

빌리 브란트는 1961년부터 1969년까지 당시 서베를린 시장을 역임하면서 분단의 아픈 고통을 보고 있어도 아무 것도 할 수 없는 현실을 직시하고는 안타까움에 '접근을 통한 변화'와 '인간적인 고통완화'의 필요성을 절감하고 이를 동방정책을 통해서 구체화시켜 나간다.

브란트는 1963년 서베를린 시장으로 재직시 동독과 통행증 협정을 성사시켰는데, 이것으로 인해 성탄절 기간에 120만 서독인들이 베를린 장벽을 넘어가 동독의 친척과 가족을 만날 수 있었다.

독일과 프랑스 사이도 전통적으로 한국과 일본 관계처럼 잦은 전쟁에다 영토문제로 인해 사이가 나쁘다.

그런데도 1963년 1월 22일 프랑스 드골대통령과 아데나워 총리 간에 독불우호조약인 '엘리제 협정'이 체결되면서 장차 유럽평화를 유지하고 유럽통합을 주도할 양국 간에 협력 기반이 구축되었다. 우리 대통령은 일본 수상을 드물게 만나지만, '엘리제 협정' 체결이후 독일과 프랑스 정상들은 수시로 만나, 저자가 기억하기로는 1995년까지 적어도 50번 이상, 현안에 대한 서로의 의견을 교환하고 건설적인 관계를 만들어나감으로써, 독일은 자주 외교의 기틀을 다진 것이다.

이런 외교적인 노력에 대한 결실로 현재 독일 외교부 홈페이지에 독일 내에 약 300개의 독불민간인 클럽, 22개의 지역간 자매협력, 2,200여개의 도시 간 자매결연, 4,300개의 자매학교 수립, 40여개의 프랑스 학교 분교가 설치되어 있다고 나와 있을 정도로 양국관계의 뿌리는 깊고 넓어졌다.

4. 자유를 보장하다

독일기본법은 제4조 제1항에 "신앙과 양심의 자유 그리고 종교적, 세계관적 신념의 자유는 불가침이다". 그리고 제2항에 종교의 행사가 방해받지 않을 것이 보장된다. 그리고 제3항에 누구도 양심에 반하여 무기를 드는 병역을 강요당하지 않는다"를 명시하고 있어 종교, 양심, 병역, 그리고 세계관적 신념의 자유를 보장하고 있다.

또 독일기본법 제5조 제3항은 예술과 학문, 연구와 교수의 자유를 보장하고 있다. 그런데 교수의 자유도 헌법에 준해 함을 말하고 있다.

이어서 독일기본법 제8조는 우리 헌법처럼 집회의 자유를 보장하고 있는데, 제1항에서 "모든 독일인은 신고나 허가 없이 평온하게 그리고 무기를 휴대하지 않고 집회를 할 권리를 가진다"고 명시하고 있다.

독일기본법 제9조는 결사의 자유를, 제10조는 '서신, 우편 및 전신의 비밀'을 보장하고 있는데, 제1항에서 "서신의 비밀과 우편 및 전신의 비밀은 불가침이다"라고 명시함으로써 독일통일 전 동서독 간 연 2억 통에 달하는 무제한적인 서신왕래가 오갈 수 있었다. 그런데 앞서 말한 제1항에서 통신자유의 제한은 법률에 근거해서만 할 수 있다고 못 박고 있다.

독일기본법 제11조는 '거주이전의 자유'와 제12조는 '직업의 자유'를 규정하고 있다.

흔히들 사람들은 자유는 자기가 하고 싶은 대로 마음대로 하는 것이라고 생각한다. 그러다가 다른 사람의 권리를 침해하면 영어의 신세가 되면서 자유가 제한 당한다.

칸트는 도덕적 의무를 인간이 자유의지로 스스로 자율적으로 이행할 때 자유를 가진다고 했다.

독일 기본법 제18조는 위에서 언급한 제4조에서 제12조까지 주어진 자유에 따라 국가로부터 부여받은 기본권들이 자유민주적 기본질서를 공격하기 위해 남용될 적에 연방헌법재판소의 선고에 의해 제한됨을 규정하고 있다.

사마천은 ≪사기≫에서 자신을 낮춰야 천하를 얻는다면서, 소공이 말한 "백성들의 입을 막는 것은 물을 막는 것 보다 위험하다"고 여나라 왕에게 이른 말이 있다. 소공은 물이 막혔다가 터지면 피해가 엄청나다고 하면서 백성을 다스리는 자는 백성들을 달래어 마음껏 말할 수 있도록 해야만 정치를 잘하는 것임을 말하고 있다.

살아가면서 개인은 늘 무슨 일에, 때로는 불가항력적으로 부닥치기 마련이다. 인간이 가진 네 가지 고통인 나고, 늙고, 병들고, 죽는 것은 인간의 힘으로 안 되는 어쩔 수 없는 것이다. 그렇지만 병은 미리 다스리면 예방할 수 있기에 어느 정도는 사람의 노력여하에 따라 다스릴 수 있다. 그런데 누가 자신도 모르는 사이에 병에 걸렸다면, 그는 그간 멋대로 할 수 있는 자유를 너무 많이 누려 병에 걸렸다고 볼 수 있기 때문에 자유롭게 움직일 수 있는 신체의 자유가 제한되게 된다.

경제적인 경우도 한 개인이 경제적으로 넉넉지 못하다면 사고 싶은 물건을 못 사고 먹고 싶은 것도 못 먹는 경제적인 자유가 제한 당하게 된다. 더구나 여성이거나 사람이 아프거나 늙었거나 할 경우 경제적인 약자가 되면서 경제적인 자유는 더 제한을 당하게 된다.

독일기본법은 제20조 제1항에 “독일연방공화국은 민주적이고 사회적인 연방국가이다”면서 사회복지를 통한 사회정의를 실현하는 의무를 규정하고 있다.

그리고 독일기본법 제20a조는 ‘자연적 생활기반의 보호’를 명시하고 있다. 이는 독일국가가 장래의 세대들에 대한 책임을 지고 법에 따라 국민뿐만 아니라 동물의 자연적 생활기반까지도 보호함을 명시하고 있다. 이는 사람과 동물의 생존권의 자유가 침해되지 않도록 인간의 생활기반의 보장함으로써 자연스런 인간 본성이 다치지 않도록 천명하고 있는 것이다.

미국의 가수 ‘돈 맥클린(Don McLean)’은 1971년 네덜란드 후기 인상주의 천재화가인 빈센트 반 고흐를 기리며 직접 만든 ‘빈센트(Vincent)’를 발표했다.

실존철학은 인간이 가진 고통, 질병 등의 한계상황에서 벗어났을 때 자유를 가진다고 말하면서, 인간이 여러 한계상황이나 부조리에 맞서 자신의 힘과 의지로서 스스로 극복하여 빼앗긴 자유를 다시 회복할 수 있게끔 도와주려고 하고 있다.

여기서 부조리는 『네이버 지식사전』에 “불합리한 것, 또는 이치에 맞지 않는 것을 뜻하지만, 실존주의 철학에서는 현실에는 삶의 의미를 발견할 가능성이 없는 절망적인 한계상황을 나타내는 용어로 사용됨"이라고 서술되어 있다.

돈 맥클린은 아마 정신질환으로 고통을 받던 고흐가 질병으로부터 벗어나는 자유를 가지려고 노력했던 것을 표현한 것으로 보인다.

이 노래 3절에, '당신이 내게 하려던 말이 무엇이었는지 당신이 온전한 정신을 가지려 얼마나 고통을 받았는지'하면서 반 고흐가 화폭에 담아 하려고 했던 말을 이해하고 그가 가졌던 고통과 그 고통에서 벗어나려는 몸부림을 이해하려는 심정을 노래에 담았다고 저자는 본다.

가사에는 또 '그네들을 자유롭게 하려고 얼마나 애를 썼는지'라는 대목이 나온다.

빈센트의 가사가 우리말로 번역된 것을 보면:

"별빛 찬란하게 빛나는 밤,
당신의 팔레트를 파랑색과 회색으로 칠해보세요.
내 영혼속의 어둠을 이해하는 눈으로
여름날 밖을 내다보세요. …

이제는 이해할 수 있어요
당신이 내게 하려던 말이 무엇이었는지.
당신이 온전한 정신을 가지려 얼마나 고통을 받았는지.

그네들을 자유롭게 하려고 얼마나 애를 썼는지
아무도 들으려 하지 않았죠
듣는 방법도 몰랐고요.
아마 이제야 귀 기울이려 하겠지만."

1) 동독의 정치범을 구매하다

서독은 국민의 입을 열어 표현의 자유를 준데 반해, 동독은 체제에 반하는 인사들에게 자유를 제한했다. 그래서 서독은 이 정치범들을 거액을 주고 사 왔다. 그 결과 동독인들은 구속을 두려워하지 않고 집회 및 시위를 할 수 있어서 통일이 온 것이다. 그리고 몇 백만의 동독민이 통일 될 때까지 서독으로 이주한 것이다.

우리는 어떤가? 탈북자가 겨우 3만을 넘었다고. 독일에 비해 부끄러운 수치이다. 이렇게 적은 탈북자 수는 우리가 중국이나 동남아 등에서 혹시 선별적으로 탈북자를 받기 때문이 아닌가? 우리나라에 오는 탈북자는 그나마 거액을 브로커에게 주고 들어오는 것이다.

우리나라 같으면 상상도 할 수 없는 인간 존중과 인권존중의 상징이라 볼 수 있는 것이 서독이 동독의 반체제 인사를 구매한 '자유구매(Freikauf)'사업이다. 이 사업은 동독체제에 저항하는 반체제 사범을 돈을 주고 서독으로 데려오는 사업이었다.

통일 전 서독은 동독의 정치범들을 서독으로 데려올 목적으로 현금과 현물을 동독 측에 제공했다. 이 돈은 1970년대 동독정부의 재정안정에 기여했다.

당시 동독과 서독은 당국이 직접 나서지 않은 채 교회, 변호사 등 민간이 주도하는 사업으로 진행시켰고 언론도 협조해 철저하게 비밀리에 이뤄졌다. 자유구매는 1963년 첫 사업을 시작한 이래 베를린 장벽이 무너지던 1989년까지 27년간 이어졌는데, 서독은 3만 3,755명을 자유구매한 대가로 34억 6,400만 마르크에 해당하는 현금과 현물을 동독에 지불했다([네이버 지식백과] 프라이카우프 [freikauf] (시사상식사전, 박문각)).

그리고 서독여행을 신청한 그들 가족 250,000명을 위해서도 지불했다. 지불액수는 초기에 1인당 평균 약 40,000마르크(한화 약 2천만원)이었다가 마지막에는 약 100,000마르크(한화 약 5천만원)까지 치솟았다.

이 사업은 서독 측은 공산치하에서 신음하는 동포를 한 사람이라도 더 구출한다는 순수한 인도적 목적으로 시행했고, 동독 측은 불만세력의 추방과 외화획득에 목적이었는데 이 사업은 인도적 측면에서는 높은 평가를 받은 사업이다.

염돈재는 동독 정치범의 서독이주로 동독 내 반체제 세력의 결집이 약화되어 독일통일을 오히려 지연시켰다고 주장하고 있다. 하지만 저자가 보기에는 열심히 반체제운동을 하면 서독행이 보장되기에 이 자유구매가 오히려 반체제 운동에 적극적인 참여자를 늘려 통일을 앞당기는데 공헌했다고 본다.

5. 세계인에게 평등권을 보장한다

헌법재판연구원이 번역한 '독일연방공화국 기본법'(http://igija.tistory.com/22)에 의하면 독일헌법은 인류에 대한 책임을 지는 정의, 자유, 평화와 평등사상을 보장하고 있다.

먼저 독일연방기본법전문은 "신과 인류 앞에서의 자신의 책임을 의식하고, 단합된 유럽 내 동등한 권한을 가진 구성원으로서 세계평화에 이바지하려는 의지로 충만한 가운데, 독일 국민은 자신의 헌법제정권력에 기해 이 기본법을 제정하였다. …

이 기본법은 전체 독일국민에 대하여 효력을 가진다"고 명시하고 있다.

이 독일연방기본법은 구 서독에서 1949년 5월 23일 '독일연방공화국기본법'으로 제정·공포되었다.

독일 연방기본법 전문에서 보면 기독교 국가인 독일은 신의 계율을 중시한다는 것을 알 수 있다.

그리고 신과 인류 앞에서의 자신의 책임을 의식한다고 함으로써 독일은 인류를 위하여 공익적인 책임정신에 따른 정의, 자유, 평화와 평등사상실현을 천명하고 있는 것이다.

이어서 독일기본법은 제1조 제1항에 "인간의 존엄성은 훼손할 수 없다. 인간의 존엄성을 존중하고 보호하는 것은 모든 국가권력의 책무이다"라고 규정하고 있어 인간의 존엄성은 불가침임을 알 수 있다.

이어서 독일기본법 제1조 제2항에서는 “이에 독일 국민은 세상의 모든 인간공동체와 평화 및 정의의 기초로서의 불가침이고 불가양인 인권에 대해 확신하는 바이다”라고 하고 있어 독일국민은 평화 및 정의의 기초로서 인권이 침해받을 수 없음을 밝히고 있어 독일은 인간의 인권은 양도할 수 없는 대상임을 알 수 있다.

독일기본법 제2조는 제1항에서 “모든 사람은 각자, 다른 사람의 권리를 침해하지 않고 헌법질서나 윤리에 반하지 않는 한, 자유로이 자신의 인격을 발현할 권리를 가진다”고 하고 있어 각자가 자유롭게 인격권을 발현할 자유를 보장받고 있다.

이어서 독일기본법 제2조 제2항에서는 “모든 사람은 각자 생명과 신체의 완전성에 관한 권리를 가진다. 신체의 자유는 불가침이다”라고 하고 있어 인간생명의 완전성과 존엄성까지도 평등하게 보장받고 있다.

독일기본법 제3조 제2항에 “누구도 성별, 혈통, 인종, 언어, 고향과 출신, 신앙, 종교관 또는 정치관으로 말미암아 불이익을 받거나 특혜를 받아서는 안 된다”고 명시하고 있어 평등한 세계시민주의를 천명하고 있다.

이 조항에 의거해서 독일은 현재 차별없이 외국인 난민을 받아들이고 있다. 물론 신속한 절차에 의거하여 난민을 받아들이는 요건에 부합되지 않는 난민은 추방되겠지만 말이다.

독일은 2015년에 이미 110만 명의 난민을 받아들였고, 그들 중 청소년 교육을 위해 학급 8,000개를 늘렸다.

2016년 8월 18일자 ≪이뉴스투데이≫ 보도에 따르면 독일의 메르켈 총리는 독일 내 테러는 난민이 저지르는 것이 아니라면서 그녀는 난민정책을 고수하겠다는 입장을 여전히 보이고 있다.

헝가리, 슬로바키아, 영국 등 대다수 동·서유럽의 국가들이 아프리카나 중동 출신 난민들에게 두터운 장벽을 쳐서 진입을 막는 것이 현실이지만 메르켈 총리는 "모든 시리아 난민을 받아들인다"고 천명하고 있다.

2016년 2월 2일 영국의 일간 데일리메일, 텔레그래프 등이 독일 쾰른시 소재 '독일경제연구소(German Economic Institute)'의 연구 결과를 보도한 바에 의하면 독일이 100만 명 이상의 난민을 수용하고 이들에게 음식, 주택과 자녀 교육비 등의 복지비용과 사회통합비용까지 지불하면 난민 수용에 따른 비용은 독일정부가 2015년과 2016년에 매년 220억 유로 2017년에는 약 276억 유로(우리 돈 약 66조원)가 필요할 것으로 추산했다. 이 같은 사실은 금전적 부담을 넘어선 독일의 인도적인 인간존중의 정신을 보여주는 것이라서 우리는 본받을만하다 하겠다.

독일은 독일기본법에 의거하여 독일인은 물론 외국인과 난민들에 대해서도 차별없는 여러 권리를 보장하며 사회복지정책으로 실천하고 있다. 그러기에 독일사람은, ≪장자≫에서 말하는 만물이 차별없이 동등한 '만물제동'의 사상처럼, 평등하게 차별없이 인간을 존중하기에 도를 터득한 도인이고 법에 의거하여 평등사상을 덕으로 실천하고 있다고 저자는 생각한다.

독일기본법 제3조는 인간의 평등권을 보장하고 있는데,

제1항은 모든 사람은 법 앞에 평등함을 알리고 있다.

제2항은 남성과 여성의 권리가 동등함을 천명하고 있는데 국가는 남녀 동권의 실제적 실현을 증진하고 기존 불이익들의 제거를 도모한다고 하고 있다.

제3항은 차별이 없는 평등권을 보장하는 세계시민주의적인 조항인데, "누구도 성별, 혈통, 인종, 언어, 고향과 출신, 신앙, 종교관 또는 정치관으로 말미암아 불이익을 받거나 특혜를 받아서는 안 된다. 누구도 (신체적) 장애를 이유로 불이익을 받아서는 안 된다"고 명시하고 있다.

이 같은 독일정부의 온정적인 난민에 대한 태도는 그간 우리나라가 인천공항을 통하여 입국하여 난민이라는 의사를 표명한데도 불구하고 공항에서 바로 돌려보내는 현실과는 엄청난 차이를 보이는 것이다.

1) 도의 경지에 있다

≪장자≫ '지북유편'은 도는 어디에나 있고 모든 사물은 도에 의한 것이라는 것을 말하고 있다. '지북유편'에 의하면 도는 개미에게도, 강아지 풀에도, 논의 피에도, 기와나 벽돌에도, 오줌과 똥에도 있다고 했다. 그러므로 ≪장자≫의 논리대로 라면 독일 사람에게도 당연히 도가 있는 것이다.

"동곽자가 장자에게 물었다.

"도라는 것은, 어디에 존재하는 것입니까?"

장자가 말했다. "어디에든 존재하지 않는 곳이 없습니다"

동곽자 왈, "예를 들어 있는 곳을 지적해 주십시오"

장자왈, "개미에게도 있습니다"

동곽자 왈, "어찌해서 그처럼 하찮은 곳에 있습니까?"

장자왈, "강아지풀이나 논에 자라는 피에도 있습니다"

동곽자왈, "어찌해서 더욱 하찮은 것에 있습니까?"

장자왈, "기와나 벽돌에도 있습니다"

동곽자왈, "어찌해서 더욱 심해집니까?"

장자왈, "오줌과 똥에도 있습니다"

더 이상 동곽자는 아무 말도 못하게 되었다. 장자가 다시 말했다.

"당신의 질문은, 본래가 본질적인 질문이 아니었습니다.

시장의 관리인이 시장을 감독하는 사람에게 돼지를 밟아보고,

그 살찐 정도를 조사하게 할 때도 살찌기 어려운 곳을 밟아내려 갈수록 그 정도를 더욱 잘 미루어 알 수 있는 것입니다.

당신은 꼭 어디에 있는가하고 한정시키지 말아야 합니다.

물건은 무엇이나 도에서 벗어나는 것이 없기 때문입니다.

지극한 도는 이와 같은 것이며, 위대한 이론 역시 이런 것입니다."

≪장자≫ '제물론'에 인간의 평등을 해치고 구분하고 차별을 하는 가치판단은 인간이 그렇게 하는 것이라고 말하고 있다.

우리는 사람을 차별하고 구분을 불러오는 주관적인 가치판단을 배제하고 상대방의 입장을 이해하는 역지사지하는 자세를 가져

야 통일이 쉬워질 것이다.

고대 중국에 전설적인 4사람의 미인이 있었는데, 서시(西施), 왕소군(王昭君), 초선(貂蟬), 양옥환(楊玉環)이다. 이들에게서 '침어낙안(沈魚落雁), 폐월수화(閉月羞花)'라는 말이 생겨났다. 그 중에서 침어는 서기전 506년경에 춘추말기의 월나라에서 출생했다는 중국 제일의 미녀 서시를 위하여 생긴 말이다. 서시는 중국인에게 미인의 화신이자 대명사로 통한다.

침어는 서시의 아름다움에 눈이 부신 물고기들이 바닥으로 가라앉았다는 고사를 담고 있다.

어느 날 서시가 강변에 있었는데,

맑고 투명한 강물에 그녀의 아름다운 모습이 비추었다.

그러자 물고기들이 헤엄치는 것을 잊고 천천히 강바닥으로 가라앉자 서시는 '침어'라는 별칭을 얻었다고 한다.

이는 인간이 미인을 물고기와 구별하고 차별화하여 '침어'라는 단어로 미화시켰다. 사물의 한 가지 면만을 보고 판단한 오해에서 비롯된 인간의 일방적이고 독단적인 견해일 수 있다. 반대로 물고기의 입장에서는 미인이든 아니든 상관없이 인간은 두려운 존재이기에 숨었을 뿐이다.

이 '침어'고사처럼 피상적인 판단을 근거로 하여 평등을 해치는 주관적인 정책을 편다면 집단사고로 이어져 위험한 사태를 불러올 수도 있다. 그러기에 언제나 합리적이고 건전한 집단지성에 의한 판단이 요청된다고 하겠다.

≪장자≫는 만물을 차별이 없이 평등하게 보는 ‘만물제동’ 입장을 가지고 있다.

‘제물론’은 전설적인 미인인 서시가 들보나 기둥이나 문둥이와 다를 바 없이 같고 평등한 존재라고 말하고 있다.

“세상 사람들은 가한 것을 가하다 하고, 가하지 않은 것을 가하지 않다고 한다.

길은 다님으로써 이루어지고, 만물은 그렇게 일컬어지므로 그렇게 되는 것이다.

왜 그렇게 되는가? 세상 사람들이 그렇다고 한 것을 자기도 그렇다고 할 뿐이다.

왜 그렇지 않다고 하는가?

세상 사람들이 그렇지 않다고 하는 것을 자기도 그렇지 않다고 할 뿐이다.

만물은 본디 옳다고 인정해야 할 바가 있고,

만물은 본디 옳다고 인정해야 할 바가 있다.

다시 말하자면 만물은 그렇다고 긍정하지 못할 바가 없으며,

옳지 않다고 할 바가 없는 것이다.

따라서 들보와 기둥, 문둥이와 서시,

엄청난 것과 이상한 것을 거론하더라도,

이것은 오로지 도와 통하여 하나가 될 뿐이다.

나누어짐은 다른 쪽에서 본다면 이루어짐이요,

이루어짐은 다른 쪽에서 본다면 허물어짐이다.

만물은 완성도 파괴도 없이 통틀어 하나가 된다.

오직 도에 통달한 이 만이 만물이 결국 하나가 되는 이치를 안다.

따라서 그는 자신의 분별심을 내세우지 않고 모든 것을 자연의 작용에 맡긴다.

이 자연의 작용은 곧 용(用)이며, 용은 통(通)과 뜻이 같다.

통은 바로 득(得)과 뜻이 같으며, 이는 도의 극치에 이르게 된다는 것이다.

이미 도의 극치에 이른 이는 자연의 이법에 따를 뿐,

자기가 그렇게 한다는 의식조차 없는 것이다."

세계는 지금 평등보다도 차별과 대립이 더 두드러져 보이고 있다. 그런데 도의 관점에서 본다면 만물은 평등하고 동일하다. 그리고 도를 통하면 하나가 된다. 또 한쪽의 파괴는 다른 쪽에는 완성으로 이어진다. 그러기에 도의 경지에서 보면 만물은 완성도 파괴도 없는 하나로 되는 것이다.

2016년 2월 2일 영국의 일간 데일리메일, 텔레그래프와 2016년 2월 1일자 독일 ≪슈피겔 온라인(Spiegel online)≫ 이 독일 쾰른 소재 '독일경제연구소(German Economic Institute)'의 난민 수용비용에 관한 연구결과를 보도한 바에 의하면, 독일이 난민들에게 음식, 주택과 자녀 교육비 등의 복지비용과 사회통합비용까지 지불하면 독일정부가 필요한 난민 수용에 따른 비용은 다음과 같다.

2016년에 난민수를 150만 명으로 가정한다면, 난민비용은 주거와 생활비용으로 150억 유로가, 50억 유로가 추가로 사회통합과 언어교육을 위해 필요해 총 220억 유로가 필요할 것으로 보았다.

2017년에는 난민수를 220만 명으로 잡으면 주거와 생활비용으로 220억 유로, 사회통합과 언어교육을 위한 비용으로 50억 유로가 추가되어 약 270억 유로가 필요할 것으로 추산했다.

한편 독일 ≪슈피겔 온라인(Spiegel online)≫ 이 2016년 2월 1일자로 북부 독일 킬에 위치한 '킬 세계경제연구소 IFW'가 2015년에 발표한 난민비용연구 결과를 보도에 따르면, 독일 정부가 부담할 난민비용은 매년 250억~550억 유로에 달할 것으로 추정하고 있다.

이 같은 독일 정부가 난민을 위하여 져야 할 경제적 부담에 대해 독일경제연구소의 한 연구책임자는 이 정도는 독일의 경제력으로 볼 때 감당할 수 있는 수준으로 전망했다.

2016년 2월 8일자 '유로저널 eknews21'의 '독일인 다수, 연방정부에 불만족'이란 제하의 보도에 의한 독일 공영방송 ARD의 설문결과를 보면, "독일인 81%가 난민위기 상황에서 연방 정부의 정책에 불만족스러운 것으로 나타났다. 하지만, 대부분의 독일인들은 전쟁 피난민들을 독일이 수용해야 한다고 생각하는 모습이다" 하고 보도하고 있다.

그러면서 'eknews21'은 ARD 설문결과에서 단지 "18%의 독일인만이 정부가 난민위기의 상황을 확실히 잡고 있다는 견해를 가지고 있는 것으로 나타났으며, 81%의 독일인들이 현 정부의 정책에 의심을 가지고 있는 모습이다"라고 인용하고 있다.

한편 94%의 독일인들은 "대부분이 전쟁으로부터 피난오는 난민들을 독일이 수용하는 것에 대해 옳다고 생각하고 있는 모습이며, 정치적으로나 종교적인 이유로 망명을 원하는 난민들을 독일이 수용해야 한다고 생각하는 사람들은 73%, 그리고 고국에 일자리가 없거나 빈곤을 이유로 망명을 원하는 사람들을 독일이 수용해야 한다는 독일인들은 25%에 불과한 것으로 드러났다."

위에서 본 독일인의 난민에 대한 긍정적인 인식을 보면 독일이 상당한 금전적 부담을 지면서까지 관용과 배려로서 인도주의적인 인간존중의 정신을 보여주는 것이라서 우리도 본받을만하다 하겠다.

2) 우리는 차별이 심하다

3월 21일 UN이 정한 '세계 인종차별철폐의 날'을 맞이하여 2017년 3월 20일자 ≪세계일보≫에 나온 기사제목은 "'냄새 난다'·'미개하다'…'한국은 차별공화국'"이었다. 동 기사에 의하면 한국은 바야흐로 외국인 200만 명 시대로 진입하고 있지만 국내 거주 외국인 절반 이상이 "냄새가 난다", "미개하다" 등의 혐오스런 표현을 들은 적이 있고, 이 때 마음의 상처를 받은 것으로 밝혀졌다. 여러 가지 사회적 차별로 인해 외국인 이주노동자는 울고 있는 것이다.

'조계종' 사회노동위원회도 '세계인종차별철폐의 날'에 즈음하여 "인종차별 철폐하라"는 성명을 발표했다. 성명은 "인종차별이 존재하는 한 우리가 살아가고 있는 이 시대를 아마 후세들은 미개의 시대, 반 인간의 시대였다고 평가 할 것이다"라고 하면서 "한국

또한 인종차별의 예외가 아니다. 외국인에 대한 고용허가제는 현대판 노비문서로 '구직기간 제한'과 '이직횟수 제한', '사업장 이동 제한'이 반인권적 독소조항으로 가득 찼지만 전혀 개선되지 않고 있다"며 "한국의 고용허가제는 노동의 문제이기 전에 반인간적인 인종차별의 문제도 엄연히 포함되어 있기에 정부의 각성을 촉구한다"는 내용을 성명서는 담고 있다.

이어서 성명서는 "한국정부도 인종 차별금지법을 조속히 제정하고 고용허가제도 즉각 폐지하여 인권 후진국의 오명을 벗어날 것을 바란다"고 우리 정부에게 당부하고 있다.

≪장자≫ '천하 天下'편은,

"홀로 천지의 정신과 왕래하면서

만물을 오만하게 흘겨보지 않고 시비를 가리지 않아

다만 세속과 더불어 산다"는 만물이 평등하다고 보는 천지정신, 만물제동의 정신이자 세계시민사상을 말하고 있다.

이는 우리가 북한에게 혹은 외국인에게 오만하게 거드럭거리지 말고 시비도 가리지 말아 한반도의 천지자연을 훼손하지 말고 남북한이 함께 살라는 충고로 보면 될 것이다.

이는 우리나라의 건국 신화인 단군신화에 나오는 "널리 인간을 이롭게 한다"라는 홍익인간 사상과 부합한다고 본다.

홍익인간 사상은 인간을 평등하면서 존엄한 존재로 보았다. 이는 칸트가 다른 모든 사람을 수단이 아닌 목적으로 대하도록 인격을 존중하라는 "너 자신과 다른 모든 사람의 인격을 결코 단순히 수단으로 취급하지 말고 언제나 목적으로 대우하도록 행위하라”는 말과 같다. 만물을 평등하게 대하지 않고 차별하고 시비를 가리고 하면 널리 인간을 이롭게 할 수가 없다. 이런 사회나 국가는 불평등한 차등 대우만 있게 되고 평등권이 위배되면서 차츰 사회평화와 정의도 침해받게 되는 것이다.

6. 독일의 세계시민주의

독일인은 니체가 ‘신은 죽었다’고 선언하기 전 기독교가 구원을 위한 유일한 합리적 도구로 인식되어져 내려왔다.

기독교에서 말하는 세계시민주의는 신의 섭리로서 세워지는 우주국가인데, 이는 세속적인 국가의 경계, 민족, 빈부, 국적 등을 초월한다.

기독교의 세계시민주의 하에서는 인간은 모든 세속적인 민족과 국가를 초월하며 혈통과 빈부의 차별도 없는 신 앞에 평등한 존재로 본다.

독일기본법 제4조는 신앙, 양심과 신념의 자유, 그리고 병역거부를 보장하고 있다. 그리고 제1항은 “신앙과 양심의 자유 그리고 종교적·세계관적 신념의 자유는 불가침이다”하고 칸트의 세계시민주의사상을 반영하여 세계시민적인 가치가 침해받을 수 없음을 명시하고 있다.

그러면 여기서 칸트의 세계시민주의를 알아보기로 하자.

1) 칸트의 세계시민주의

2015년 4월 13일 방송된 JTBC의 '비정상회담'에서 독일인 다니엘과 프랑스인 로빈은 '독일·프랑스 도덕 교육은 철학으로 시작'한다고 입을 모았다. 특히 다니엘은 칸트가 "내가 남에게 당하고 싶지 않은 짓을 나도 남에게 하지 말라"는 말을 했다면서 독일의 도덕 교육은 임마누엘 칸트의 명언으로 시작한다고 입을 열었다.

성경에도 '누가복음' 6:31에 "남이 너희에게 해 주기를 바라는 그대로 너희도 남에게 해 주어라"라고 하고 있다.

논어 안연편 16장에 "군자는 사람의 아름다움을 이룩해 주고 사람의 악한 것을 이룩해 주지 않으며 소인은 이와는 반대이다"(군자성인지미 불성인지악, 소인반시(君子成人之美, 不成人之惡, 小人反是))라는 글이 있다.

스코틀랜드 경험주의 철학자 데이비드 흄(David Hume, 1711~1776)은 ≪인간 본성의 논고≫에서 다른 사람들이 아픔과 슬픔을 보고 느끼는 공감능력이야말로 선(善)이고 도덕성의 바탕이라고 보았다. 즉 동정심을 인간의 윤리적 기초로 본 것이다.

그러면서 흄은 현악기의 현이 함께 떨릴 때 아름다운 소리가 나는 것을 사람들에게 전이되면서 더 큰 파장을 일으키는 공감능력과 비유했다.

"현 하나의 떨림이 나머지 현들에 전달되듯이 감정은 다른 사람에게 쉽게 옮아가며 결국 모든 사람에게 같은 감정을 불러일으킨다"는 것이다.

키케로도 그의 ≪의무론≫에서 많은 사람들이 무모하리 만치 선을 행하는 마음의 상태가 때로는 완전히 병적이기도 했고 돌발적이고 일시적인 마음의 충격 하에서였다고 말하고 있어 선을 행할 때 선행을 하는 당사자의 감정이나 정서가 많이 지배하고 있음을 말하고 있다(http://m.blog.daum.net/youngleadersacademy/122).

동정심이 선한 윤리적 기초라는 흄의 견해에 반하여, 칸트는 ≪윤리형이상학 정초≫에서 흄이 주장한 감성적 정서적 경향에서 나오는 도덕적 행위의 윤리적 가치를 우연적이고 가변적이라고 의미를 축소하면서, 무조건적인 윤리적 내용을 가진 의무로서의 도덕의 가치를 역설했다.

칸트는 ≪윤리형이상학 정초≫에서:

"할 수 있는 한, 선행을 하는 일은 의무이다.

그 밖에도 천성적으로 동정심이 많은 사람들도 많아서,

그들은 허영이나 사익(私益)과 같은 어떤 다른 동인 없이도,

자기 주위에 기쁨을 확대시키는 데서 내적 만족을 발견하고, 그것이 자기 작품인 한에서, 타인의 만족을 기뻐할 수 있다.

그러나 나는 주장하거니와, 그러한 경우에 그 같은 행위는 매우 의무에 맞고,

매우 사랑 받을 만한 것이기는 하지만,

그럼에도 아무런 참된 윤리적 가치를 갖지 못하며,

오히려 다른 경향성들, 예컨대 명예에 대한 경향성과 같은 종

류이다.

명예에 대한 경향성은, 만약 그것이 다행히도 실제로는 공익적이며 의무에 맞고, 그러니까 명예로운 것에 해당한다면, 칭찬과 격려를 받을 만하지만,

존중받을 만한 것은 못 된다.

왜냐하면 그 준칙에는, 곧 그러한 행위들을 경향성에서가 아니라,

의무로부터 행하는 윤리적 내용이 결여돼 있기 때문이다.

그래서 저 박애가의 마음이 자신의 깊은 슬픔으로 흐려져,

타인의 운명에 대한 모든 동정심을 없애버렸고,

그는 여전히 고난 받고 있는 타인들을 돌볼 능력이 있음에도,

자기 자신의 고난에 극도로 얽매여 있기 때문에,

남의 고난은 그를 자극하지 못한다고 가정해 보자.

이제, 어떤 경향성도 더 이상 그를 그렇게 하도록 자극하지 못하는데,

그럼에도 그는 이 치명적인 무감수성에서 벗어 나와 아무런 경향성 없이,

오로지 의무에서 그 행위를 할 때, 그때 그 행위는 비로소 진정한 도덕적 가치를 갖는다"고 말했다([네이버 지식백과] 동정심(Sympathie)과 의무 (출처: 칸트 『윤리형이상학 정초』(해제), 2006, 서울대학교 철학사상연구소)(B10f.; 한글판 86 이하)).

한편 키케로는 사람들이 의무를 행하지 않는 이유를 "상대방에 대한 적대감 때문이거나, 수고를 하지 않으려고 또는 경비를 부담하지 않기 위해서 … 심지어 사람들은 무관심, 태만, 무능 또는

자기 일에 대한 몰두 또는 언제나 바쁜 일 때문에, 의당 돌봐줘야 할 자들을 방치한 상태로 놔두는 것을 허용하기까지 한다"고 말했다(허승일, 전게서, 30면).

위에서 "선행을 하는 일은 의무이다"라는 말과 같이 남을 돕는 선행과 도덕행위를 의무로 칸트는 보았다. 칸트는 1785년에 출간한 ≪윤리형이상학의 정초≫에서 "만약 행복해지려면 … 하라!"는 명령처럼 욕망에 의한 조건이 따라 붙는 것, 또는 다른 것의 수단으로만 바람직하다고 주장되는 '가언명령(hypothetisch)'을 경계했다.

대신 칸트는 무조건적(unbedingt)으로 지시명령하는 윤리성의 법칙으로서의 정언적(kategorisch) 명령을 했다.

무조건적으로 해야 하는 정언명령의 첫 번째 '정식'은 "그 준칙이 보편적 법칙이 될 것을, 그 준칙을 통해 네가 동시에 의욕할 수 있는, 오직 그런 준칙에 따라서만 행위하라"이다.

두 번째 '정식'은 첫 번째 정식에서 약간 변형된 것으로 "마치 너의 행위의 준칙이 너의 의지에 의해 보편적 자연법칙이 되어야 하는 것처럼, 그렇게 행위하라"이다.

세 번째 '정식'에서는 우리 자신의 인격과 더불어 다른 사람의 인격에서 인간성을 결코 수단으로만 이용하지 말고 목적으로 같이 이용하라는 의미의 인격성의 정식을 제시했는데 다음과 같다:

"너는 너 자신의 인격(Person)에 있어서 뿐만 아니라 모든 다른 사람의 인격에 있어서도 인간성(Menschheit)을 단지 수단으로서만 결코 사용하지 말고 항상 동시에 목적으로 대하도록 행위하라."

칸트의 '정언명령'이 주는 선의지는 독일국가의 보편적 입법의 의지로 되어 독일기본법 제1조와 제2조에 나타난다.

≪성경≫ '누가복음' 10장 29~37절에 이방인인 선한 사마리아인이 죽어가는 사람에게 자비를 베풀어 세계시민이 된 사례가 있다:

어떤 사람이 강도를 만나서 다 빼앗기고 거의 죽은 상태로 쓰러져있었다. 그런데도 제사장도 그냥 피해 지나가고, 레위사람도 피해서 그냥 지나갔을 뿐이었다.

그러나 어떤 선한 사마리아 사람은 그 사람을 고쳐주고 도와주었다. 선한 사마리아 사람이 무조건적인 선의지인 자비로 정언명령을 지켜 이웃사랑을 베푼 결과 비록 이방인인데도 불구하고 세계시민주의를 실천할 결과 이웃이 된 것이다.

칸트가 말하는 '선의지'는 이 세계 내에서, 아니 이 세계 밖에서 조차도 유일하게 그 자체로 제한 없이 선하다고 생각되어질 수 있는 것인데, 선한 사마리아인은 이런 선의지를 선보인 것이다.

"그 사람이 자기를 옳게 보이려고 예수께 여짜오되 그러면 내 이웃이 누구니이까

예수께서 대답하여 이르시되 어떤 사람이 예루살렘에서 여리고로 내려가다가 강도를 만나매 강도들이 그 옷을 벗기고 때려 거의 죽은 것을 버리고 갔더라

마침 한 제사장이 그 길로 내려가다가 그를 보고 피하여 지나가고,

또 이와 같이 한 레위인도 그 곳에 이르러 그를 보고 피하여

지나가되

어떤 사마리아 사람은 여행하는 중 거기 이르러 그를 보고 불쌍히 여겨

가까이 가서 기름과 포도주를 그 상처에 붓고 싸매고 자기 짐승에 태워 주막으로 데리고 가서 돌보아 주니라

그 이튿날 그가 주막 주인에게 데나리온 둘을 내어 주며 이르되 이 사람을 돌보아 주라 비용이 더 들면 내가 돌아올 때에 갚으리라 하였으니

네 생각에는 이 세 사람 중에 누가 강도 만난 자의 이웃이 되겠느냐

이르되 자비를 베푼 자니이다 예수께서 이르시되 가서 너도 이와 같이 하라 하시니라."

세계시민주의는 근대에 와서는 칸트의 의해 보편적 인류평화 공동체의 이념이 되었다. 그리고 칸트의 세계시민주의를 독일기본법은 제4조 제1항에서 "신앙과 양심의 자유 그리고 종교적·세계관적 신념의 자유는 불가침이다"하고 반영하고 있다.

독일어 '세계시민(Weltbürger)'이란 말은 그리스어에서 기원한 코스모폴리탄의 역어로서 17세기 후반부터 사용되며, 18세기 후반에 계몽사상과 결합되어 확대되었다.

코즈모폴리터니즘은,

1) 거시적-상호의존성의 원리,

2) 우주적 환대와 책임성의 원리,

3) 초경계성(transboundaryness)의 원리, 그리고

4) 초정체성(trans-identity)의 정치학, 이 네 가지 원리에 바탕을 두고 있다.

그리고 코즈모폴리터니즘을 수용하는 사람으로 하여금 이 원리들은 다음의 다섯 가지 가치를 지향하게 하는데,

1) 개방적 민족주의,
2) 인권의 개념 확장,
3) 지구적 정의,
4) 세계의 영구적 평화 그리고
5) 지구적 공동체이다. (강남순, ≪코즈모폴리터니즘과 종교≫; 신찬웅, ≪우주에 속한 세계시민으로≫)

칸트의 저서에서는 '세계시민', '세계시민적 사회', '세계시민적 견지', '세계시민적 체제' 등의 용어가 자주 등장한다. 즉 이들 용어는 개별적이고 특정한 민족국가의 이익과 입장을 넘어서서 개인과 개별국가들을 평등한 공통의 세계와 인류의 구성원으로 묶어 차별없는 인류공동체 일원으로 생각하는 세계시민주의의 견해를 나타내고 있다.

세계시민주의를 실현할 수 있는 국제법을 통한 국제기구를 역설한 칸트의 사상은 '영구평화론'에서 볼 수 있고, 오늘 날의 UN과 EU 등의 인류공동체로 구체화되었다.

칸트는 이성이 입법자의 역할을 하는 힘을 가진 것으로 보았는데, 그의 이성이 UN과 EU의 틀을 만드는 입법자가 된 것이다.

2) 칸트의 영구평화론

1795년 가을에 출간된 임마누엘 칸트(Kant, Immanuel 1724~1804)의 저술 ≪Zum ewign Frieden≫은 우리말로 직역하면 '영구평화로'인데, 보통 사람들은 ≪영구평화론≫으로 의역해서 사용한다.

칸트의 ≪영구평화론≫은 세계의 국가들이 서로 공법으로 합의된 상태에서 영구평화를 이루는 하나의 철학적 설계도를 제시한 것이다.

칸트는 이상적인 것은 단일 국가로서 세계공화국을 건설하는 것이 바람직하지만 현실적으로는 불가능하다고 보았다. 그래서 우선 모든 국가가 민주적 법치국가가 된 상태에서 국가들이 협의해 국가공동체인 '국제연맹'을 결성하는 것이 영구 평화를 실현하는 유일한 방법으로 본 것이다.

≪영구평화론≫은 예비조항(6항)·확정조항(3항)·추가조항(2항)·부록(2편)으로 되어 있다.

제1장의 예비조항은 국가 간 영구평화의 실현에 장애가 되는 여섯 가지를 열거하면서, 이를 금지할 것을 촉구한 것이다. 예를 들자면 식민지배가 결코 허용되지 않게 독립 국가는 어떤 경우에도 다른 국가의 소유로 전락될 수 없다. 또 어떤 국가도 폭력으로 다른 국가의 체제와 통치에 간섭할 수는 없다. 그리고 마지막으로 암살, 항복 조약, 파기, 반역 선동 등을 비록 전쟁 중이라도 상호 신뢰를 불가능하게 하는 적대 행위는 안 된다는 조항이다.

제2장은 국가 간의 영원한 평화를 위한 확정 조항인데, 제1항에서 각국의 시민적 정치 체제는 '공화적'(민주적)이어야 함을 주장

하고, 이것은 국가구성원들의 자유의 원리와 공법에의 의존의 원리, 그리고 평등의 원칙이다.

공화제하에서는 국민 다수는 전쟁의 결정에 국민적 다수의 동의가 필요하다고 해도 전쟁에는 신중해질 것이므로, 칸트는 이것이 평화에 대한 바람직한 전망임을 제시했다.

제2항에서 칸트는 국제법의 관점에서 자유로운 국가들의 연방체제로서 국제연맹의 이념을 피력했다. 칸트는 국제연맹이 국민들이 자연 상태에서 서로를 보호하기 위한 사회계약의 상태에 있도록 보장한다고 보았다. 그러면서 사회계약 하에서 국제연맹은 자유를 지속적으로 보장하면서 다른 국가에게도 그 평화이념을 전파해야 하는 평화 연맹이기에 평화조약과 근본적으로 다르다고 칸트는 말하고 있다.

그리고 칸트는 세계 공화국을 당사국들이 원하지 않을 것이므로 세계공화국이란 적극적 이념 대신 연맹이라는 소극적 대안을 제시한 것이다.

제3항에서 칸트는 세계시민법에 서구국가들이 아프리카나 인도에서 행한 비인도적인 처사를 지적하면서, 이에 반하여 외국인의 일시적 체류 및 교제의 권리를 가능하게 하는 보편적 우호의 조건들을 기술하고 있다.

그러면서 칸트는 모든 사회 구성원은 지구의 땅을 공동 소유하는 권리를 가지며, 이에 반하는 행위는 자연법에 위배되고 평화로운 관계는 세계시민법에 의해 확립될 것으로 보았다.

추가조항 제1항은 영원한 평화는 자연에 의해 보증되는데, 역사속의 합목적성인 자연의 섭리가 세계의 영원한 평화를 보증함을 말하고 있다. 그리고 칸트는 자연이 인간이 세계어디서나 살 수 있도록 배려했다고 말하고 있어, 자연이 세계시민을 허용했음을 말하고 있다. 제2항에서는 영원한 평화를 위해 전쟁을 위해 무장한 국가들이 철학자들의 준칙을 충고로서 받아들여야 함을 말하고 있다.

부록에서 칸트는 정치와 도덕의 관계를 피력했다. 여기서 칸트의 기본적인 시각은, 그는 도덕적인 행위를 의무로 보기에, 도덕을 근거로 한 정치가 참다운 정치임을 주장하고 있다.

칸트가 말한 영구평화론은 국내에서는 안중근 의사의 동양평화론과 31 독립선언서에 영향을 끼쳤다. 그리고 국제적으로는 제1차 세계대전 후의 국제연맹과, 제2차 세계대전 후의 국제연합, EU 등의 결성에 이론적 기초가 되었고, 이 외에도 현재 지구상에 존재하는 국가연합 결성에 크게 공헌한 평화사상이다.

독일기본법 제23조 '유럽연합을 위한 제원칙'에서도 칸트의 세계시민주의의 사상이 엿보인다.

독일기본법 제23조 제1항은 "유럽연합을 실현시키기 위하여 독일연방공화국은 민주적·법치국가적·사회적 및 연방주의적 제원리와 함께 보충성의 원칙에 구속되며, 기본법에 실질적으로 대응하는 기본권보장에 필적하는 유럽연합의 발전을 위해 노력한다. 이를 위하여 연방은 연방참의원의 동의를 얻은 법률에 의해서 고

권을 이양할 수 있다. 기본법이 그 내용상의 변경 또는 보충되거나 변경 또는 보충될 가능성이 있는 유럽연합의 창설과 그 조약에 따른 근거의 변경이 있으면 기본법 제79조 제2항 및 제3항이 적용된다"이다.

3) 기독교 세계시민주의

성경에 노인, 이방인과 동포에 대한 차별없는 평등사상을 보여주는 대목이 있어, 이들에 대한 관용, 배려와 사랑을 읽을 수 있다. 이런 평등사상이 실제로 독일통일에 견고한 토양을 배양하는 밑거름이 되었다.

성경 '레위기' 19:32에는 어르신에 대한 배려와 공경심으로 "너희는 백발이 성성한 어른 앞에서 일어서고, 노인을 존경해야 한다"라고 하고 있다. 또 '레위기' 19:33-4에는 이방인을 자신처럼 동포처럼 평등하게 차별없이 사랑하고 환대해야 함을 "너희 땅에서 이방인이 너희와 함께 머무를 경우, 그를 억압해서는 안 된다"고 하고 있고, "너희와 함께 머무르는 이방인을 너희 본토인 가운데 한 사람처럼 여겨야 한다. 그를 너 자신처럼 사랑해야 한다. 너희도 이집트 땅에서 이방인이었다"라고 표현하고 있다.

'에베소서' 2:19에는 "여러분은 이제 더 이상 외국인도 아니고 이방인도 아닙니다. 성도들과 함께 한 시민이며 하느님의 한 가족입니다"라는 구절이 있어 기독교 세계시민주의를 나타내고 있다. 이는 내국인은 물론 외국인도 더 이상 이방인이 아닌 세계시민으로서 한 가족 구성원임을 말하고 있다.

평화를 구현하는 세상의 세계시민이 되는 이방인과 외국인도 차별없이 평등하게 포용하자면 사랑과 사회적 연대가 필요하다.

성경 '누가복음'은 사람들로부터 죄인취급을 받는 '자캐오'라는 사람까지도 포용하고 배려하고 사랑을 주고 차별을 배제하는 기독교적인 세계시민주의가 성립한 근원을 보여주고 있다.

'누가복음' 19장에서 '자캐오'는 세관장이고 부자이지만 키는 작다. 그는, 재산형성과정이 불투명해서 그런지 아니면 세관장이란 직책을 수행하면서 부패해서 그런지, 사람들로부터 죄인취급을 받는다.

'누가복음' 19:1에 하루는 예수가 길을 지나가자 자캐오는 키가 작기에 그를 볼 수가 없어 나무위로 올라가 그를 보고자 했다. 그러자 예수는 나무 위에 있는 자캐오를 보며 "자캐오야, 얼른 내려오너라. 오늘은 내가 네 집에 머물러야 하겠다"(누가복음 19:5)는 말을 하며 예수가 사람들에게 비난받는 자캐오에 대한 차별없는 관심, 배려, 사랑과 연대감을 표시한다.

그러자 "자캐오는 얼른 내려와 예수님을 기쁘게 맞아들였다"(누가복음 19:6).

그 광경을 보고 사람들은 말하기를 "저이가 죄인의 집에 들어가 묵는군"(누가복음 19:7) 하고 투덜거릴 정도였다.

사정이 이쯤에 이르자 '자캐오'가 예수의 배려, 사랑과 연대를 피부로 느끼면서 가난한 사람에게 사랑을 느껴 갑자기 자기 재산의 반을 나눠주겠다는 도덕적인 선행의 의지를 보이며 사회적 연대감을 표시한다.

자캐오는 뜻밖에 일어서서 자기 “재산의 반을 가난한 이들에게 주겠습니다. 그리고 제가 다른 사람 것을 횡령하였다면 네 곱절로 갚겠습니다”(누가복음 19:8) 하고 예수에게 가난한 사람에게 대한 배려를 하겠다는 폭탄선언을 한 것이다. 그러자 예수는 “오늘 이 집에 구원이 내렸다. 이 사람도 아브라함의 자손이기 때문이다”(누가복음’ 19:9) 하면서 지금까지 자캐오가 속한 가문을 뛰어넘어 아브라함의 자손으로까지 인정을 한다.

가난한 사람들이 자캐오로 부터 배려를 받으면 그만큼 사회평화는 실현되고 잘 살고 못 사는 이웃 간에 벽이 허물어지면서 평등이 지배하는 사회평화가 올 것이다.

4) 이웃을 사랑한다

‘아베 마리아’는 1825년 오스트리아의 작곡가 슈베르트가 만든 가곡인데 독일의 바이올리니스트 아우구스트 빌헬미가 바이올린 독주곡으로 편곡하여 유명해지면서 우리에게 친숙한 곡이다.

원래 가사내용은 성모에게서 구원을 바라는 약한 인간의 간절한 기원을 담고 있다.

가사내용은:

“아베 마리아 성모여 방황하는 내 마음

그대의 앞에 꿇어 앉아 하소하노니 들어주소서
내 기도드리는 마음 평안히 잠들여 주소서
어린 소녀의 기도를 성모여 돌보아 주시옵소서
아베 마리아 …" 이다.

독일의 인기 여가수 헬레네 피셔(Helene Fischer)가 애절한 심정으로 호소하는 듯한 음성으로 부르는 '아베 마리아(Ave Maria)'는, 물질 만능 시대를 살아가는 현대인들의 점점 각박해져가는 인심과 인간이 작아지고 무기력해져 가는 인공지능 시대를 맞이하여, 마치 예견이나 한 것처럼 점점 고립되어 가는 현대인들의 고립무원의 처지에서 오는 외로운 심정을 대신 표현해 주고 있다.

그녀는 2005년 데뷔하여 전 세계적으로 900여만 장 이상의 음반을 판매하였고 에코 상 등 여러 개의 상을 수상하였다.

피셔가 이 노래에서 주문하는 것은 경제적으로나 사회적으로 외롭고 어둡고 소외되고 어려운 사람들을 구제하고 위로할 수 있는 이웃사랑, 사회적 연대와 배려이다. 남에게 이웃사랑을 실천하려는 이런 작은 출발이 독일통일을 가능하게 한 첫 출발이었는지 모른다.

독일은 아직 이웃 사랑을 실현하려는 사회적 공감대, 동정심이 많이 살아 있는 사회이다. 그래서 독일은 사회적 평등을 통한 박애를 실천하려고 남녀노소, 인종, 종교, 국적을 불문하고 사회정의를 실현하려고 애쓰고 있다.

우리나라에서는 지금 복도를 마주 하고 있는 맞은 편 아파트에 누가 살며 무엇을 하는지 죽었는지 살았는지 조차 모른다.

오늘 날 경제적으로 힘들고 사회적으로 고립된 어두운 삶을 사는 외로운 사람들은 자살로 항변하면서 사회에 경종을 울리고 교훈을 주고 있다.

과거처럼 자식이나 친척이 경제적, 사회적으로 어려운 사회적 약자를 거두어 주던 시기는 지나고 있다. 대신 국가가 경제적 자유와 사회적 평등을 제도적으로 보장해 주어야 하는 시기가 우리나라에도 와야 한다.

헬레네 피셔의 '아베 마리아' 가사의 우리말 내용은:
오늘날 많은 사람들은 혼자이지요.
세상에는 참 많은 눈물들이 있지요.
그리고 외로움에 가득한 밤들도 있지요.
그리고 누구나 다정함이 충만한 꿈을 꾸길 바래요.
그리고 더 이상 혼자이지 않으려면,
가끔 몇 마디 말이면 충분해요.
낯선 사람이 친구가 되면,
커다란 근심은 작아져요.
아베 마리아! 아베 마리아!

밤을 지새우는 여행은 멀지요.
별들에게로 가는 길은 많아요.

그리고 누구나 자신을 잡아줄 손길을 찾지요.
어쩌면 누가 그대처럼 슬플지도 몰라요.
와서 그에게 다가가 보세요.
오늘밤 당신의 문을 잠그지 마세요.
그리고 당신의 가슴을 아주 넓게 열어보세요.
그리고 다른 사람의 온기를 느껴 보세요.
이 추운 계절에 말이에요.
아베 마리아! 아베 마리아!

독일통일의 원인을 근원적으로 따져보면 세계시민주의적인 견지에서 서독인이 동독동포에게 사회주의자라고 낙인찍지 않고 간첩이 아닐까 의심하지 않고 베푼 '이웃사랑'의 공이 가장 크다.

저자의 견해로는 '이웃사랑'이 독일통일을 가져왔다. 왜 그런가 하는 이유는 이 책에서 서술되겠지만 여기서는 우선 '이웃사랑'을 말하는 기독교교리들을 살펴보기로 하자.

이웃사랑과 어려운 이웃을 외면하지 않고 냉대하지 않고 평등하게 대하는 사회적 연대정신은 성경에서도 볼 수 있다.

'에베소서' 2:10에 "우리는 선행을 하도록 그리스도 예수님 안에서 창조되었습니다. 하느님께서는 우리가 선행을 하며 살아가도록 그 선행을 미리 준비하셨습니다"라고 하고 있다.

'마태복음' 25:35에 "너희는 내가 굶주렸을 때에 먹을 것을 주었고, 내가 목말랐을 때에 마실 것을 주었으며, 내가 나그네였을 때에 따뜻이 맞아들였다", 그리고 '마태복음' 25:36에는 "또 내가 헐벗었을 때에 입을 것을 주었고, 내가 병들었을 때에 돌보아 주었으며, 내가 감옥에 있을 때에 찾아 주었다"고 이웃사랑을 체험하고 공고한 사회적 연대를 느낀 것에 대한 감사를 예수는 표현하고 있다.

저자도 자원봉사를 하려고 애쓰면서 실천하려는 사람이다.

흔히들 자원봉사를 하면 봉사를 받는 사람이 좋을 것 같지만 사실은 봉사를 하는 사람도 선행을 베풂으로써 남으로부터 칭찬을 받고 존경도 받고 해서 거룩해 지기도 하지만 스스로 느끼는 것도 크다. 즉 선행으로부터 느끼는 뿌듯함, 자기만족과 보람이 봉사하는 당사자에게 더 크게 와 닿기 때문이다.

'레위기' 19:2에 이르기를 "거룩한 사람이 되어야 한다"고 말하고 있다.

'마태복음' 5:13 "너희는 세상의 소금이다. 그러나 소금이 제 맛을 잃으면 무엇으로 다시 짜게 할 수 있겠느냐? 아무 쓸모가 없으니 밖에 버려져 사람들에게 짓밟힐 따름이다.

'마태복음' 5:14 너희는 세상의 빛이다. 산 위에 자리 잡은 고을은 감추어질 수 없다.

'마태복음' 5:15 등불은 켜서 함지 속이 아니라 등경 위에 놓는다. 그렇게 하여 집 안에 있는 모든 사람을 비춘다.

'마태복음' 5:16 이와 같이 너희의 빛이 사람들 앞을 비추어, 그들이 너희의 착한 행실을 보고 하늘에 계신 너희 아버지를 찬양하게 하여라" 하고 이웃 사랑을 독려하고 있다.

저자가 기독교 신자라서 이런 논지를 펴는 것이 아닌가하는 독자의 오해를 살까봐 미리 말하지만 저자는 기독교신자는 아니다. 아마도 철저한 무신론자라는 표현이 저자에게 더 어울릴 것이다.

동독에 친척이 살므로 우리에게 설날과 추석같은 기독교 축일인 성탄절과 부활절에 해마다 소포를 36만 개나 보내어 동포애를 표시한 서독 사람이었다.

우리나라에도 기독교신자들과 불자들이 무수히 많다. 그런데 저자가 아쉬워하는 것은 왜 독일인이 동독동포에게 베푼 '이웃사랑'이 이 땅에는 없고, 언제부터인가 우리가 느끼지 못하는 사이에 우리는 동포 간에, 형제간에, 부모자식 간에, 이웃 간에 서로 못 잡아먹어서 애가 타고 안달이라는 분위기가 사회적으로 지배하고 있다는 사실이 공공연한 비밀이 되고 있다.

통일을 이룬 민족은 그들만이 가지고 있는 비결이 있다. 현재 우리나라의 통일논의에서 우리는 그 비결을 알지 못하거나 어렴풋이 알거나 아니면 의도적으로 왜곡을 하고 있지 않나하는 합리적 의심이 들기도 한다.

한국에도 현재 무리하게 교회를 증축하던지 신자가 줄어서 어려운 교회가 많아 매물로 나오기도 한다.

네이버에서 우리나라 외교부가 제공한 독일국민의 종교분포를 보면 '신교 31%, 구교 32%, 이슬람교 4%'이다. 일반적으로 독일의 풍습엔 아기는 출생 후 3개월 이내에 유아세례를 받는다.

현재 독일을 비롯한 유럽과 미국 등지에선 기독교신자들의 세속화가 빠르게 진행되고 있다. 이 같은 현상은 종교세를 원천납부하는 조세제도와도 연관이 있다. 성당이나 교회를 가지 않기에 종교세를 납부해야할 필요성을 못 느끼는 사람들이 늘어나고 있다. 그래서 교회도 매물로 많이 나오고 있다.

독일엔 양대 기독교정당이 있다. 하나는 현재 메르켈 수상이 속한 집권당인 ≪기독교민주연합(CDU)≫이고, 다른 하나는 남쪽 바바리아주에 기반을 둔 CDU의 자매정당인 ≪기독교사회민주당(CSU)≫이다.

CDU는 1994년 독일 루드빅스하펜에서 당의 기본 방향을 기독교적 인간의 이해와 그것으로 생성하는 기본가치인 자유, 단결심 및 정의로 다시 설정한 바 있다.

≪위키피디아≫ 사전에 의하면 CDU는 '인간에 대한 기독교적 이해와 신을 향한 그들의 의무'를 강조하는 정당이라고 말하고 있다.

메르켈 수상이 이끄는 CDU는 2016년 현재까지 성경에서 말하는 이웃사랑, 즉 세계시민주의를 지구촌의 다른 어느 나라보다도 충실히 실천하고 있다. 이는 110만이 넘는 중동난민을 받아들이는 포용력에서 알 수 있다. CDU는 비종교인을 포함하는 다양한 종교를 가진 당원도 가지고 있다.

CDU의 2013 독일 총선 주요 정책안은 평등한 사회를 만들기 위한 사회 정의를 보다 강화하는 내용인데, 교육, 가족 및 복지 정책에서 '교육 및 가계복지 투자 강화', '아동수당 증대' 및 '저소득층 연금수령액 850유로로 상향조정'을 내세워 집권에 성공했다.

5) 배려한다

요즘 한국에도 늦가을에 감이 나무에 그냥 달려있어 새의 먹이가 되는 일이 많은 것을 볼 수 있다.

성경 '레위기' 19:9-11에 "너희 땅의 수확을 거두어들일 때, 밭 구석까지 모조리 거두어들여서는 안 된다. 거두고 남은 이삭을 주워서도 안 된다", "너희 포도를 남김없이 따 들여서는 안 되고, 포도밭에 떨어진 포도를 주워서도 안 된다. 그것들을 가난한 이와 이방인을 위하여 남겨 두어야 한다"는 구절이 있다.

저자가 독일에 있을 때 겪은 일이다. 결실의 계절 가을이 되면 이웃 독일사람의 정원에 사과 등 과일이 무르익어서 탐스럽기도 한데 늦가을 될 때까지 수확을 안 하면 새들이 쪼아 먹기 직전이라 안타까워서 과일을 따지 않느냐 하고 묻게 된다. 그러면 연로한 집주인은 필요하면 그냥 따가라고 말한다. 그런데 간혹 모두 싹쓸이하지 말고 어느 정도 남을 위해서나 새들을 위해서 남겨두라는 말을 하는 사람이 있다. 이는 세계동포주의적인 견지에서 남을 위한 배려에서 하는 말이다.

이런 남을 위한 배려나 관용은 앞에서 저자가 말한 독일의 금언 "내가 살고 너도 살게 한다"와 같은 맥락이다.

자기 이익과 타인의 이익이 충돌하는 경우에 타인을 자기보다 우선시하는 타인을 섬기고 배려하는 자기희생, 겸손과 섬김의 리더십을 가진 서번트 행동원리이다.

성경에서는 “너희 사이에서 높은 사람이 되고자 하는 사람은 남을 섬기는 사람이 되어야 하고 으뜸이 되고자 하는 사람은 종이 되어야 한다”(마태오 20:26-28), “너희 중에 으뜸가는 사람은 너희를 섬기는 사람이 되어야 하며 누구든지 자기를 높이는 사람은 낮아지고 자기를 낮추는 사람은 높아진다”(마태오 23:11), “첫째가 되고자 하는 사람은 꼴찌가 되어 모든 사람을 섬기는 사람이 되어야 한다”(마르코 9:35).

6) 사랑하라

성경에서 ‘고린도전서’ 13:13에 “이제 믿음과 희망과 사랑 이 세 가지는 계속됩니다. 그 가운데에서 으뜸은 사랑입니다”라고 하면서 믿음과 희망(소망이라는 번역도 있음)과 사랑 세 가지 중에서 사랑을 가장 중요한 것이라 말하는 것을 볼 수 있다.

‘로마서’ 13:8에 “아무에게도 빚을 지지 마십시오. 그러나 서로 사랑하는 것은 예외입니다. 남을 사랑하는 사람은 율법을 완성한 것입니다”라고 하면서 사랑을 주는 사람은 율법을 완성한 사람이라고 기술하고 있다.

‘로마서’ 13:9에 “네 이웃을 너 자신처럼 사랑해야 한다”는 말을 하면서, ‘로마서’ 13:10에는 “사랑은 이웃에게 악을 저지르지 않습니다. 그러므로 사랑은 율법의 완성입니다”라고 하고 있다.

‘고린도전서’ 13:6에 “사랑은 불의에 기뻐하지 않고 진실을 두고 함께 기뻐합니다”라고 하고 있어 ‘고린도전서’의 구절에 있는 말을 되새겨 보면 사랑이 좋은 세계와 통일 한국을 이루는 근원이 됨을 알 수 있다.

'고린도전서' 13:1에 "내가 인간의 여러 언어와 천사의 언어로 말한다 하여도 나에게 사랑이 없으면 나는 요란한 징이나 소란한 꽹과리에 지나지 않습니다"라고 하고 있다. 이는 마치 ≪논어≫ '학이편'에서 공자가 말한 '교언영색'과 별반 다를 바 없다할 것이다.

이 '교언영색, 선의인'을 ≪네이버 지식백과≫의 ≪논어의 문법적 이해≫에서는 공자께서 말씀하셨다. "그럴듯하게 꾸민 달콤한 말과 부드러운 듯이 꾸민 반질한 얼굴에는 인이 적도다"로 해석하고 있다.

여기서 인(仁)이 무엇을 의미하는가 하는 것인데 많은 선인들은 인을 사랑으로 보고 있다.

공자의 제자 번지(樊遲)가 공자에게 인에 대하여 묻자 공자는 '애인(愛人)'이다 했는데, 이는 '사람을 사랑하는 것'이다.

당대(唐代)의 문장가였던 한유(韓愈)는 '박애지위인(博愛之謂仁)'이라했는데 이는 "널리 사랑하는 것은 인이라 한다"는 뜻이다.

'고린도전서' 13:2에서는 "내가 예언하는 능력이 있고 모든 신비와 모든 지식을 깨닫고 산을 옮길 수 있는 큰 믿음이 있다 하여도 나에게 사랑이 없으면 나는 아무것도 아닙니다"하고 말하고 있다. 이 말을 되새기면 사랑이 미래를 내다보는 능력의 근원이고 지혜와 우공이산할 수 있는 믿음보다 으뜸가는 것임을 알 수 있다.

그리고 '고린도전서' 13:213:7은 "사랑은 모든 것을 덮어 주고 모든 것을 믿으며 모든 것을 바라고 모든 것을 견디어 냅니다"고

하고 있어 무조건적인 사랑을 표현하고 있다.

성경에 이웃사랑과 동포애는 여러 구절에서 볼 수 있다.

'필립비' 2:4에 "저마다 제 실속만 차리지 말고 남의 이익도 돌보십시오"라고 하고 있고

'레위기' 19:13에 "너희는 이웃을 억눌러서는 안 된다. 이웃의 것을 빼앗아서는 안 된다. 너희는 품팔이꾼의 품삯을 다음 날 아침까지 가지고 있어서는 안 된다."

'레위기'는 배려 대상이 장애인, 이웃, 형제와 동포 등 세계시민을 망라하고 있어서 노자의 '유무상생'과 같은 자세를 말하고 있다.

'레위기' 19:14에 "너희는 귀먹은 이에게 악담해서는 안 된다. 눈먼 이 앞에 장애물을 놓아서는 안 된다. 너희는 하느님을 경외해야 한다."

'레위기' 19:15에 "너희는 재판할 때 불의를 저질러서는 안 된다. 너희는 가난한 이라고 두둔해서도 안 되고, 세력 있는 이라고 우대해서도 안 된다. 너희 동족을 정의에 따라 재판해야 한다."

'레위기' 19:16에 "너희는 중상하러 돌아다녀서는 안 된다. 너희 이웃의 생명을 걸고 나서서는 안 된다."

'레위기' 19:17에 "너희는 마음속으로 형제를 미워해서는 안 된다."

'레위기' 19:18에는 "너희는 동포에게 앙갚음하거나 앙심을 품어서는 안 된다. 네 이웃을 너 자신처럼 사랑해야 한다"라고 하고 있다.

'누가복음' 6:41 "너는 어찌하여 형제의 눈 속에 있는 티는 보면서, 네 눈 속에 있는 들보는 깨닫지 못하느냐?"라고 하고 있어. 현재 우리가 북한사람의 눈 속에 있는 티만 보고 내 눈 속에 있는 들보는 못 깨닫고 있는 것이 아닌지 곰곰이 생각해 보자. 그래서 우리 마음속에 들보가 있다면 빼는 노력을 해 보자.

'누가복음' 6:42 "네 눈 속에 있는 들보는 보지 못하면서, 어떻게 형제에게 '아우야! 가만, 네 눈 속에 있는 티를 빼내 주겠다' 하고 말할 수 있느냐? 위선자야, 먼저 네 눈에서 들보를 빼내어라. 그래야 네가 형제의 눈에 있는 티를 뚜렷이 보고 빼낼 수 있을 것이다."

'마태복음' 5:22 "그러나 나는 너희에게 말한다. 자기 형제에게 성을 내는 자는 누구나 재판에 넘겨질 것이다. 그리고 자기 형제에게 '바보!'라고 하는 자는 최고 의회에 넘겨지고, '멍청이!'라고 하는 자는 불붙는 지옥에 넘겨질 것이다"라고 하고 있다.

'마태복음' 5:23–4에 "그러므로 네가 제단에 예물을 바치려고 하다가,

거기에서 형제가 너에게 원망을 품고 있는 것이 생각나거든,

예물을 거기 제단 앞에 놓아두고 물러가 먼저 그 형제와 화해하여라.

그런 다음에 돌아와서 예물을 바쳐라"하고 있고,

'갈라디아서' 5:15에는 "그러나 여러분이 서로 물어뜯고 잡아먹고 한다면, 서로가 파멸할 터이니 조심하십시오"하고 있어 북한 동포와 화해하여 사이좋게 지내고, 지금처럼 냉전상태를 유지하는 것은 남북한이 파멸의 길로 갈 것이다하고 경고하고 있다고 보면

될 것이다.

7) 원수도 사랑하라

서독은 북대서양조약기구의 나토군에 속하면서 직접적으로는 동독과 대치하면서 간접적으로는 바르샤바군과의 대결구도를 가지고 있었다.

그러면서 동독인과 동독정부에 대한 지원, 그리고 구소련에 주는 경제협력을 통해서 이웃사랑과 원수를 사랑하라는 성경이 말하는 가르침을 실천했다.

그 결과 마치 "주어라. 그러면 너희도 받을 것이다. 누르고 흔들어서 넘치도록 후하게 되어 너희 품에 담아 주실 것이다"라는 '누가복음 6:38' 구절처럼 통일이 이루어진 것이다.

이념을 초월한 사랑이 주는 힘은 당장 눈에 보이진 않지만 결과로 보면 위대하다 할 것이다.

'마태복음' 5:43-4'은 "'네 이웃을 사랑해야 한다. … 너희는 원수를 사랑하여라. 그리고 너희를 박해하는 자들을 위하여 기도하여라"면서 우리에게 이웃을 사랑하고 원수까지도 사랑하라고 말하고 있다.

'누가복음'도 우리에게 자비를 주문하면서 원수를 사랑하라고 말하고 있다.

'누가복음' 6:36-38에 "너희도 자비로운 사람이 되어라"면서 "너희는 원수를 사랑하여라.

너희를 미워하는 자들에게 잘해 주고,

너희를 저주하는 자들에게 축복하며,

너희를 학대하는 자들을 위하여 기도하여라.

네 뺨을 때리는 자에게 다른 뺨을 내밀고,

네 겉옷을 가져가는 자는 속옷도 가져가게 내버려 두어라.

달라고 하면 누구에게나 주고,

네 것을 가져가는 이에게서 되찾으려고 하지 마라.

너희가 자기를 사랑하는 이들만 사랑한다면 무슨 인정을 받겠느냐?

죄인들도 자기를 사랑하는 이들은 사랑한다"고 말하고 있다.

그러면서 '누가복음'은 원수를 사랑할 것을 반복해서 주문하고 있는데,

"너희가 자기에게 잘해 주는 이들에게만 잘해 준다면 무슨 인정을 받겠느냐?

죄인들도 그것은 한다.

그러나 너희는 원수를 사랑하여라.

그에게 잘해 주고 아무것도 바라지 말고 꾸어 주어라.

그러면 너희가 받을 상이 클 것이다. 남을 심판하지 마라.

그러면 너희도 심판받지 않을 것이다.

남을 단죄하지 마라.

그러면 너희도 단죄받지 않을 것이다.

용서하여라.

그러면 너희도 용서받을 것이다. …

너희가 되질하는 바로 그 되로 너희도 되받을 것이다"라고 하고 있고,

'마태복음' 5:46-8에 "사실 너희가 자기를 사랑하는 이들만 사

랑한다면 무슨 상을 받겠느냐? 그것은 세리들도 하지 않느냐?

그리고 너희가 자기 형제들에게만 인사한다면,

너희가 남보다 잘하는 것이 무엇이겠느냐?

그런 것은 다른 민족 사람들도 하지 않느냐?

그러므로 하늘의 너희 아버지께서 완전하신 것처럼 너희도 완전한 사람이 되어야 한다."

'마태복음' 5:39에는 "그러나 나는 너희에게 말한다. 악인에게 맞서지 마라. 오히려 누가 네 오른뺨을 치거든 다른 뺨마저 돌려 대어라."

'마태복음' 5:40-42는 "또 너를 재판에 걸어 네 속옷을 가지려는 자에게는 겉옷까지 내주어라.

누가 너에게 천 걸음을 가자고 강요하거든,

그와 함께 이천 걸음을 가 주어라.

달라는 자에게 주고 꾸려는 자를 물리치지 마라"라고 말하고 있어, 우리가 북한을 심판하지 말고 북한까지도 사랑하고 용서하고 요구하는 것보다 더 많은 온정을 베푸는 마음을 가진 완전한 사람이 될 것을 마치 우리에게 주문하고 있는 것 같아 보인다.

최근 사드배치로 인한 중국의 보복을 생각해 때 남북통일이 된다면 이런 멸시나 보복은 없었을 것이라고 저자는 믿는다.

독일은 지금 트럼프 미국 대통령이 요구하는 미군 주둔비 요청을 독일의 이해에 따라 들어 주지 않고 있어 트럼프 대통령이 메르켈과의 악수도 거절하고 있는 상황이다. 이는 통일이 준 강한 국력이 뒷받침되기에 가능한 거절일 것이다.

아래에서 인도의 만지히라는 사람이 22년 동안 혼자서 길을 만든 것을 보면 이웃사랑을 하라는 구절이 실감이 날 것이다.

8) 사랑은 막힘이 없다

2015년 10월 18일 MBC는 '신비한TV 서프라이즈'에서 한 마운틴 맨의 사연을 소개했다.

방송에서 말하는 사연은 이렇다.:

인도의 다슈라트 만지히(Dashrath Manjhi)라는 사람은 그에게 점심을 가져와야 하는 사랑하는 부인 파군니가 낭떠러지 아래로 떨어지는 낙상을 당한 것을 알았다. 그렇지만 그의 부인 파군니는 치료를 받아야 하는데도 교통이 험한 오지라 치료를 받지 못해 사망하고 말았다.

이에 자극을 받은 48세 만지히는 열악한 교통환경 탓에 제때 치료를 받지 못해 죽은 부인을 추모하기 위해 22년에 걸쳐 혼자 망치와 정으로 산을 깎아 길을 만들었다.

그 길은 인도 비하르주의 겔라우르에 만들어졌는데 폭은 9m 이고 길이는 110m에 불과하지만 돌산을 깎아야 하기에 22년이란 오랜 세월이 걸렸다.

원래 겔라우르란 지역은 산으로 둘러싼 오지 마을로 1,000여 명의 주민들이 고립된 채 조상 대대로 살아왔기에, 만지히도 이 마을에서 태어나서 결혼도 하고 자녀를 낳으며 알콩달콩 잘 살아왔다. 그런데 1960년 8월 만지히는 자신에게 늘 점심을 가져다주는 사랑하는 아내를 기다렸는데, 그의 아내 파군니는 발을 헛디뎌

낭떠러지 아래로 떨어지고 만 것이다.

만지히는 부상당한 아내를 데리고 시내의 병원으로 향했지만 가는 길은 돌산이 가로 막고 있어 55km나 되는 산 주변을 돌아 시내로 가야 했다. 이 정도의 거리는 저자의 등산경험으로 볼 때 성인이 산에서 한 시간에 평균 2.3Km 간다고 볼 때 10시간 이상은 필요하다. 환자를 데리고 간다면 엄청나게 더 많은 시간이 소요될 것이다.

그런데 겔라우르란 지역은 교통수단이 없어 오로지 도보로만 이동해야 한다. 결국 시간이 지체돼 그의 아내 파군니는 사망하고 만 것이다. 그 후 만지히는 사랑하는 아내를 잃은 슬픔에 크게 자극을 받아 다시는 자신의 아내처럼 사망하는 사람이 없도록 하기 위해 염소 세 마리를 팔아 망치와 정을 구입하고는 돌산을 깎기 시작했다고 한다.

많은 경우에 그러하듯이 사람들은 만지히가 미친 짓을 한다고 비웃었지만, 만지히는 흔들리지 않고 초지일관 길을 만드는 것을 포기하지 않았다.

심지어 그는 생업을 포기하면서까지 길을 만드는 일을 오로지 하였기에 자식들이 끼니를 굶기도 했다. 그래도 만지히는 새벽 4시부터 산을 깎은 후 동이 트면 다른 사람의 밭에서 일을 하기를 매일 되풀이했다. 그러기를 22년 만지히의 몸도 점점 쇠약해져 갔지만 그는 결코 길만들기를 포기 하지 않았다.

마침내 1960년부터 길 만들기를 시작한지 22년 만인 1982년에 길은 완성되었다. 그래서 55km에 달하던 시내까지의 거리는 3km

로 단축되었다.

그러자 주민들은 만지히를 마운틴 맨이라고 불렀고 언론도 이 사실을 인도 전역에 소개하기도 했다. 비하르 주정부가 표창장과 상금을 수여하기로 했지만 만지히는 이를 거부하고 대신 사람들이 통행하기 편하도록 주정부가 길을 다듬어 주기를 요청했다. 이에 주정부는 그의 의도대로 길을 다듬어 주었다.

그는 2007년 73세 때 암으로 사망하여 그의 장례식은 비하루 주의 주장으로 치루어 졌다. 그의 마을 사람들도 모두 참석해 그의 죽음을 애도하기까지 했다. 이런 그의 사연은 2015년 '만지히-더 마운틴 맨'이라는 영화로 제작되었다고 한다.

'고린도전서' 13:8에 "사랑은 언제까지나 쓰러지지 않습니다"라고 하고 있는 것처럼 교통이 불편한 오지 사람들을 위한 만지히의 길만들기 사랑은 22년 동안 쉬지 않았던 것이다. 그는 비록 죽었지만 그의 이웃사랑과 사회적 연대를 표현한 길은 여전히 모든 사람들에게 차별없이 누구나가 통행할 있는 사랑을 베풀고 있는 셈이다.

7. 안중근 의사의 세계시민주의

독일도 세계시민주의 사상이 있지만 우리도 안중근 의사가 '동양평화론'이라는 세계시민사상을 가지고 있어서 그것을 상시시키고 주지시키는 의미에서 여기서 소개해 본다. 우리도 안 의사의 숭고한 동양평화론을 다시 한 번 가슴에 새겨 실현하는 방안을 생각해보기로 하자.

서울 남산에 있는 '안중근 의사 기념관'에 가면 '大韓國人 安重根(대한국인 안중근)'이라 써진 비석이 있다.

애천(愛天), 애족(愛族), 애인(愛人)의 3애 정신을 가지고 이타적인 공익활동을 하면서 급기야 나라없는 설움을 극복하고 조국을 해방시키려고 본인 스스로 세상을 밝힌 양초가 된 대한국인이 다름아닌 안중근 의사이다.

안중근 의사는 원래 이름은 안응칠이었다. 지금부터 100여 년 전 온 천지가 캄캄했을 그 시절에 그는 벌써 '한국인 안응칠 소회'와 '동양평화론' 등을 통해서 세상이 모두 형제가 되면 이룰 수 있는 세계시민주의를 제창하고 있다.

저자는, 안중근 의사가 이 책에서 주창하는 더 큰 '대한민국'을 만드는 기개를 100여 년 전 벌써 주창한 '대한국인'이었기에, 그를 존경하는 심정에서 여기서 소개한다.

요즘 세상은 저자가 어렸을 때 보던 세상과는 판이하게 다르다. 사람들은 자기 자신만 알고 누구와도 잘 타협하지 않고 남을 이해하지 않고 희생하지 않으려는 이기적인 경향이 점점 강해지고 있다. 그래서 저자는 한국이 대한민국이 아니라 소한민국으로 전락하고 말 것이라는 우려를 감출 수가 없다.

부디 우리 모두가 안 의사의 '대한국인' 얼을 다시 본받기를 간절히 원하는 심정에서 그를 적어본다.

안중근 의사는 1879년 9월 2일 황해도 해주부에서 태어났다. 1909년 10월 26일 일본 총리였던 이토 히로부미를 중국 하얼빈역에서 총살하는 의거를 수행한 후 1910년 2월 14일 사형선고를 받았다.

1) 장부처세가

안중근 의사의 3애 정신에서 나온 큰 역사적 사명과 동포애 등을 보여주는 것이 이토 히로부미를 사살하는 거사를 하기 전에 쓴 '장부처세가'일 것이다.

여기에서 안 의사는, 칸트가 코페르니쿠스적인 발상을 주장했듯이, 영웅은 때를 잘 만나야 만들어지기도 하지만 반대로 영웅이 때를 만들기도 한다고 말하고 있다. 저자는 안 의사가 '장부처세가'에서 스스로 때를 만들기 위해서 목숨을 버릴 각오를 하고 거사를 하기로 결심했음을 보여주고 있다고 생각한다.

장부처세가

"장부가 세상에 처함에 그 뜻이 크도다.
때가 영웅을 지음이여 영웅이 때를 지으리로다
천하를 웅시함이여 어느 날에 업을 이룰고
동풍이 점점 차가오니 장사의 뜻이 뜨겁다
분개해 한번 감이여 반드시 목적을 이루리로다
쥐도적 이등여 어찌 즐겨 목숨을 비길고
어찌 이를 이를 줄을 헤아렸으리오 사세가 고연하도다

동포. 동포여 속히 대업을 이룰지어라
만세, 만세여 대한독립이로다
만세, 만만세 대한동포로다."

이 '장부처세가'에서 "분개해 한번 감이여 반드시 목적을 이루리로다"는 굳은 결심을 한 안 의사는 이토를 쥐 같은 도적으로 규정함으로써 안 의사의 목숨과 이토의 목숨이 비교할 만한 사안이 아님을 명시하고 있다.

그리고 안 의사는 의거를 절호의 기회로 삼아 우리 민족이 독립이라는 대업을 이루어야 한다고 대한동포 만세를 외치면서 절규하고 있다.

안 의사의 3애 정신은 유교사상, 개화사상, 기독교사상에서 복합적으로 온 것으로 '안중근 의사 기념관' 홈피는 말하고 있지만, 저자가 보기에 여기에 세계시민주의사상을 덧붙여야 할 것이다.

안중근 의사는 보물 제569-6호인 그의 유묵 '見利思義 見危授命(견리사의 견위수명)'을 남겼다. '견리사의 견위수명'은 '이익을 보거든 정의를 생각하고, 위태로움을 보거든 목숨을 바쳐라.'이다.

안중근 의사는 의로움을 취하려면 때로 목숨을 버려야 할 순간을 선택해야했기에 순국을 각오하고 목숨을 조국을 위해 바친 것이다.

가톨릭 신자인 안 의사는 성경에서 말하는 "선한 일은 하느님으로부터의 보상이 약속되어 있으며”(에페소 6:8), “제 목숨을 살리려고 하는 사람은 잃을 것이며 나를 위하여 제 목숨을 잃는 사람은 얻을 것이다”(마태오 16:25)와 ‘요한복음’ 15장 13절에 나오는 “사람이 친구를 위하여 자기 목숨을 버리면 이보다 더 큰 사랑이 없나니”와 같은 구절을 가슴에 담아두고 실천한 사람이다.

≪맹자(孟子)≫에 ‘사생취의(捨生取義)’란 말이 나온다. 이는 삶을 버리고 의를 취하고 정의나 진리를 위하여 자신의 목숨을 아끼지 않고 버림을 뜻하는 말이다.

맹자는 “생선도 내가 원하는 바이고 곰 발바닥도 원하는 바이다. 그러나 둘을 함께 얻을 수 없다면 생선보다는 곰 발바닥을 취할 것이다. 마찬가지로 생生도 원하는 것이고 의(義)도 원하는 것인데 둘 다 취할 수 없다면 생生을 버리고 의(義)를 취할 것이다”라고 말했다.

맹자는 구차하게 삶을 구걸하기보다는 좌고우면하지 않고 어려움이 있어도 정의를 택한다는 결연한 뜻을 밝힌 것이다.

공자도 ≪논어≫ ‘위령공편(衛靈公篇)’에서 “뜻있는 선비와 어진 사람은 삶을 구하여 인을 해치는 일이 없고 몸을 죽여서 인을 이룬다(지사인인 살신성인(志士仁人 殺身成仁))”라고 하였다.

이는 목숨보다도 인(仁)과 의(義)를 더 중시하여 정의(正義)를 위해서는 기꺼이 자기 생명도 희생하여 인을 이루는 살신성인(殺身成仁)의 자세를 말한 것이다. 안중근 의사도 그의 유묵에 이글을 인용한 바 있다.

여기서 뜻있는 선비를 뜻하는 공자가 말한 지사(志士)는 도의(道義)에 뜻을 둔 사람을 일컫는 말이고, 인인(仁人)은 어진 덕을 갖춘 사람, 즉 사랑을 주는 사람을 뜻한다.

지사와 인인은 그의 삶도 소중히 여기겠지만 의를 취해야 할 때나 인을 버리지 않아야 할 때, 자기의 목숨을 초개같이 여기면서 인의를 택할 것이다.

키케로의 ≪의무론≫에 '레굴루스'란 로마장군이 조국과 대의를 위해 죽음을 택한 정의와 용기를 소개한 대목이 있다.

이 대목이 안중근 의사가 본인의 목숨을 버리고 순국을 택한 것과 유사하여 저자는 적어 본다.

'레굴루스'는 적과의 약속도 지키는 신의를 보이며 자신의 안락과 목숨을 구걸하는 것보다 국가를 위해 유익한 순직을 택했다.

그가 로마의 콘술이었을 때, 아프리카에서 전쟁 중에 한니발의 아버지 하밀카르 휘하의 크산팁푸스 장군의 책략에 걸려 그만 포로가 되었다. 그러자 카르타고는 '레굴루스'로 하여금 생과 사의 기로에 서는 고민을 해야 하는 제안을 한다. 제안은 '레굴루스'가 포로로 잡힌 포에니의 귀족 출신인 장군들을 송환하러 로마로 보내질 것인데, 만약 송환에 실패한다면, 그는 다시 카르타고에 되돌아와야 한다는 맹세를 한 후 로마 원로원에 보내졌다.

그리하여 그는 로마에 다시 왔고, 적국인 카르타고와의 약속을 어기면 그는 살 수 있으므로, 개인적인 안위를 생각할 수도 있었다. 즉 조국 로마에 남아서 처자식과 함께 자기 집에서 사는 것과 전쟁의 패배는 병가상사라고 변명하면서 콘술의 권위와 신분을 유지하는 것 등이다. 그런데 그는 이런 개인적인 안락한 삶은 그의 안중에 애초부터 없었다.

그는 먼저 로마원로원에 가서 자신이 로마에 온 임무가 무엇인지 설명하고, 그가 적에게 구속되어 있는 한 원로원 의원 신분은 아니라고 하면서, 그는 카르타고의 포로송환문제에 관해 자신의 의견을 말하지 않았다. 그렇지만 그는 포로인 카르타고 청년들은 훌륭한 장수들이고, 자신은 이미 늙었기 때문에 포로들을 돌려보내는 것이 조국에 유익하지 않다는 말을 했다.

마침내 그는 포로들을 남겨놓고 카르타고로 돌아갔다. 그는 조국에 대한 대의를 택한 것이고 가족과의 사랑도 개의치 않고 순국을 택한 것이다. 그는 자신이 카르타고로 귀환하면 적에게 죽는다는 사실을 모를 리 없었다. 그렇지만 그는 적과의 약속이라 할지라도 반드시 지켜야 한다는 신의를 택했던 것이다.

키케로는 "전혀 죽음을 두려워하지 않는 것, 모든 인간사를 대수롭지 않다고 하여 경멸하는 것, 인간에게 일어나는 일은 모두 다 참을 수 있는 것이라고 생각하는 것이 바로 이 불굴의 정신과 용기라는 덕의 속성이기 때문이다"라고 했다(허승일, 전게서, 101면).

키케로는, 인간이 유익한 것을 추구하고 있기 때문에, 칭송, 명예, 도덕적 선은 인간이 노력해서 얻어야 할 최초이자 최고의 대상으로 보았기에 인간이 이에 대해 저항할 수 없다고 보았다. 그리고 아무도 자신에게 유익한 것에 등을 돌릴 수 없기에 전력을 다한다고 하였다.

칭송, 명예, 도덕적 선보다 더 고귀한 것이 인간이 가진 단 하나의 목숨이다. 그런데 이것을 대의를 위해 버린다면 어떻게 될까? 거의 모든 사람은 죽음보다 삶을 택할 것이다. 그러나 안중근 의사는 의로운 죽음인 의사(義死)를 택했기에 칭송, 명예, 도덕적 선을 얻었던 것이다.

"인간들은 유익함을 도덕적 선에서 분리시킬 때, 자연에 의해 수립된 근본 원리를 전도시키고 있다. 왜냐하면 우리 모두는 우리에게 유익한 것을 얻으려고 추구하고 있기 때문이다. 우리는 우리에게 유익한 것에 빠져들 때 저항할 수 없고, 우리는 아마도 어떻게 달리 존재할 수 없을 것이다. 사실 그 누가 자기에게 유익한 것에 등을 돌리려고 하겠느냐? 아니, 오히려 그 누가 자기에게 유리한 것을 확보하려고 전력을 다하지 않겠느냐? 그러나 우리는 칭송, 명예, 도덕적 선 이외의 그 어느 것에서도 자신에게 유익한 것을 발견할 수 없기 때문에, 그 이유 한 가지 만으로서도 이 세 가지를 노력해서 얻어야 할 최초, 최고의 대상으로 지목하고 있는 것이다"(허승일, 전게서, 241면).

안 의사는 유묵으로서 보물 제569-5호로 지정된 '東洋大勢思杳玄 有志男兒 豈安眠和局未成猶慷慨政 略不改眞可憐(동양대세사묘현 유지남아기안면 화국미성유 강개 정략불개진가련)'을 남겼다. 이 유묵이 가진 뜻은 "동양대세 생각하매 아득하고 어둡거니, 뜻 있는 사나이 편한 잠을 어이 자리, 평화시국 못 이룸이 이리도 슬픈지고, 정략(침략전쟁)을 고치지 않으니 참 가엾도다"이다. 이 유묵에서 보듯이 안 의사가, 동양의 대세를 염려한 것을 볼 때, 동양전체를 아우르는 폭 넓은 시야를 가졌음을 볼 수 있다.

그는 사형이 집행되기 직전, “아무것도 남길 유언은 없으나 다만 내가 한 이토 히로부미 사살은 동양평화를 위해 한 것이므로 일한 양국인이 서로 일치협력해서 동양평화의 유지를 도모할 것을 바란다”고 말할 정도로 동양평화를 염원했던 것을 알 수 있다.

2) 한국인 안응칠 소회

안중근 의사는, 1909년 11월 6일 동양평화가 이등박문에 의해 유린당하는 것을 보고, 세상 사람은 모두 형제라는 기독교세계시민사상이 담긴 ‘한국인 안응칠 소회’란 글을 일본 관헌에게 건넸다. 이 글에서 안 의사는 우리는 형제이므로 각자가 자유를 지켜 삶을 좋아하고 죽음을 싫어하고 누구나 가진 떳떳한 정을 가진 형제가 되어야 함을 주문하고 있다.

또 안중근 의사는 우리 각자에게 천부의 성품을 지키면서 도덕을 숭상하고 서로 다투는 마음이 없이 제 땅에서 생업을 즐기면서 더불어 태평을 누리는 경쟁없는 평등한 문명사회를 만들기를 당부하고 있다고 보면 될 것이다.

이 ‘한국인 안응칠 소회’는 “하늘이 사람을 내어 세상이 모두 형제가 되었다”라는 첫 문장으로 시작하고 있는데, 이는 안 의사가 신봉하고 추구했던 기독교세계시민주의를 표현하고 있다고 보여진다. ‘형제’라는 용어는 가톨릭에서 통상 성도들끼리 사용하는 호칭이다.

'한국인 안응칠 소회'의 내용은:

"하늘이 사람을 내어 세상이 모두 형제가 되었다.
각각 자유를 지켜 삶을 좋아하고 죽음을 싫어하는 것은
누구나 가진 떳떳한 정이다.
오늘날 세상 사람들은 으레 문명한 시대라 일컫지마는,
나는 홀로 그렇지 않은 것을 탄식한다.

무릇 문명이란 것은
동서양 잘난이 못난이 남녀노소를 물을 것 없이
각각 천부의 성품을 지키고 도덕을 숭상하여
서로 다투는 마음이 없이
제 땅에서 생업을 즐기면서 같이 태평을 누리는 그것이다.

그런데 오늘의 시대는 그렇지 못하여
이른바 상등 사회의 고등 인물들은
의논한다는 것이 경쟁하는 것이요
연구한다는 것이 사람 죽이는 기계다.
그래서 동서양 육대주의 대포 연기와 탄한 빗발이 끊일 날 없으니
어찌 개탄할 일이 아닐 것이냐.

이제 동양 대세를 말하면
비참한 현상이 더욱 심하여 참으로 기록하기 어렵다.
이른바 이등박문은

천하 대세를 깊이 헤아려 알지 못하고
함부로 잔혹한 정책을 써서
동양 전체가 장차 멸망을 면하지 못하게 되었다.

슬프다!
천하 대세를 멀리 걱정하는 청년들이
어찌 팔짱만 끼고 아무런 방책도 없이
앉아서 죽기를 기다리는 것이 옳을까보냐.

그러므로 나는 생각다 못하여
하르빈에서 총 한 방으로 만인이 보는 눈앞에서
늙은 도적 이등의 죄악을 성토하여
뜻 있는 동양 청년들의 정신을 일깨운 것이다."

안 의사는 국채보상운동, 교육사업, 민권운동 등 칸트가 말하는 정언명령에 준하는 공익활동을 하다가 한국 의군 참모중장이라는 독립운동가로 활약했다.

그는 1909년 10월 26일 일본 총리였던 이토 히로부미를 중국 하얼빈역에서 총살하는 의거를 수행한 후 1910년 2월 14일 사형선고를 받았다.

3) 의거의 사유

아래 '의거의 사유'에서 알 수 있듯이, 안 의사가 일본 법정과의 재판과정에서 자신이 이등박문을 총살한 것은 "동양 평화를 위해서 행한 일이니 만국 공법에 의하여 처리하도록 하라"고 주장한 것을 볼 때, 그는 세계시민법인 '만국 공법'을 주장하며, 그 법에 의하여 자신이 처벌되도록 하라고 주문한 것이다.

그러므로 안 의사는, 칸트가 말한 '영구평화론'을 알면서, 칸트가 말한 정언명령에 따라 도덕적 의무의 이행과 '평화를 위해서' 자신을 희생시켰음을 알 수 있다.

의거의 사유

"내가 박문을 쏘아 죽인 것은
전쟁에 패하여 포로가 된 때문이다.
나는 개인 자격으로서 이 일을 행한 것이 아니요
한국 의군 참모중장의 자격으로
조국의 독립과 동양 평화를 위해서 행한 일이니
만국 공법에 의하여 처리하도록 하라."

4) 동포에게 고함

안 의사는 또 사형집행을 앞두고 순국직전에 쓴 '동포에게 고함'이란 유언도 남겼는데, 거기서 다시 한 번 '형제자매'란 용어를 볼 수 있다

이 유언에서, 안 의사는 맹자나 키케로가 말한 최고의 선인 '인의'를 실천하면서 의로운 죽음을 택한 것으로 보여져, 동포에게도 지(知)를 위한 학문과 산업 발전을 통한 자강을 하여 독립을 하라고 당부한 것이다.

동포에게 고함

"내가 한국 독립을 회복하고 동양 평화를 유지하기 위하여
3년 동안을 해외에서 풍찬노숙하다가
마침내 그 목적을 달성하지 못하고 이곳에서 죽노니
우리들 2천만 형제자매는 각자 스스로 분발하여
학문을 힘쓰고 실업을 진흥하며
나의 끼친 뜻을 이어 자유 독립을 회복하면
죽는 자 여한이 없겠노라."

그러면서 안 의사는 순국 직전 1910년 3월 9일과 10일에 중국 뤼순 감옥에서 두 동생인 정근과 공근에게, 그리고 홍석구(빌렘) 신부에게 최후의 유언을 했다. 그는 두 동생에게 조국 독립을 위하여 책임과 의무를 다 할 것을 당부했다:

최후의 유언

"내가 죽은 뒤에
나의 뼈를 하르빈 공원 곁에 묻어 두었다가
우리 국권이 회복되거든 고국으로 반장해 다오.
나는 천국에 가서도 또한 마땅히
우리나라의 회복을 위해 힘쓸 것이다.

너희들은 돌아가서 동포들에게

각각 모두 나라의 책임을 지고 국민된 의무를 다하여
마음을 같이하고 힘을 합하여
공로를 세우고 업을 이루도록 일러다오.
대한 독립의 소리가 천국에 들려오면
나는 마땅히 춤추며 만세를 부를 것이다."

안 의사는 보물 제569-21호 지정된 유묵에서 '欲保東洋 先改政略 時過失機 追悔何及(욕보동양 선개정략 시과실기 추회하급)'를 썼다. 그 뜻은 '동양을 보호하려면 먼저 정략을 고쳐야 한다. 때를 놓쳐 실기하면 후회한들 무엇하리요.'이다.

5) 이등박문의 죄상 15개조

그리고 안 의사는 1909년 11월 6일 일본 관헌에게 '이등박문의 죄상 15개조'를 건네면서 이르기를, 이등박문의 죄는 우리 국내에만 국한되지 않고 동양평화를 깨트린 데도 있다고 했다. 이런 그의 주장을 되새겨 보면, 지금 우리는 당장 눈앞에 것만 보는 것에 급급한데 비해, 그의 시야는 우리나라 사안을 보는 것은 물론이고 나아가 동양까지도 염려하는 폭넓은 세계관도 가졌던 것이다.

이등박문의 죄상 15개조

1. 1895년에 일본 병정을 시켜 대한 황후 폐하를 시해한 일
2. 1905년 병력으로써 대한 황제 폐하를 위협하고 5조약을 맺은 일
3. 1907년 또 다시 병력으로 위협하고 대한 황제 폐하를 폐위

시킨 일

4. 한국 안에 있는 산림, 광산, 철도, 어업 등 농·상·공업 등을 모조리 강탈한 일
5. 소위 제일은행권을 강제로 발행하여 전국 재정을 고갈시킨 일
6. 국채 1천 3백만원을 강제로 한국에 부담시킨 일
7. 한국 학교의 서책들을 불태우고 내외국 신문을 못 보게 한 일
8. 국권을 회복하려는 한국 의사들과 그의 가족들까지 10여만 명을 죽인 일
9. 한국 청년들의 외국 유학을 금지시킨 일
10. 5적 7적 및 일진회와 짜고 한국인이 일본의 보호를 받고자 한다고 한 일
11. 1909년 다시 5조약을 강제로 맺은 일
12. 한국이 일본에 속방되고 싶어하는 것처럼 선전한 일
13. 2천만 생령의 곡성이 진동한데 한국은 태평하다고 명치 황제를 속인 일
14. 동양 평화를 깨뜨려 몇 억만 인종으로 하여금 장차 멸망을 못 면하게 한 일
15. 그리고 또 1867년 6월 일본 명치 황제의 부친을 죽인 일 들

칸트의 영구평화론으로부터 제창되어 UN, EU와 환태평양국가의 아시아 태평양 경제협력체인 'APEC' 등 국제기구들이 설립되었듯이, 지금부터 100여 년 전 동양에서 인류의 보편적 가치와 행복을 위해 세계시민주의를 제창한 안 의사의 '동양평화사상'은 당장 우리가 이뤄야 할 남북통일과 그 이후의 '대한민국' 건설을 위

한 철학과 기치관에도 많은 시사점을 주고 있다.

저자는 다만 그의 유지가 점점 잊혀져가는 것이 안타까울 뿐이다.

안 의사는 보물 제569-8호로 지정된 '人無遠慮 難成大業(인무원려 난성대업)'이란 유묵도 남겼다. 이는 "사람이 멀리 생각지 못하면 큰일을 이루기 어렵다"는 뜻이다.

그렇다 안 의사의 말대로라면 우리가 멀리 생각하지 않으면 통일을 이루기 어렵다.

그리고 안 의사는 '人無遠慮 必有近憂(인무원려 필유근우)'라는 유묵을 남겼는데,

그 뜻은 "사람이 멀리 생각하지 않으면 가까운 곳에 근심이 생긴다"이다.

또 보물 제569-7호로 지정된 유묵에는 '庸工難用 連抱奇材(용공난용 연포기재)'라고 썼다. 이는 "서투른 목수는 아름드리 큰 재목을 쓰기 어렵다"는 뜻으로 우리가 서투른 목수가 안 되도록 되 새겨 보아야 할 것이다.

아울러 그는 '人類社會 代表重任(인류사회 대표중임)', 즉 "인류사회의 대표는 책임이 무겁다"고 말했다. 이는 대한민국 국민 모두가 그가 말한 것처럼 인류사회를 위한 대표가 될 수 있다. 그런데 세계시민주의처럼 크고 폭넓은 시야가 없이는 인류의 좋은 대표가 되기는 불가능하다고 본 것이다.

6) 동양평화론

안 의사는 원래 국채보상운동, 교육사업 등의 공익활동을 하다가 의병전쟁을 통해 독립운동가로 활약하기도 했다. 그러다가 안 의사가 살신성인의 자세로 행한 의거정신은 '동양평화론'이라는 그의 원대한 사상에서 잘 나타나 있다.

안 의사는 '동양평화론'을 통해 동양의 평화를 이루고자 했던 세계시민주의자로서의 '대한국인'의 면모를 보여준 것이다. 저자가 추정하건데 안 의사가 가진 세계시민주의 사상은 기독교가 추구하는 세계시민주의이다.

'동양평화론'은 안중근 의사가 중국 뤼순 감옥에서 1910년 2~3개월 동안 구상하여 집필했다.

안 의사는 1909년 10월 26일 사형 집행을 앞두고 있었다. 하지만 그는 동양평화론을 완성할 때까지 사형집행의 연기를 일본인 재판부에 요청했으나 거절당했다. 그래서 그는 원래 집필을 계획했던 서·전감·현상·복선·문답 중 서문과 전감 일부만 쓸 수 있었다.

동양평화론은 비록 완성되지는 못했지만 그가 남긴 자서전 ≪안응칠 역사≫와 검찰의 신문 및 재판과정에서 한 공술내용 등을 종합해 볼 때, 그는 동양평화론을 제창하면서 우선 한·중·일 3국 간의 상설기구인 동양평화회의를 뤼순에 조직한 다음, 이를 여타 아시아 국가가 참여하는 회의로 확대시키려 의도했다. 그러면서 그는 동북아 3국이 참여하는 공동은행 설립안과 동북아 3국 공동평화군 창설 등도 구상했다. 이는 칸트가 말한 세계평화기구인 국제연맹의 한 형태인 셈이다.

동양평화론

1. 동양의 중심지인 뤼순(旅順)을 영세중립지대로 정하고 상설 위원회를 만들어 분쟁을 미연에 방지하고
2. 한 중 일 3개국이 일정한 재정을 출자하여 공동은행을 설립하고 공동화폐를 발행하여 어려운 나라를 서로 돕고
3. 동북아 공동 안보체제 구축과 국제 평화군을 창설할 것과
4. 로마 교황청도 이곳에 대표를 파견하여 국제적 승인과 영향력을 갖게 하자는 것 등이었다.

아직까지도 우리나라를 둘러싸고 있는 이해당사자인 주변 강대국들의 군비증강과 주도권 다툼, 그리고 북핵 문제 등으로 안보 불안이 있는데도 불구하고, 우리 민족의 숙원인 남북통일은 언제 될지 알 수 없다. 그러므로 우리 민족이 암울했던 당시 안 의사의 순국과 그의 세계시민주의적인 평화사상은 후세를 살고 있는 우리 모두를 비춰주는 빛이어서 값진 교훈으로 삼아야 할 것이다.

안중근 의사에 이어 한국과 중국에 걸쳐 세계시민주의를 주창한 전병훈이란 학자도 있다.

2016년 9월 6일자 ≪교수신문≫에 군산대학교 김성환 교수가 쓴 "망각된 거인의 사상…'정신철학', 새로운 연대기를 쓰다"라는 칼럼에서 사해동포주의인 세계시민주의를 철학적으로 조명하며 공자의 대동사상과 칸트가 1795년 집필한 '영구평화론'에 이어 「세계

통일공화정부 헌법」을 기획한 전병훈(全秉薰, 1857~1927)이란 철학자를 소개하고 있다.

전병훈은 평안도 태생으로 한국과 중국에서 활동했던 국제적인 철학자였는데 40대 중반 정3품 통정대부의 관직까지 올랐다. 하지만 그는 을사조약이 체결된 후 고종이 폐위되는 1907년에 50세의 나이로 중국에 망명했다.

전병훈은 「세계통일공화정부 헌법」에서 민주적인 세계통일공화정부는 영구평화를 실현하는 대동과 태평의 정치적 이상을 구현하여 세상 사람들이 형제가 되는 사해동포의 박애정신을 말하고 있다. 당시 그의 나이가 50세였다.

8. 평화를 사랑한다

≪회남자(淮南子)≫ '원도훈(原道訓)'에 "즐거움은 부귀에 있는 것이 아니라 평화를 얻는 데 있다"고 하고 있다.

평화를 노래하는 독일 여가수 니콜은 18세였던 1982년에 'Ein bisschen Frieden'이란 노래로 '1982년 유로비전 가요제'에 독일 대표로 참가하여 대상을 차지하였다. 이 노래제목을 우리말로 옮기자면 '약간의 평화'이다.

노래에서 그녀는 이제 날이 추워져 더 이상 아름다움을 간직할 수 없는 꽃처럼, 찬바람 앞에 등불처럼, 사람들이 애지중지하다가 더 이상 좋아하지 않아 곧 내버려질 인형처럼, 절박함과 무가

치함을 느낀다고 했다. 그러면서 그녀 앞에 드리운 어두운 그림자와 새들의 절규를 보고 들으면서 그녀 앞에 짙게 깔린 어두운 현실에서 아무 일도 일어나질 않길 바라는 평화를 기원하면서 노래를 부른다고 했다.

그녀는 노래를 통하여 우리가 살고 있는 세상에 약간의 평화, 누구나 누릴 수 있는 평등한 햇빛, 기쁨, 꿈과 사랑을 갈구했다.

그녀는 또 그녀의 노래로서는 사람들로부터 많은 메아리를 얻지는 못 할 것이지만 힘든 사람들에게 더 이상 울지 않고 희망을 주자고 호소하고 있다.

그녀 자신도 단지 한 명의 소녀이고, 폭풍을 감지하고 있는 바람 속의 새처럼 고립무원의 처지에 있다고 노래하고 있다.

마지막으로 그녀는 우리가 사는 이 세상에 기쁨이 있고, 평화가 오고, 온정이 펼쳐지고, 꿈이 실현되는 평화로운 세상이 되도록 함께 노래 부르자고 했다.

1982년 유로비전에서 대상을 수상한 영광의 순간에 니콜은 앙콜송을 불렀다. 그녀는 이 'Ein bisschen Frieden' 노래를 독일어 뿐만 아니라 영어, 불어, 네덜란드어, 스페인어 등으로 섞어 부르면서 평화를 호소하여 유럽전역의 열광적인 갈채를 받았다.

이런 그녀의 온정, 꿈, 기쁨, 평화가 지배하는 세상을 실현하려는 호소에 유럽인들도 공감을 표시해 영국에서는 'A little Peace'라는 그녀의 곡이 싱글 챠트 No.1에 오르기도 했다.

이제 우리도 평화로운 세상을 노래하는 니콜처럼 한반도의 평화를 위하여 힘든 이웃이나 북녘 동포, 나아가서는 어려움에 처한 지구인을 돕고 위하고 사랑하는 온정을 가져야 한다.

그리고 국가도 세계초일류국가를 만든다는 거시적인 관점에서 출발하여 모든 한민족뿐만 아니라 세계인을 가슴으로 끌어안는 자세를 가져야 한다.

그냥 국가를 현상태로 유지하거나 이보다 더 국가를 어렵게 만들려면 현재처럼 차별하고 어려운 사람을 방치해서 극단의 선택까지 가도록 두면 된다.

우리가 가진 것은 독일처럼 인적자산 밖에 없다. 독일인은 주변국과 강대국과의 경쟁에서 살아남고 이겨내는 유일한 방법은 인적자산을 소중히 극진하게 기르는 방법 밖에 없음을 잘 알고 있다.

우리도 인적 자산을 소중히 해야 한다.

독일에는 개인과 사회단체도 범세계적인 인재를 발굴하고 육성하기 위해 공익법인을 만들고, 기독교민주당과 사회민주당이나 자유민주당 등 정당도 장학재단을 만들어 다른 나라에서 온 인재 육성에 참여하고 있다. 이것과 더불어 국가도 한편으로는 독일학술교류처 등 공익법인을 두고, 다른 한편으로는 사회복지정책으로 자국에 사는 내외국민을 비롯한 범세계적으로 힘든 사람과 난민을 돕도록 힘을 보태고 있다.

니콜이 부른 '약간의 평화'의 우리말 가사내용은 다음과 같다.:

약간의 평화(Ein bisschen Frieden)

초겨울의 한 송이 꽃처럼
얼음장같이 찬 바람 속의 불꽃처럼
더 이상 아무도 좋아하지 않는 인형처럼
나는 많은 날에서 느낍니다.
그런데 나는 우리 위에 드리운 구름들을 봅니다.
그리고 바람 속에 있는 새들의 절규를 듣습니다.
암흑 속에 답으로 내 노래를 불러봅니다.
그리고 아무 일도 일어나지 않기를 바랍니다.

약간의 평화를,
약간의 햇빛을
우리가 살고 있는 세상을 위하여.
약간의 평화를
약간의 기쁨을
약간의 온정을 바랍니다.
약간의 평화를,
약간의 꿈들을
그리고 사람들이 이렇게 자주 울지 않도록.
약간의 평화를
약간의 사랑을
내가 더 이상 희망을 잃지 않도록.
나는 내 노래들이 많은 것을 바꾸지는 못한다는 것을 알아요.

나는 그냥 느끼는 것을 말하는 한 소녀일 뿐이에요.
나는 바람 속의 한 마리 새처럼 홀로 도움이 없어요.
새는 폭풍이 다가오는 것을 느끼고 있어요.

약간의 평화를,
약간의 햇빛을
우리가 살고 있는 이 세상을 위해.
약간의 평화를,
약간의 기쁨을
약간의 온정을 바래봅니다.
약간의 평화를
약간의 꿈들을
그리고 사람들이 이렇게 자주 울지 않도록.
약간의 평화를,
약간의 사랑을
내가 더 이상 희망을 잃지 않도록
나와 함께 작은 노래를 하나 불러봐요.
세계가 평화롭도록.
나와 함께 작은 노래를 하나 불러봐요.
세계가 평화롭도록."

현재 우리나라는 북한의 핵무기를 억제하고 해결한다면서 매파들이 많은지 '선제타격론'이라는 말이 미국이나 한국에서도 심심찮게 흘러나온다.

북한을 얕잡아 보는지 몰라도 베트남, 아프가니스탄, 이라크에서도 미국이 전쟁을 일으켜 좋은 결실을 못 보았다.

전쟁은 우리 국토를 다시 베트남처럼 경제적으로 낙후한 국가로 만든다. 평화적인 해법을 찾아 통일해야 한다. 그래야만이 주변국에 멸시 안 당하면서 강대국으로 발돋움할 수 있다.

≪장자≫ '제물론'에 소문, 사광과 혜자는 밝힐 수 없는 바를 밝히려 다가 궤변에 빠져 평생 발전이 없었다. 그러므로 사람은 지혜와 재능을 내세우지 말고 모든 것을 자연의 섭리에 맡기라고 했다.

성인은 마음을 비워 세속의 모순과 더러움조차도 너그러이 포용하는 차별 없는 평등을 이루는 영원한 도에 이르는 대립과 갈등을 벗어나는 밝은 지혜에 따라야 할 것이다.

'소문(昭文)은 거문고를 뜯고, 사광(師曠)은 지팡이로 박자를 맞추며,

혜자(惠子)는 오동나무 책상에 기대어 담론하였다.

세 사람의 재능은 매우 탁월하여

후세에까지 그 이름이 전하여지고 있다.

다만 그들이 좋아하는 바가 옛 성인들의 그것과는 사뭇 달랐다.

그들이 좋아하는 것은 다른 사람들에게 도의 실체를 밝히는 일이었다.

이는 밝힐 수 없는 바를 밝히려 애쓴 셈이다.

따라서 굳고 흰 돌은 돌이 아니라는 궤변에 빠졌다.

그리고 소문의 아들은 아버지의 기교를 이어받음에 그치고,
평생토록 발전을 이루지 못했다.
만약 이와 같은 사람들이 도를 이루지 못한 것이라면,
나도 역시 도를 이루었다고 해야 할 것이다.
만약 이와 같은 사람들이 도를 이루지 못한 것이라면
모든 사물과 나도 또한 도를 이룰 수 없을 것이다.
그러기에 성인은 회의를 넘어선 빛을 지니고자 간절히 바란다.
그는 자기의 지혜를 내세우지 않고 모든 것을 자연의 섭리에 맡긴다.
이는 바로 대립과 갈등을 벗어난 밝은 지혜에 따른다는 것이다.

≪장자≫ '제물론'에는 원시상태에서 평화롭게 통치하고 있는 종, 회와 서오를 요임금이 단지 마음에 꺼림직하다는 이유로 정벌하고자 하니 어떤가 하고 신하 순에게 물었다. 하문을 받은 신하 순은 덕있는 자는 무력을 쓰지 않는다고 말하고 있다.:

옛날에 요임금이 신하인 순에게 물었다.
"나는 종(宗)과 회(膾)와 서오(胥敖)를 정벌하고자 한다.
천자의 자리에 있으면서도 이 세 나라가 마음에 걸려 꺼림칙하니,
그 까닭이 무엇일까?
순이 대답했다.
"저 세 나라의 군주들은,
아직도 쑥대가 우거진 곳에서 살고 있습니다.

임금님께서 꺼림칙하게 여기시는 것은 어찌된 일인지요?

옛날에는 열 개의 해가 한꺼번에 떠서 만물을 비추었다고 합니다.

하물며 임금께서는 그 해보다 더 뛰어난 덕을 갖추셨는데,

어찌 무력을 쓰시겠나이까?"

≪장자≫ '서무귀편'은 전쟁을 경고하고 있다. '서무귀편'에는 자국 백성만 사랑하면 백성을 해치는 근원이고, 의를 실천하는 것이 전쟁을 유발하는 마음의 근원이고, 성공하려는 마음이 악을 담는 그릇이라고 말하고 있다.

성공을 나타내려면 그럴싸하게 성공을 포장해야 하고 성공과 안정을 위해서는 또 전쟁이 필요하다. 그러기에 무엇을 하고자 자연의 섭리를 거스르는 꿍꿍이도 하지 말고 전략과 책략도 말고 전쟁으로 이기려고도 하지 말라고 '서무귀편'은 말하고 있다.

'서무귀편'은 또 승리가 재앙을 부르니 마음을 닦아 도를 득하여 자연의 순리에 따르는 인간의 본성을 지킬 것을 우리에게 주문하고 있다.

"무후가 말했다.

오래전부터 선생을 뵙고 싶었습니다.

나는 백성에 대한 사랑과 의를 실천코자 전쟁을 그만두려합니다.

그리해도 괜찮겠습니까?

서무귀가 말했다.

아니 됩니다.

백성을 사랑하고자 하는 것이
백성을 해치게 되는 근원입니다.
의를 실천하기위해 전쟁을 그만둔다는 마음이
전쟁을 일으키는 마음의 근원입니다.
임금께서 그런 마음으로 정치를 한다면
장차 뜻을 이루지 못하실 겁니다.
바로 성공을 쫒는 마음이
악을 담는 그릇입니다.
임금께서 그러한 마음으로 의를 실천하더라도
그 또한 거짓일 따름입니다.
성공의 형태를 견고히 하려면 그 형태를 그럴싸하게 꾸며야 하고
성공을 굳건히 하기 위해서는 정벌이 필요하게 됩니다.
안정을 도모하고자함이 밖으로 표출된 것이 전쟁인 것입니다.
임금께서는 단지 높은 누각에서 진법을 펴는 일도 삼가야합니다.
궁의 보루에 보병과 기병을 두지도 마십시오.

무엇을 이루고자 이치를 거스르려는 꿍꿍이를 갖지 마십시오.
책략으로 이기려하지 마십시오
계략으로 이기려고하지 마십시오
전쟁으로 이기려고하지 마십시오
나른 나라의 백성을 죽이고
남의 땅을 차지함으로써
내 육체와 정신을 봉양하려는 자는
그 전쟁이 무엇을 위함인지 알지 못하고 있는 것이니

승리가 재앙을 부를 것입니다.
임금께서 그리하지 않을 요량이시라면
마음을 닦아 참되게 하시어
자연의 뜻에 응하시길 바랍니다.
그럼으로써 백성들이 죽음에서 벗어날 수 있을 터이니
임금께서는 애시 당초 병사 쓰는 것을 그만둔다 할 연유가 있겠습니까?"

9. 정의를 실현하다

도덕과 정의는 고대부터 인간이 가져야 할 인류에게 숭고한 최고의 덕목 중 하나이다.

플라톤의 교육사상에는 지혜, 절제, 용기와 정의의 4가지 기본도덕을 갖춰야만 '선미(善美)한 인간'이다.

플라톤의 교육사상에 덧붙여 키케로는 ≪의무론≫에서 지혜, 절제, 용기와 정의의 4가지 기본도덕을 좀 더 가다듬어 후세들에게 가르침을 주고 있다. 키케로는 호메로스와 소크라테스의 계보인 플라톤의 제자로서 로마공화정 말기의 집정관을 역임한 정치가, 철학자, 법조인이었다.

1) 독일이 사랑한 키케로

키케로의 ≪의무론(De Officiis)≫ 을 우리말로 옮겨 ≪키케로의 의무론≫ 이란 책으로 출간한 서울대학교 허승일 교수는 2007년 2월 10일자 ≪얼≫에서 '의무론－마르쿠스 툴리우스 키케로'란 칼럼을 게재했다.

키케로의 ≪의무론≫은 서울대학교 선정 인문고전 50선 중 하나로 선정되기도 했다. 이 책은 키케로가 아리스토텔레스의 제자로서 아테네에 유학 중인 아들 마르쿠스에게 서간체 형식으로 썼는데 키케로는 아들이 지혜로운 사람, 정의로운 사람, 용기있는 사람, 절제있는 사람이 되라고 주문했다.

위 허 교수의 칼럼과 그가 번역한 ≪키케로의 의무론≫에 의하면, 독일의 전 국가였던 프러시아 제국의 철혈재상이였던 비스마르크는 독일에서 정치가가 되고자 하는 학생은 ≪의무론≫을 꼭 읽으라고 권유했다고 말하고 있어 키케로의 ≪의무론≫이 후세 독일인에게 많은 영향을 끼쳤음을 알 수 있다.

저자는 비스마르크가 ≪의무론≫으로부터 영향을 받아 국민들에게서 영예를 얻기 위하여 유럽에서 처음으로 프로이센에 사회복지제도를 도입한 것이 아닌가하고 생각한다.

≪의무론≫이 독일에 영향을 깊이 준 것은 구텐베르크가 활자를 발명하고 기독교관련 출간물의 인쇄 다음으로 ≪의무론≫이 인쇄되었다는 사실을 봐도 그렇다.

독일이 낳은 위대한 철학자 칸트도 키케로의 ≪의무론≫에 감동을 받고 영향을 많이 받아서, 그가 말하는 도덕적 행위가 인간의 의무라는 견해는 키케로의 ≪의무론≫에서 기초했다고 보여진다.

"국가 제일의 심부름꾼이다"라고 자처하며 1740년에 즉위한 독일 프러시아의 계몽군주였던 프리드리히 대제는 ≪의무론≫이 도덕을 위해서는 가장 불후의 명저라고 하면서 키케로를 높이 평가했다.

≪의무론≫ 필사본은 15세기 중엽 인쇄술이 발명되기 전에 벌써 세계 700개의 도서관에 구비될 정도였고, 인쇄술이 발명된 이후에도 성경 다음으로 많이 읽힌 책이라고 한다. 또 ≪의무론≫은 세계 역사상 윤리 면에서 고금을 통하여 많은 영향을 끼친 책 중에 하나라고 볼 수 있는데, 서양 고대와 기독교 중심의 중세 시대에도 ≪의무론≫이 도덕규범 도서여서 그만큼 '의무론'이 널리 사랑받고 있는 책이고 독일에서도 인쇄술의 발명 이후 많이 출간될 만큼 중요한 저술 중에 하나이고 사상적으로 영향을 많이 받은 책임이 틀림없다고 하겠다.

서기전 44년경에 출간된 키케로의 ≪의무론(De Officiis)≫은 독일인 구텐베르그에 의해 발명된 활자인쇄술을 재정적으로 뒷받침한 푸스트와 인쇄소 종업원이었던 쉐퍼에 의해 5회의 성서 관련인쇄물 다음 여섯 번째로 1466년 경 출간되면서 독일의 세간에 알려진 책이다.

국내에서는 ≪의무론≫이 구텐베르그에 의해 성서 다음으로 두 번째 출판된 것으로 알려졌으나, 저자가 연구한 결과에 의하면, 이는 사실이 아닌 것을 알 수 있다. 하지만 국내에 이렇게 알려지게 된 것은 아마 영어 자료를 참고한 결과 그렇게 된 것이 아닌가 하고 저자는 생각한다.

저자가 ≪위키피디아≫ 사전 독일어판을 조사한 바에 의하면, 라틴어로 번역된 성경은 42줄 분량으로 1452년에서 1455년 사이에 독일 마인쯔에서 출판되었다고 말하고 있다.

그러면서 ≪위키피디아≫ 독일어판은 키케로의 ≪의무론≫ 이 구텐베르그 활자에 의해 여섯 번째 출판된 것으로 기술하고 있다. 키케로의 ≪의무론≫ 이전에 다섯 번의 발간은 모두 기독교관련 출판물이었다.

푸스트와 쉐퍼는 ≪의무론≫ 출간에 앞서 1457년에 성무일과 聖務日課의 기도용인 성시집(聖詩集) ≪Psalterium Moguntium≫ 을 첫 번째로 인쇄했다. 그 후 1459년 '두란' 주교의 전례 지식을 총망라한 총서로서 성무일도를 해설한 주교예식서 ≪Rationale Divinorum Officiorum des Bischofs Durand≫를 출판했다. 이어서 1462년 48줄의 성경을 4번째로 출판했다. 다섯 번째 출판물로는 1465년에 출간된 교황 보니파시오 8세가 1298년 반포한 ≪교회법주해서≫이다.

기독교 관련인쇄물 다음으로 키케로의 ≪의무론≫이 일반저서로는 첫 번째 출판되었다는 것은 당시 독일은 기독교 국가로서 종교와 관련한 문헌의 출판을 가장 우선시했다는 것을 알 수 있다.

그리고 나서 ≪의무론≫을 출간한 것은 독일인이 키케로가 말한 최고의 선인 도덕과 세계시민사상에 대한 관심과 사랑 때문이 아닐까 하고 저자는 생각한다.

평소 철학에 대해 조예가 깊고 합리적인 독일인은, ≪의무론≫이 인간이 공동체 내에서 세계시민으로 생활하면서 알고 실천해야 할 도덕적 의무에 대해서 서술하고 있기에, 도덕적 선의, 봉사, 사랑 등 세계시민국가가 되는데 필요한 도덕적인 덕목을 높이 평가했다는 반증일 것이다.

키케로는 또 ≪의무론≫에서 삶에 있어서 도덕적으로 옳고 선하고 명예로운 모든 것은 의무를 이행하는 데 달려 있다고 보았다. 그에 의하면 의무는 고정불변이고 자연이 부여한 인간 본성과 일치한다고 보았다. 반면에 그는 도덕적으로 옳지 않고 나쁘며 불명예스럽고 추한 것은 의무를 이행치 않아서였다고 보았다.

키케로는 의무를 평범한 보통의 의무와 완전한 절대적 의무로 나누고는 완전한 절대적 의무를 올바른 의무라고 생각했다. 그 이유는 그리스인들이 완전한 절대적 의무는 카토르트로마 즉 유익하고 가치 있는 행위로 여기고, 평범한 보통의 의무는 카테콘, 즉 합당한 것이라고 생각했기 때문이었다고 했다.

키케로는 의무에 관한 모든 논의는 이중적이라면서, 하나는 최고선에 관한 것이고 다른 하나는 일상생활 전 영역에 적용될 수 있는 교훈들이라고 했다. 그러면서 그는 두 가지 중 최고선이 우위에 있다고 보았다(Cicero, De Officiis, 1. 43.152; 허승일, 전게서, 108면 참조).

키케로는 인간이 자기가 속해 있는 사회에서 사랑, 봉사, 그리고 상호 관계를 통하여 세계를 우주와 같은 단일 국가로 만들 수 있음을 말하고 있다.

독일에는 키케로 이름을 본 따 2004년에 베를린에서 창간된 8만 3천부 정도의 판매부수를 가진 ≪키케로 Cirero≫라는 정치와 문화를 위한 월간잡지도 있다.

2) 독일의 사회정의

≪독일연방기본법≫ 제20조 1항은 "독일연방공화국은 민주적·사회적 연방국가다"라고 하고 있다. 또 동법 제20a조에는 "국가는 장래의 세대에 대한 책임으로서 헌법질서의 범위 내에서 입법에 의거하거나 법률과 규범에 따른 행정과 판결을 통하여 자연적 생활기반을 보호한다"고 명시하고 있다. 독일은 이 조항에 의거하여 여러 가지 사회복지정책과 사회부조정책을 통해 사회정의를 시행하고 있다.

과거에는 복지국가가 사회보장책임을 지고 국민이 국가로부터 수혜하는 사회보장의 범위가 1942년 영국의 베버리지보고서에서 제창한 '요람에서 무덤까지'였지만 1980년대부터 독일은 출생인구가 줄면서 '태내에서 무덤까지' 국민의 자연적 생활기반을 보호하는 사회정의를 실현하고 있다.

이는 스토아학파의 디오게네스가 말한 인생의 목적은 자연에 맞게 사물을 잘 취사선택할 수 있는 방식으로 사는 것이라는 말처럼, 국민의 자연적 생활기반을 보호해서 사회정의를 실현하도록

≪독일연방기본법≫ 보장한 것이라고 본다(A.A. Long and D.N. Sedley, The Hellenestic Philosophers, Vol. 1, p.407.: 허승일, 서양의 고전적 윤리 실천 사상, 서울대학교 사대논총, 제49집 1994. 12. 30. p.88).

앞서 말한 ≪독일연방기본법≫ 제20a조의 "자연적 생활기반을 보호한다"에서 '자연'의 중요성을 키케로는 ≪의무론≫에서 역설하기를,

"자연은 또한, 인간 본성으로 하여금 이성의 힘을 빌려 인간과 인간이 언어와 사회생활의 공동 유대를 맺도록 결합시키며, 무엇보다도 자식들에 대한 각별한 애정을 지니도록 한다. 뿐만 아니라 집회와 축제를 열고 거기에 참석하기를 원하게 된다.

더 나아가 자연은 인간 본성으로 하여금 자기 자신뿐만 아니라, 처자식과 돌봐줘야 할 딸린 사람들의 안락과 풍요한 생활을 위해 도움이 되는 것들을 마련하는 데 열중하도록 한다.

이러한 배려와 책임감이 세상을 살아나가는 데 용기백배하게 하는 원동력이 되는 것이다"라고 언급하고 있어 인간은 자연적 생활기반이 보호되어야 사랑이 있는 사회생활이 가능함을 설명하고 있다(Cicero, De Officiis, 1.4.12; 허승일, 전게서, 21f.).

키케로는 ≪의무론≫에서 공화국이 안정되고 평화를 유지하는데 필요한 전체 시민과 국가에 필요한 최고선인 덕에 관한 견해를 말하고 있다. 그는 최고선 가운데서 어떤 부문은 시민 전체에 해당되기도 하고, 어떤 부문은 시민 개개인과 관련된다고 했다.

키케로는 사회공동체에서 시민들 간의 유대관계를 가져오는

최고선이 도덕적으로 옳고 선하고 명예로운 것으로 보면서 도덕적으로 선하고 명예로운 모든 것들, 즉 인간이 행해야 할 의무는 네 가지 부분에서 나온다고 했다.

키케로가 말한 인간 의무의 4부분을 보면:

첫째가 진리에 대한 통찰과 이해에서 생각되는 지(知)인 지식 탐구이고,

둘째가 공동체의 사회적 유대 관계인 의(義)로서 인간 사회를 유지하며, 각자의 것은 각자에게 나누어주며, 계약된 것에 대한 신의에서 생각된다.

셋째가 고귀하며 굽히지 않은 정신의 위대함과 강직함에서 생각되는 꿋꿋한 불굴의 정신인 용(勇)이고,

넷째가 행해지고 말해진 모든 것에 절도와 인내가 내재해 있는 질서와 온건함 속에서 생각되는 자제하는 행동인 인(忍)이다.

따라서 우리는 4가지 덕을 갖추면 행복하게 된다고 키케로는 보았는데, 만약 인생의 목적이 행복해지는 것에 있고 행복은 덕 속에 내재하는 것이라고 한다면, 우리는 물론 네 가지 덕과 이에 종속된 모든 덕들을 갖추도록 노력해야 할 것이다.

키케로는 이 4가지 덕의 우선순위를 의, 지, 인, 용 순을 매겨 정의를 가장 우선시한 것을 볼 수 있다.

여기서 키케로가 말한 4가지 도덕적으로 선한 최고의 선인 덕

을 상세히 살펴보면,

첫째, 의무의 제1원천인 지(知)는 지식 또는 지혜인데, 진리에 대한 통찰과 이해에서 생각된다. 지식에는 지혜와 예지가 포함되며, 지혜는 신들의 일과 인간사에 관한 지식이다. 여기에는 신들과 인간의 공동체적 유대 관계와 사회 자체 내에서의 인간과 인간의 지식도 포함된다. 예지는 추구해야 사물과 회피해야 사물에 관한 실제 지식을 말한다.

지식은 또 주어진 사물에서 진실되고 순수한 것이 무엇이고, 공감이 가는 것은 무엇이며, 그것에서 생기는 결과는 무엇이며, 사물의 원인이 되는 것은 무엇인지, 인과관계를 인식하는 능력을 말한다.

키케로는 지(知)로 인해 인간이 인식과 학문의 욕구로 빠져 들어 뛰어난 것을 아름답다고 생각하게 되고 빗나가거나 잘못하는 것, 알지 못하거나 속임을 당하는 것은 악하고 추한 것으로 간주한다고 보았다. 그래서 그는 지가 인간의 본질과 관계가 가장 깊다고 보았다.

그러면서 키케로는 지가 인간의 본성에 적합하고 도덕적으로 선한 것이지만 두 가지 오류를 피해야 한다고 했다. 하나는 사물을 숙고하기 위해 시간과 정력을 들여 우리가 알지 못하는 것들을 아는 체하여 맹목적인 동의를 해서는 안 된다는 것이고, 또 다른 하나는 애매모호하고 어려우며, 필요치 않은 것들에 너무 많은 정력과 노력을 쏟지 말아야 한다는 것이다.

둘째, 의는 정의이다.

경건, 정직, 형평, 공정한 취급도 의에 속하며 인간사회를 유지하는 공동체의 사회적 유대 관계를 가져온다. 여기서 키케로는 정의를 차별이 없는 평등과 유사한 개념을 말하고 있는데, 선행과 짝을 이루며 보다 약한 사회의 빈곤층이 미천하다는 이유로 억압을 받게 해서는 안 된다고 보았다. 의는 인간사회를 유지하게 하며, 각자의 것은 각자에게 나누어 주며, 계약된 것에 대한 신의에서 생각되거나, 개인적인 응분의 보상을 배분하는 것에 관한 지식이다.

키케로는 사회적 형평성이 호의와 봉사를 제공함에 있어 최대의 교훈이라고 했다. 그에 의하면 지속적인 찬사와 명성의 기반은 정의이고, 정의없이 칭찬받을 수 있는 것은 하나도 없기 때문에 불의를 피하라고 했다(Cicero, De Officiis 2,20,71; 허승일, 전게서, 164면).

키케로에 의하면 정의는 판매자나 구매자, 고용인과 피고용인, 그리고 상업에 종사하는 사람들이 일을 하기 위해서는 필수불가결한 것이며 심지어 옳지 못한 일이나 범죄자들조차도 정의가 필요하다고 키케로는 말했다.

키케로는 ≪의무론≫ 제1장 21~22절에서 정의에 관해서

"각자에게 할당된 것은 각자에게 소유하게 하자.

만약 누군가가 자기 몫보다 더 많은 것을 탐낸다면 그는 인간사회의 법을 위반 하는 것이다.

공동의 이익을 위해 서로 간의 의무를 교환해야 하고 때에 따라 기술, 노동, 재능을 주고받음으로써 인간 사회의 결속을 다져나

가자”고 하면서 공동사회에서 공공의 이익을 위해 의무교환을 통한 사회적 형평성을 실현하여 사회 정의를 구현해야 함을 역설하고 있다.

키케로는 “정의는 선행과 더불어 인간 사회를 유지케 하고, 생활 공동체 같은 것을 유지케 하는 것이다. 그러므로 정의의 제일차 기능은, 불의로 해를 입지 않는 남을 해치지 않으며, 공공물은 공공을 위해 사용하고, 개인의 사유물은 그 개인 자신을 위해 사용케 하는데 있다”면서 “정의의 기초는 신의이다. 이는 말한 것과 계약한 것의 변치 않음과 진실됨을 뜻한다. 정의는 덕의 광채가 최대로 빛나며, 사람들은 정의에 기초하여 선한 사람들이라고 일컬어진다. 이 정의와 결부된 것이 자선으로 친절이나 관대함으로 불리어도 무방하다”고 했다.

키케로는 신의를 얻는 데는 예지보다 정의가 더 강하게 작용하므로 정의의 기초는 신의(fides)라고 하면서, 공화국을 유지시키는 데 신의보다 더 강하게 작용하는 것은 없다고 했다.

그에 의하면 신의를 얻는 데에는 두 가지 조건이 있는데, 첫째는 만약 우리가 사람들에 의해 정의감과 결합된 미래를 내다보는 예지력을 지녔다고 판단되었을 때이다.

두 번째로, 사람들은 정의롭고 신의있는 사람들, 즉 선인들에게 신의가 있다고 생각하는데, 그럴 때 그것은 사기와 불의에 대한 혐의가 추호라도 있어서는 안 된다는 전제 하에서였음은 말할 것도 없다.

정의는 예지 없이도 충분한 영향력이 있지만, 정의 없는 예지는 신의를 갖는데 아무런 힘도 없다고 키케로는 말했다.

키케로가 말하는 세 번째 덕인 용은 고귀하며 굽히지 않은 정신의 위대함과 강직함에서 생각되는 용기이다.

키케로는 ≪의무론≫ 제1장 62절에서 "용기를 형평을 위해 투쟁하는 덕이라고 말하고 있다. 그러므로 음모와 사악으로 용기의 영예를 얻고자 하는 자는 그 누구도 찬양받지 못한다. 그 이유는 정의가 결여된 것은 그 무엇도 도덕적 선이 될 수 없기 때문이다"고 했다.

키케로는 사람이 용감하고 위대한 정신을 추구하다보면 집념과 과도한 욕심이 생겨나서 자신의 고유한 내적인 평형, 즉 균형감각을 유지하기가 힘들다고 보았다. 그래서 그는 불의를 물리치는 자가 강하고 위대한 사람으로 간주되어야 한다고 했다.

키케로에 의하면 우리가 추구하는 도덕적 선의 하나인 고매하고 꿋꿋한 불굴의 용기는 정신력에서 생긴다. 또 불굴의 정신이란 역경에서 당황하지 않고, 침착하게 내적인 중심을 잡아야 주위 사람들로부터 내쳐지지 않으며, 계획과 이성에서 벗어나지 않는다고 했다.

이 때 강하고 고매한 불굴의 정신은 크게 두 가지 특징을 가진다. 하나는 주위의 사물들에 대한 무관심이나 경멸이다. 즉, 용자는 사물에 대해 무관심해야 하며 도덕적으로 선하고 명예로우며 자연과 인간 본성에 부합하는 것 외에는 아무 것도 찬양하거나 소망하고, 그리고 추구하는 대상으로 삼지 않는다. 그러면서 용자는 무엇에 의해서도 정신의 불안정이나 힘든 운명에도 굴하지 않는다는 신념을 소유해야 한다고 보았다.

그리고 나머지 하나 강하고 고매한 불굴의 정신을 가진 용자의 특징을 보면, 앞서 안중근 의사의 용기에 대해서 상세히 언급했지만 안중근 의사처럼, 그는 불굴의 정신으로 훈련을 받아 비록 고난과 위험이 따르는데도 불구하고 생명은 물론 특히 삶에 가치가 있는 필요한 모든 것들을 위해 진실로 가장 유익한 일을 아주 많이 열심히 하는 데에서도 나타난다.

키케로는 또 불굴의 용기는 생각을 깊이 하고 미래를 예견하고 결과까지도 예측하면서 만반의 준비를 갖출 수 있는 총명함이 필요하다고 했다. 그러면서 그는 이런 것들은 위대하고 특출한 정신 활동이며, 현명과 지혜에 내재하는 신의 깊은 정신 활동이라고 말했다.

그러면서 키케로는 용기는 만용과 구별되어야 하며, 정신의 위대함, 즉 용기가 인간의 결속과 공동체 사회에서 동떨어진 것이라면 그것은 일종의 야수적, 비인간적인 만용이 될 것이라고 우리에게 경고를 주고 있다(Cicero, De Officiis 1,44,157; 허승일, 전게서, 111면).

네 번째로 키케로 말하는 인忍은 인내하며 말해진 모든 것에 절도와 인내가 내재해 있는 질서와 온건함 속에서 생각되는 것이다. 인은 관용, 절제, 중용의 덕성에서 나타나게 된다(Cicero, De Officiis 1.5.15; 허승일, 전게서, 23면).

키케로는 의, 용, 인의 세 가지 덕에서 실제 생활을 하는 데 필요한 것들이 마련되고 유지되기 때문에 인간 사회가 이루어지고 유지된다고 했다. 그리고 정신의 뛰어남과 위대함은 자신과 자신에게 딸린 가족과 기타 사람들을 위해 부와 유익함을 증대시키는 데서 나타나기도 하는데 때로는 부와 유익함 자체를 경멸하는 데서 훨씬 더 빛을 내기도 한다고 했다.

그리고 그는 일상생활에서 가능한 한 예의범절과 질서를 지키기만 한다면 우리는 도덕적으로 선한 것과 명예로운 것을 보존할 수 있다고 보았다. 그래서 키케로는 질서의 일관성, 절제 그리고 이와 유사한 것들은 정신 활동뿐만 아니라 어떤 신체 활동을 유발하는 그러한 종류와도 결부된다고 보았다.

키케로는 공동체 내에서 의무의 중요도에 관한 순위등급을 매겼는데, 첫째는 불멸의 신들에 대한 의무이고, 둘째는 조국에 대한 의무, 셋째가 부모에 대한 의무로 보았다.

1832년에 태어난 독일의 한스 프리드리히 폰 아르민 교수는 그가 저술한 ≪Stoicorum veterorum fragmenta≫ 3권에서 인간이 노동을 하는 것은 행복하기 위해서인데, 행복은 덕스럽게, 이성에 따라, 그리고 자연을 따라 사는 데서 온다고 말하고 있다.

"인생의 목적은 행복이다.

그것을 위해서 모든 일을 하는 것이다.

행복을 위해 모든 것을 하지만 행복 외의 다른 목적을 위해서 행복이 추구되는 것은

아니다.

그런데 행복은 덕스럽게 사는 데에서 성립한다.

그리고 이성에 따라서 사는 데서 성립한다.

그리고 무엇보다도 자연에 따라서 사는 데서 성립한다"고 했다(Arnim, Stoicorum veterorum fragmenta 3.16).

3) 정의롭게 살자

'국제퇴계학회'가 ≪중용≫을 번역한 것에 따르면, ≪중용≫ 제20장 '애공문정'은 천하에 달도가 다섯 가지가 있는데 군신과 부자와 부부와 형제와 친구의 사귐이라고 했다. 그리고 그것을 행하게 하는 달덕은 셋인데 지, 용과 인(仁)이라고 했다.

여기서 달덕은 때와 장소에 상관없이 변함없이 사람이 마땅히 지녀야 할 덕을 의미하는데,

배움을 좋아하는 것은 지에 가깝고, 부끄러워하는 것은 용에 가깝고, 그리고 힘써 행하는 것은 인에 가깝다고 했다.

사람은 이 세 가지를 알면 사회적 유대관계를 맺는데 필요한 수신이 되고, 수신이 되면 남을 다스릴 수 있고, 남을 다스릴 수 있으면 국가를 다스릴 수 있다고 했다:

"천하에 달도 다섯이 있는데 그것을 행하게 하는 것은 셋이다.

곧 군신과 부자와 부부와 형제와 친구의 사귐 다섯 가지는 천하의 달도이고

지·인·용의 세 가지는 천하의 달덕이니, 그것을 행하게 하는 것은 하나이다.

어떤 이는 나면서부터 그것을 알며,

어떤 이는 배워서 그것을 알며,

어떤 이는 애를 써서 그것을 알게 되나,
그들이 그것을 앎에 미쳐서는 한가지이다.
어떤 이는 편하게 그것을 행하며,
어떤 이는 이롭게 여겨 그것을 행하며,
어떤 이는 애써서 그것을 행한다.
그들이 공을 이룸에 미쳐서는 한가지이다.

공자께서 말씀하시기를 「배움을 좋아하는 것은 지에 가깝고 힘써 행하는 것은 인에 가깝고 수치를 아는 것은 용에 가까운 것이다.

이 세 가지를 알면 곧 몸을 닦는 길을 알게 될 것이요,

사람을 다스리는 길을 알면 곧 천하와 국가를 다스리는 길을 알게 될 것이다.」"

B.C. 551년에 태어난 공자는 '옹야편'에서 "자신이 서고자 하면 남을 먼저 세워주고, 자신이 이르려고 하면 남을 먼저 이르게 해라(기욕립이립인(己欲立而立人) 기욕달이달인(己欲達而達人))"고 말하여 공동생활을 하는 인간이 가야할 길인 '인'의 정신을 표현했다.

공자도 또 ≪논어≫ '안연편'에서 애제자 자공이 나라를 통치하는 정치에서 유념해야 할 우선순위에 관하여 물었는데, 이 물음에 대한 답으로서 공자는 足食(족식), 족병(足兵), 민신지의(民信之矣) 세 가지를 대답했다. 이는 식량을 풍족하게 하고, 군비를 풍족하게 하고, 백성들로 하여금 믿게 하라는 뜻이다.

이에 자공은 부득이 한 가지를 버려야 한다면 이 세 가지 중에서 어느 것을 먼저 버려야 하는지 다시 물었다. 그러자 공자는 군병을 먼저 버리라고 했다. 이에 자공은 한 가지를 부득이 더 버린다면 남은 두 가지 중에서 어느 것을 먼저 버려야 하느냐고 물었다. 이 물음에 대해 공자는 옛날부터 누구나 다 죽기에 식량을 버려라했다. 그러나 백성들이 믿지 않으면 국가가 존립할 수 없다고 말했다. 공자는 신의를 가장 중요시하라는 답을 준 것이다.

공자가 신의를 가장 중시하라고 말해서 그런지 자공은 공자 사후 6년간이나 공자묘에서 시묘를 했다.

공자가 인간이 살아가는데 필요한 덕 중에서 인(仁)을 강조한 것처럼, 공자의 제자 맹자는 동물과 다른 인간이 가진 본질인 4가지 덕으로서 4단인 인의예지(仁義禮智)를 들었다.

4단의 인은 인간으로서 측은히 여기는 마음인 측은지심(惻隱之心)이다.

이 측은지심은 동·서독의 예를 볼 때, 우리의 경제발전이 북한보다 앞서기에 통일을 위해서 북한동포를 돕는 마음을 가져야 한다.

인 다음으로 의는 부끄럽고 미워할 줄 아는 마음인 수오지심(羞惡之心)을 뜻한다. 민족끼리 서로 질시와 반목하고 북한동포를 미워하는 것을 국제사회에 부끄럽게 생각해야 한다.

예는 양보하는 마음인 사양지심(辭讓之心)인데 공자가 말하는 서와 가깝다고 보면 된다.

공자는 ≪논어≫ '위령공편(衛靈公篇)'에서, 키케로가 말한 불의로 남에게 해를 입히지 않고 남을 해치지 않는 정의의 기능처럼, "己所不欲勿施於人(기소불욕물시어인)"을 말하고 있다.

이는 “내가 원하지 않는 것은 남에게도 하지 마라”는 뜻으로 우리가 통일을 위해서는 일상생활에서 서독이 동독에 배려한 것처럼 늘 북한 사람을 배려하고 용서하라는 말이 아닐까?

성경 마태복음 7장 12절에도 “남에게 대접을 받고자 하는 대로 너희도 남을 대접하라”는 구절이 나온다.

마지막으로 지는 옳고 그름을 가리는 마음인 시비지심(是非之心)이다. 이것은 현재 우리의 통일정책이 정말로 통일을 위해 옳은 것인지 아닌지 따져보아야 한다는 뜻으로 해석해 볼 수 있다.

≪논어≫ ‘이인편’에 공자는 “군자는 정의에 밝고 소인은 이익에 밝다(자왈: 군자유어의, 소인유어리(子曰: 君子喩於義, 小人喩於利))”고 했듯이 공자는 정의를 참된 인간인 군자가 가져야 할 중요한 덕목으로 본 것이다.

그런데 ≪장자≫ ‘대종사’는 허유(許由)와 “뜻으로 살아가자”는 이름을 가진 가공인물인 ‘의이자(意而子)’ 사이의 문답을 통하여 공자와 맹자가 말하는 인의의 의미와 반대되는 의미를 깨우치게 한다.

허유는 자신을 방문한 의이자에게 요임금을 만나 무슨 가르침을 받았는지 묻는다.

허유는 평소 요가 세상이 다 아는 덕이 있는 사람인데 인의자가 요로부터 무슨 가르침을 받았는지 궁금했던 것이다. 이에 의이자는 인의의 실천과 시비를 가리는 것을 배웠다고 답한다.

그러자 허유는 의이자가 요에게 배운 인간의 인의와 시비를 가리는 말로 인해 의이자가 형을 당하고 코를 베어 버린 형벌을 받았기에 도의 세계에서 자유로이 노닐 수 없다고 말한다.

허유는 참된 사람은 차별과 구분을 하지 않고 세상을 평등하게 보는 사람이어야 하기 때문에 자기가 스승으로 삼는 도에 대해서 말하며 도인이 노니는 경지를 언급한다. 도인은 만물의 조화를 이루지만 의로 생각하지 않고, 은혜가 만세까지 이르도록 하지만 인으로 여기지 않는다고 했다. 즉 도인은 마음을 비우면서, 인의를 행한 것을 드러내는 것을 목적으로 하지 않은 행위, 무위(無爲)를 를 행하는 사람인 것이다.

≪장자≫는 인간이 선과 악, 옳고 그름을 구분하는 기준을 가지고 현상을 보면 그 너머에 있는 본체를 보지 못한다고 말하고 있다.

"의이자가 허유를 알현했다.
허유가 물었다.
"요임금이 너에게 무엇을 가르쳐주던가?"
의이자가 답했다.
"요임금께서는 저에게 이르기를 너는 반드시 인의를
궁행하고 시비를 분명히 말하라고 했습니다."
허유가 물었다.
"자네는 어째서 이곳에 왔나?
요임금이 이미 너에게 인의로써 먹물뜨는 형벌을 주었고,
시비로써 코 베는 형벌을 내렸다.
네 어찌 대우주 자연의 변화를 따라 마음껏
뛰노는 도에 노닐겠느냐?"

의이자가 말했다.

"비록 그렇지만 그 울타리에서라도 노닐고 싶습니다."

허유가 말했다

"안 된다. 무릇 장님에게는 아름다운 얼굴을 보여줄 수 없고
봉사에게는 청황의 자수를 구경시켜 줄 수 없는 것이다."

의이자가 말했다.

"옛 미인 무장은 도를 듣기 위해 스스로 미를 버렸고
옛 역사 거량은 도를 듣기 위해 힘을 버렸고
황제 현원씨는 도를 듣기 위해 스스로 지혜를 버렸습니다.
이들은 모두 용광로에서 새로 단련된 것입니다.
어찌 알겠습니까?
조물주께서 저를 쉼 없이 먹물로 떴으나
대신 베인 코를 복원시켜 저를 선생을 만나
이름을 얻도록 했는지도 모릅니다."

허유가 말했다.

"허 그럴지도 모르지. 내 너를 위해 그 대략을 말해 주겠다.
우리 스승이여! 우리 스승이여!
만물을 버무리지만 의(義)라 말하지 않고
은택이 만세에 미치게 하지만 인(仁)이라 말하지 않으며,
상고에 어른이지만 노인이라 말하지 않으며 ,
천지를 덮고 실으며,
만물의 형상을 깎고 새기지만 기교라고 말하지 않는다.
이것이 도인이 노니는 경지라네."

≪장자≫ ‘도척(盜蹠)편’에 공자는 도척에게 상덕(上德), 중덕(中德), 하덕(下德)의 3덕을 말한다. 공자에 의하면 무릇 사람은 세 가지 덕 중에서 한 가지 덕만 겸비해도 임금이 신하들에게 자신을 낮추어 ‘고’라고 말하는 것처럼 왕이 되어 ‘고’라고 부를 수 있다고 하면서 덕을 중시했음을 볼 수 있다. 그런데 ≪장자≫는 유가에서 말하는 차별적인 인의를 무시하고 있다.

먼저 하덕은 대중을 모아 병사를 이끄는 용맹스러운 능력이다. 그리고 중덕(中德)은 지혜와 재능을 가지고 천지 만물을 부릴 수 있는 것이다. 끝으로 상덕은 선천적인 탁월함으로 어른이나 아이나 귀하고 천한 사람 모두 기쁘게 하는 것이다.

≪장자≫ ‘도척편’에서 도둑들조차 지, 용, 의 등 도덕적 덕목이 필요하다는 견해를 볼 수 있다.

≪장자≫에 의하면 중국 춘추전국시대의 전설적인 대도(大盜) 도척은 공자 당시의 노나라 현인 유하계(柳下季)의 동생으로서 추종하는 무리가 9천이나 되었고 중국 천하를 종행무진하며 제후들을 유린했다.

그는 문을 부수고 민가에 침입해 재물을 약탈하고 부녀자를 겁탈한 도둑의 우두머리였는데,

한 번은 어떤 문하생이 도둑질에도 도(道)가 있는지 물었다.

이에 도척은 대답하기를,

“어딘들 도가 없겠느냐?”하면서 성(聖), 용(勇), 의(義), 지(智), 인(仁)의 예를 들었다.

도척은, 털려는 집에 물건이 어디 있나 알아내는 것이 성(聖)이다.

그리고 먼저 들어가는 것이 용(勇)이고,
나중에 나오는 것이 의(義)다.
도둑질의 성사를 미리 가늠할 줄 아는 것이 지 智이고,
장물을 똑같이 나누는 게 인(仁)이라는 견해로 답했다고 한다.

마지막으로 키케로가 ≪의무론≫ 제1장 63절에서 플라톤의 말이 매우 훌륭하다면서 인용했는데, 플라톤은 "정의와 동떨어져 있는 지식은 지혜라기보다는 오히려 간교함이라 불리어야 할 뿐만 아니라 위험에 대비하는 정신 자세도 공익에 근거한 것이 아니라 사욕에서 취해진 것이라면, 용기라기보다는 오히려 뻔뻔스러움이란 이름이 붙여져야 한다"고 말했다.

키케로는 이에 덧붙여 "우리는 용감하고 고매하며 동시에 선하며 정직하고 진리를 사랑하는 자가 되기를 원하는 것이지, 추호도 남을 기만하는 자가 되려고 하지 않는다. 이러한 심성이야말로 정의의 핵심 부분을 이루고 있기 때문이다"라고 하고 있다.

우리도 이제 키케로가 말한 것처럼 북한 동포에게 최고의 선인 덕을 베풀기에 용감하고 고매하며 동시에 선하고 정직하며 진리를 사랑하는 자가 되자. 그리고 추호도 북한 동포를 기만하는 자가 되려고 하지 말자. 이러한 자세가 바로 키케로가 말한 정의의 핵심일 것이다.

저자가 느낀 서독인은 동독인에게 또 사회적 약자에게 정의롭게 대했다고 생각한다.

저자가 독일 체류시 독일국가로부터 자연적 생활기반을 보호받는 정책의 하나인 사회부조를 받는 사람이 자기가 필요한 물품을 제공해 달라고 당국을 상대로 소송을 한 결과 사법부의 판결이 난 것을 보도를 통해 들은 기억이 난다. 두 건의 판결인데, 한 사람은 모피 옷을 사달라고 했다가 패소했고, 냉장고를 사달라고 소송을 한 사람은 국가를 상대로 이겼다. 사법당국은 모피 옷은 자연스러운 생활보호를 할 사물이 아니라고 보았고, 냉장고는 자연스러운 생활보호에 맞게 취사선택할 사물로 본 것이다. 우리가 상식적으로 봐도 타당한 판결이 아닐까?

저자가 생각하기에 부러운 것은, 사회부조 혜택을 받고 있으면서 독일기본법 제20조 제1항이 보장한 권리를 소송까지 가면서 주장할 수 있는 사회분위기와 이를 수용해 주는 사회정의체계이다. 이는 앞서 키케로가 말한 '정의', 즉 사회적 정의의 확립인 것이다.

독일은 독일기본법 전문에서 국가가 국민을 위하여 '신과 인간에 대한 책임'을 질 것을 천명하고 있다. 이는 독일국가가 독일국민은 말할 것도 없고, 심지어 외국인까지도 자연스러운 삶의 조건을 보호하고 배려를 함으로써 인간이 용기백배하여 세상을 살아가는데 원동력이 되도록 하고 있다.

독일은 또 빈부격차를 줄여가면서 차츰 빈부격차를 없애는 사회적 형평성을 유지하기 위한 사회정의의 실현을 매우 중시한다. 그래서 아래 키케로가 말한 사회적 약자를 위한 견해처럼 빈부격차를 줄이고 부모가 어려워 교육을 받지 못하는 저소득층의 자녀들에게 가난이 대물림되지 않도록 금전적 어려움없이 재능있는 인재로 육성되도록 등록금을 전액 국비로 지원하기에 등록금이 없다.

그러면서 독일은 정상적으로 대학교육을 이수하는 학생들에게 필요한 생활비를 보장하기 위하여 1970년 이래 최대 월 800유로를 지원하는 '바펙(Bafoeg, 연방교육진흥법)'이라는 일종의 장학금제도를 운영하고 있다. 바펙은 독일 학생들이 국내·외에서 교육을 받을 때 부모의 수입이나 경제력에 영향을 받지 않도록 일정부분의 학자금대출과 연계된 학업에 전념할 수 있게 해주는 유·무상 장학금제도이다. 바펙 수혜자는 졸업 후 취업 중에 조금씩 갚아 나가면 된다.

키케로는 필요한 자들에게 봉사하거나 돈을 줄 때 호의와 관대함을 얻는다고 말했다. 그에 의하면 돈을 주는 관대함은 금고로부터 인심이 나므로 특히 부자가 하기 더 쉽지만, 덕으로 하는 봉사와 호의는 명예롭고 훌륭하며 강하고 뛰어난 사람에게 더 어울리는 것으로 말했다(Cicero, De Officiis 2,15,52; 허승일, 전게서, 150면).

키케로는 시민 모두가 형평의 원칙에 따라 취급을 받는다는 생각을 갖게 하는 것이 국정을 행하는 선한 이성과 지혜라고 생각했다. 이런 그의 견해대로라면 우리는 가능한 한 모든 수단을 다 하여 북한 주민을 위한 대민선행과 우리보다 어려운 국가들을 위해 대국가 선행을 하도록 전력을 다 해야 할 것이다. 그런데 우리가 특히 유의해야 할 것은 북한 주민 각자에게 유리하도록 해야 하며 개인이 추호라도 손해를 입어서는 안 되며 국가도 유익해야 한다고 키케로는 말했다.

키케로는 국가가 국민에게 베푼 곡물배급의 두 가지 사례를 들면서 한 사례는 국가재정에 무리가 안 갔기에 배급을 받는 국민에게도 유익했다고 했다. 기원전 123년과 122년 사이 로마 공화정의 호민관이었던 가이우스 그락쿠스는 국민에게 곡물 배급을 후하게 했는데, 이것이 국가재정을 고갈시켜 결과적으로 국가에 무익했음을 말하고 있다. 반면 로마 공화정의 다른 호민관 마르쿠스 옥타비우스는 곡물배급을 적정규모로 했기에 국가 재정에 무리가 안 되었다. 그래서 이것은 시민과 국가도 다 유익했다고 말하고 있다(Cicero, De Officiis 1.21.72; 허승일, 전게서, 163f 참조).

키케로는 먼저 모든 동물은 자기의 생명과 신체를 보호하려는 본능과 해로운 것을 회피하려는 본능을 가지고 있고, 삶에 필수불가결한 의식주가 필요한데 이를 자연이 제공한다고 했다. 그렇지만 동물은 종족을 번식하고 보존하는 본능이 있지만, 동물적 감각만으로는 눈앞의 현상만 볼 수 있고 미래까지 내다보지는 못한다. 동물에 비해, 인간은 인간이 가진 고유한 본질인 이성을 통해 현상의 인과관계도 알 수 있고, 사물간의 비교도 할 수 있고, 이를 서로 결합하면서 먼 미래를 내다보면서 필요한 것을 준비한다.

자연은 이성으로 인간이 의사소통과 유대관계를 가능하게 하고 자식을 사랑하게 한다. 그리고 자연은 인간이 자신뿐만 아니라 자신의 가족, 그리고 주위 사람에게 풍요롭고 안락한 생활을 하도록 도움을 준다. 그래서 자연이 인간에게 주는 이런 배려와 책임감이 인간으로 하여금 용기백배하여 세상을 살아가는데 원동력이 된다고 키케로는 보았다.:

"원래 모든 종류의 동물은 태어날 때부터 스스로 생명과 몸을 보호하고,

해롭다고 보이는 것은 피하며, 살아가는 데 필요한 모든 것,

즉 먹을 것이나 은신처 또는 그와 같은 종류의 다른 것들을 구하고 마련하는 본능이 자연으로부터 주어졌다.

또한 모든 동물은 공통적으로 종족을 보존하기 위한 결합 본능과 자식이나 새끼를 낳는 순간부터 보살펴 주려는 본능이 있다.

그러나 인간과 짐승 사이에는 큰 차이가 있다.

짐승은 감각에 의해 움직이기 때문에 지나간 과거의 일이나 앞으로 닥쳐올 미래에 대해서는 거의 알지 못하면서 현재 눈앞에 보이는 것에만 자신을 적응시키는 데 반해,

인간은 이성을 소유하고 있기 때문에 그것을 통해 사물의 결과를 인식하여 그 원인을 찾아낼 수 있으며, 사물의 전후 관계를 간과하지 않고 유사한 것들을 비교하여 현재의 사물을 장차 있을 미래의 것과 결합하고 연결시킬 수가 있으므로,

쉽게 자신의 전 인생행로를 내다보면서 그것 맞추어 살기 위해 필요한 것들을 준비한다.

자연은 또한, 인간 본성으로 하여금 이성의 힘을 빌려 인간과 인간이 언어와 사회생활의 공동 유대를 맺도록 결합시키며, 무엇보다도 자식들에 대한 각별한 애정을 지니도록 한다.

뿐만 아니라 집회와 축제를 열고 거기에 참석하기를 원하게 된다.

더 나아가 자연은 인간 본성으로 하여금 자기 자신뿐만 아니라, 처자식과 돌봐줘야 할 딸린 사람들의 안락과 풍요한 생활을

위해 도움이 되는 것들을 마련하는 데 열중하도록 한다.

이러한 배려와 책임감이 세상을 살아나가는 데 용기백배하게 하는 원동력이 되는 것이다"(Cicero, De Officiis, 1.4.11–12; 허승일, 전게서, 21~22면).

키케로는 국가가 호의와 관대함을 베푸는 경우로서 재난을 당한 자들을 도와주어야 할 경우와 아직 어떤 역경에 처하지는 않았지만 사람이 보다 나은 것을 추구할 때 도와주어야 할 경우도 있다고 했다(Cicero, De Officiis 2,18,61; 허승일, 전게서, 157면).

그러므로 국가는 천재지변을 당한 사람들에게는 선심을 더 베풀어야 하며, 아울러 "더 높은 단계로 상승하거나 더 잘 되기 위해 도움을 요청해 오는 자들에 대해서도 우리는 결코 인색해서는 안 된다"고 했다. "그렇지만 도와줄 적합한 대상을 선정함에 있어서는 정확한 판단과 신중을 기해야 한다"면서, "호의와 봉사를 제공함에 있어 최대의 교훈으로 삼아야 할 것은 형평의 원칙에 어긋나는 것을 추구하지 말 것이며 불의를 피하라는 것이다. 왜냐하면 지속적인 찬사와 명성의 기반은 정의이고, 정의없이 칭찬받을 수 있는 것은 하나도 없기 때문이다"라고 했다(Cicero, De Officiis 2,20,71; 허승일, 전게서, 164면).

10. 세계시민주의를 실현하자

오늘 날 세계화와 지구촌화시대를 맞이하여 외국과의 교류가 잦고 우리 경제도 수출에 의존해서 굴러가고 있다.

우리 자본만으로는 부족하기에 외국자본의 유입을 통한 경제 부흥을 하려고 기업이나 지자체나 정부가 발을 벗고 나서고 있다.

헬조선이라면서 더 이상 이 땅에선 희망이 없다고 생각하고 한국을 벗어나 외국에서 삶의 터전을 마련하려는 우리 국민의 해외진출도 늘어나고 있다.

한편 외국인의 국내 유입도 많아져서 2015년 말 현재 국내 외국인 거주자 수가 190만 명에서 480명 가량 모자란다. 외국인 인구구성비율도 우리 국민대비 3.7%에 달한다.

농촌에선 새로 결혼한 부부 중 외국인 며느리는 10%가 넘는다고 한다. 저자의 며느리도 프랑스인이다. 이런 변화하는 세계화시대에 보다 넓은 세상을 포용할 수 있는 사고가 필요하고 그것을 위한 정신적이고 이론적 무장이 필요하다. 그래야만 독일처럼 더 큰 나라, 부강한 나라로 발돋움할 수 있다.

여기서 저자는 독일 기본법의 사상적 근원인 '세계시민주의'를 좀 더 자세히 소개하기로 한다. 앞에서 언급한 것처럼 독일의 철학자 칸트는 세계시민사상에 기초하여 영구평화론을 설파하였다. 이런 그의 주장은 결과적으로 독일 기본법에 반영되어 서독 사회복지의 이론적 기저가 되었고, 국적을 불문한 사회복지시혜는 독일통일의 단초를 제공한다. 칸트의 '영구평화론'은 우리나라 3·1운동의 이론적인 단초도 되었다.

그래서 저자는 세계시민주의가 우리가 더 큰 대한민국을 만들기 위해 무장해야할 하나의 좋은 철학적 가치라고 생각되어 여기서 소개한다.

≪위키백과≫에 '세계시민주의'를 영어로는 Cosmopolitanism, 사해동포주의(四海同胞主義), 만민주의(萬民主義), 혹은 세계주의라고 하고 있다. '세계시민주의'는 특정한 국가가 가진 지리적 경계는 물론 개별 국가가 지닌 특유의 가치나 장벽을 벗어나 편견을 배제한다. 그리고 이성을 공유하여 가족, 형제, 이웃을 사랑하고 나아가서는 전 인류를 동일한 권리를 가진 동포로 보아 하나의 우주국가, 즉 세계국가를 실현하자는 사상이다.

'세계시민주의'의 기원을 보면 기원전 5세기경 그리스에 견유학파(犬儒學派)라고도 부르는 키니코스학파가 있었는데, 이들은 "자연과 일치된, 자연스러운 삶을 추구하는 그리스 운동"을 이론적으로 뒷받침했다. 이들 키니코스학파가 있을 당시는 그리스가 수많은 도시국가로 나뉘어져 있고, 페르시아전쟁을 비롯한 국가 간 전쟁도 많아서 평화를 위해 세계시민주의를 불가피하게 외칠 수밖에 없었다.

키니코스학파는 "국가 대립, 인종·귀천의 차별 등의 불합리한 습관에 대하여 만인은 똑같이 영지의 법칙에 따라야 한다고 주장"한 것이다(https://www.newikis.com/ko/wiki/세계주의).

≪나무위키≫를 보면 세계시민주의를 견인한 디오게네스가 한 말인 "나는 세계의 시민이다"라고 한 말이 있다(https://namu.wiki/w/디오게네스).

그는 알렉산드로스 대왕이 그를 방문했을 때 "저는 아테네인도 그리스인도 아닌 세계시민입니다"면서 알렉산드로스 대왕이 가리고 있는 햇볕을 쬘 수 있게 비켜달라고 말한 디오게네스의 일화는 유명하다(http://j_ambassador.blog.me/207470810).

그리스에서 활약한 지식인들을 일컫는 소피스트들 중 '엘리스' 사람으로서 기원전 528/527~510에 재위했던 아테네의 참주 히피아스(Hippias)는 한 자리에서 세계시민사상에 관하여 폭넓게 함축적으로 표현했다.

"이 자리에 계신 신사 여러분, 제 생각에는 우리 모두가 친척이요 친구요 동포같은 시민입니다. 법률상으로는 그렇지 않으나 인간이라는 자연본성으로 그렇다는 말입니다. 유사한 것은 본성으로 유사하며 인류를 제압하는 법이라는 것은 우리로 하여금 자연본성에 어긋나게 강요하는 일이 흔합니다"(Platon, Protagoras 337c; http://www.donbosco.pe.kr/CCS/research/cosmos981.htm).

스토아 철학파들은 제논에서부터 단적으로 "세계는 하나이다"(eis estin ho kosmos: Diogenes Laertius, Vitae philosophorum 6.63: 7.143)라면서 감정을 자제하고 통제하는 이런 이성을 가진 자는 이성이 없는 존재보다 뛰어나다는 견해를 가졌다. 따라서 그들은 이성을 가진 세계가 가장 월등하다고 보았다.

'플루타크 영웅전'을 저술한 그리스의 철학자 플루타르쿠스는, 제논이 특정한 법률의 지배를 받는 국민으로 구성된 국가가 아닌 하나의 생활양식으로 세계만방에 걸쳐 사는 만민세계시민주의를

주장했다면서, 알렉산더로스 대왕이 이를 실제로 구현했음을 말하고 있다.:

"저 경탄할 제논, 스토아학파를 창설한 제논의 <국가론>은 한 가지 요점을 겨냥하고 있으니 거처를 정하는 우리의 방식이, 자기 나름대로 특정한 법률의 체제를 갖고 있는 국가나 국민에게 바탕을 두어서는 안 된다는 것이었다. 오히려 우리는 만인을 시민으로 생각하고 국민의 일원으로 간주할 것이며, 마치 가축들이 공통의 법과 목축에 의해서 한데 모아지고 사육되듯이 [만인에게] 단일한 생활양식과 단일한 세계가 있어야한다는 것이었다. 이런 글을 쓴 사람은 제논이었고 철학자의 질서정연한 국가관 내지 꿈이었는데 정작 이 이론을 구현한 것은 알렉산더였다"(Arnim, Stoicorum veterorum fragmenta 1.262: http://www.donbosco.pe.kr/CCS/research/cosmos981.htm).

여기서 알렉산드로스 대왕을 상세히 소개하면, 그리스 북쪽의 마케도니아 왕국에서 태어난 알렉산드로스 대왕은 기원전 334년부터 기원전 324년까지 세상 모든 사람을 동포로 여기는 세계시민주의를 기치로 삼고 무력으로 페르시아, 이스라엘, 시리아, 이집트, 터키, 파키스탄, 인도 등을 점령했고 헬레니즘 문화를 전파했다. 알렉산드로스 대왕은 당시 전대미문의 엄청난 대제국을 건설한 것이다.

그는 세계시민주의의 일환으로 지금 이란이 된 페르시아 다리우스 왕의 공주와 결혼했고 정복지마다 알렉산드리아라는 도시를 세우고는, 그곳에 그리스의 학자, 문인, 예술가들을 살게 하여 그리스 문화를 널리 전파시켰다. 그러면서 마케도니아 병사 1만 여 명을 페르시아 여인들과 결혼시키기도 했다.

그의 이 같은 세계시민주의의 노력은 정복지마다 헬레니즘 문화를 탄생시켰는데, 헬레니즘 문화는 세계 시민주의와 개인주의를 강조했다([네이버 지식백과]의 '알렉산드로스 대왕').

알렉산더로스 대왕이 행한 세계시민주의를 예로서 든 플루타르쿠스의 견해에 의하면, 알렉산더로스 대왕은 인간이 사는 세상 전부를 만인의 조국으로 생각하도록 주입시키면서 만인은 공통된 풍습을 가지도록 했다. 그리고 알렉산더로스 대왕은 인륜으로 맺어 천륜으로 뭉치려 노력하면서 헬레니즘문화를 전파시켰음을 알 수 있다.:

"[알렉산더는] 인간이 사는 세상 전부를 자기네 조국으로 생각하라고 가르쳤고 자기가 주둔하는 병영은 그들의 아크로폴리스요 요새로 간주하라고 가르쳤다. 도덕적으로 선량한 사람들은 자기네 친척이요 도덕적으로 사악한 사람들은 이방인으로 간주하라고 가르쳤다."

"[알렉산더는] 가르치기를 그리스인과 야만인을 구분하는 데는 [그리스인들의 고유한] 망토나 방패를 갖고서 하거나 [야만인들의 고유한] 뿔모자나 자킷으로 갖고서 하지 말며 다름 아닌 덕성을 그리스다움의 표지로 삼고 악덕을 야만성의 표지로 삼으라고 하였다. 의복이나 음식, 결혼이나 생활습속은 만인에게 공통된 것으로 간주할 것이고, 만인이 혈맹과 자식을 통해서 서로 맺어져 있음을 알아야 한다고 가르쳤다"(Plutarchus, De Alexandri magni fortuna et virtute 329 CD).

중기 스토아학파를 대표하는 크리시푸스(Chrysippus: ca. 280-207 B.C.)는 우주는 하나이며 인간들은 신과 함께 시민권을 공유한다는 주장을 하였다.:

"[크리시푸스는] <자연론> 셋째 권에서 현인들의 우주는 하나요 그곳의 시민권은 신들과 인간들이 공히 소유한다는 말을 하였다. 다섯째 권에서는 우주가 [살아있는] 동물이요 이성적 존재이면서 이해력을 구사하며 따라서 하나의 신이라는 명제와 관련시켜 자기 논변을 개진하고 있다"(Chrysippus, in Philodemus, De pietate (col.7.12-8.4).

인간은 신과 함께 시민권을 공유한다는 크리시푸스를 비롯한 세계시민주의사상은 동학의 '인내천'에서도 엿볼 수 있다.

인내천사상을 이돈화(李敦化)는 ≪신인철학(新人哲學)≫에서 "인내천의 신은… 노력과 진화와 자기관조로부터 생긴 신인고로 인내천의 신은 만유평등(萬有平等)의 내재적 신이 되는 동시에 인간성에서 신의 원천을 발견할 수 있다는 것이다. 즉, 신의 원천은 인간밖에 있는 것이 아니라 인간 안에 있다는 것이다"라고 말하고 있어 만물 평등과 신과 인간을 동일시하고 있는 것으로 보인다([네이버 지식백과] 인내천 [人乃天] (한국민족문화대백과, 한국학중앙연구원)).

“우주는 하나이다”라는 세계시민주의가 말하는 명제처럼 키케로는 우주에 존재하는 삼라만상은 인간을 위해서 창조되고 안배된다는 논리로 세계국가를 주장한다. 키케로가 쓴 ≪의무론≫을 비롯한 글에는 인류전체를 포용할 수 있는 세계시민으로서 의무적으로 가져야 할 지혜가 들어있다.

키케로는 모든 사람에게 결합과 유대가 개방된 공동체를 통한 세계시민으로서 유대를 강화하는 것을 염두에 두고, 그런 세계인에게 적용되어야 할 만민법과 적용대상이 시민에게 국한되는 시민법과 구분하면서 만민법을 언급하고 있다.

“공동체 사회의 동료 의식의 결합의 유대란 말이 참으로 자주 언급되기는 했지만, 나는 더 자주 이 말을 언급해야 할 필요를 느낀다. 가장 폭넓게는 모든 사람들이 결합하도록 개방되어 있으며, 더 좁게는 같은 씨족끼리, 더 가깝게는 같은 시민들끼리 결합하도록 열려져 있는 것이다. 따라서 우리 조상들은 만민법과 시민법은 다르다고 생각했다. 즉 시민법은 항상 만민법과 동일하지는 않지만, 반대로 만민법은 반드시 시민법이어야 한다고 생각했던 것이다. 그러나 우리는 참된 법과 진정한 정의의 굳건하고 명백한 실상을 전연 갖고 있지 못하고, 그것의 그림자와 허상만을 향유하고 있을 뿐이다. 오, 그러한 것들만이라도 우리가 잘 지니고 나갈 수 있다면 얼마나 좋겠는가! 왜냐하면 그것들은 자연과 진리의 가장 훌륭한 모델들에서 나온 것이기 때문이다”(Cicero, De Officiis 3.17.69; 허승일, 전게서, 219).

서울에서 지하철로 짐을 무겁게 들고 오르내릴 때, 혹은 유모

차에 어린이를 태우고 버스로 이동할 때 거들어 주는 사람은 흔치 않다.

저자가 독일에서 경험한 것은, 저자가 어려움에 처했을 때 늘 누군가 도우려는 자세를 가진 사람이 주변에서 나타났다는 것이다. 이는 인간이 남이 어려울 때 도와야 한다는 도덕적 의무감으로 승화시킨 키케로나 칸트의 철학적 가르침을 따랐기 때문이 아닌가 생각한다.

키케로는 남을 돕는 이타적인 자세인 길 잃고 방황하는 어려움에 처한 사람에게 친절하게 길을 가르쳐 주는 것은 어두움에 처한 다른 사람에게 등불을 붙여주는 것과 같다고 하면서, 남의 등불에 불을 붙이는 것을 도운다고 해서 내 등불이 어두워지는 것은 아니라고 했다.

> "길 잃고 방황하는 자에게
> 친절하게 길을 가리켜 주는 사람은
> 마치 자신의 등불로 다른 사람의 등에
> 불을 붙여 주는 것과 같도다.
> 그런데 남에게 불을 붙여 주었다고 해서
> 자신의 불빛이 덜 빛나는 것이 아니니라."
> (Cicero, De Officiis 1.16.51; 허승일, 전게서, 45f)

키케로의 말에 따르면 우리는 남북한 동포 모두가 서로 최대로 교류할 수 있도록 활짝 열려져 있어야 하고 서로 도와야 한다. 그리고 세계시민주의처럼 남북이 결합하는 이상사회를 위하여 "손해가 없다면 낯선 사람일지라도 무엇이든 주라"고 키케로가 말하는 것처럼, 북한 동포에게도 모든 사물과 권리가 공유되는 아량이 베풀어 져야 하고 법이 평등하게 적용되는 열린사회가 되어야 한다. 남을 도와준다고 해서 자신이 손해나지 않는 사회가 이타적인 사회인데 서독은 동독 동포를 도와 통일을 완성하여 그들이 가진 파이를 오히려 더 크게 만들었다.

그리고 키케로가 말한 것처럼 세계시민은 모두 친구이므로 친구들 간의 모든 것은 공동소유다라는 말을 되새겨 볼 때, 우리는 북한 동포와 우리가 가진 것을 공유해야 한다는 자세를 가져야 할 것이다.

"인간 모두에게 서로 최대로 이용할 수 있도록 활짝 열려져 있는 것이 바로 사회이다. 이런 점에서 인간이 공동으로 이용할 수 있게 자연이 산출한 모든 것에 대한 공동의 권리는 수호되어야 한다. 즉, 법과 시민권에 의해 할당된 권리들은 법 자체의 규정대로 지켜져야 함은 물론, 나머지 권리들도 '친구들 간의 모든 것은 공동 소유다'라는 그리스의 격언처럼 보호되어야 한다. 더욱이 모든 인간의 공동소유는 엔니우스에 의해 제시된 유의 사물로서 보이는데, 그가 든 아래의 한 가지 예는 한정되어 있지만 그 원리는 많은 것에 적용시킬 수 있다"(Cicero, De Officiis 1.16.51; 허승일, 전게서, 45f).

1) 남북은 하나다

키케로는 자연스러운 인간 본성은 인간이 인간을 위해 서로 돕는 것이라고 했다. 그러기에 서독이 동독에게 한 것처럼 민족공동의 이익을 위해 남북은 항상 남북통일을 중점 과제로 생각하고 서로간의 도덕적 의무를 다해야 한다는 것을 명심해야 한다. 그리고 민족의 번영에 도움이 되므로 기술, 노동, 재능을 남북한이 서로 주고받아 겨레의 핏줄을 이어받은 남북한의 결속을 다져 나가야 한다.

“그러나 플라톤이 명백하게 기술하였던 것처럼, 우리는 우리 자신만을 위해 태어난 것이 아니며, 국가는 우리들 본래의 몫과 친구들의 몫을 옹호해 주고 있기 때문에, 그리고 스토아학자들이 주장하고 있듯이, 지상에 있는 모든 것들은 인간의 필요를 위해 창조된 것이고, 인간은 서로 도움을 주기 위해, 말하자면 인간은 인간을 위해 태어났기 때문에, 우리는 이 점에서 자연 상태인 인간 본성을 우리의 안내자로 삼아 따라야 하며, 공동의 이익을 위해 항상 그것을 중심 문제로 생각하고 서로간의 의무를 교환해야 하며, 때에 따라 기술, 노동, 재능을 주고받음으로써 인간 사회를, 인간과 인간의 결속을 공고히 하도록 해야 한다”(Cicero, De Officiis 1.7.22).

“인간 사회에는 결합의 정도가 가깝거나 먼 경우가 많이 있다. 사실 저 보편적인 사회 결합이 제대로 이루어지지 않을 때 같은 씨족, 같은 민족, 같은 언어를 공통으로 한 보다 밀접한 결합 관계가 많이 생기는데, 이러한 조건들이 인간을 가장 잘 결합시켜 주고 있기 때문이다. 이보다 더 가까운 결합은 같은 도시 국가의 시민들이 되는 것이다. 왜냐하면 시민들 사이에는 공통의 것들이 많기 때문이다. 광장, 신, 회랑, 도로, 법, 권리, 법정, 투표권, 그 밖에도 많은 사회단체와 친목 단체, 그리고 많은 사람들과의 사업 관계와 계약체결 등이 그 것이다"(Cicero, De Officiis 1.16.53; 허승일, 전게서, 47면).

이어서 키케로는 ≪신론(De natura deorum)≫에서 세계는 신들과 인간들이 공존하는 이성으로 형평성과 법정의를 가진 공동거주지인 도시국가 정도로 보았다. 전체 인류뿐만 개개인도 신들의 섭리와 보살핌을 받듯이 인간도 전체 인류를 위함은 결국은 범위를 좁히면 개별 인간을 위함이 된다고 보았다.

"세계는 늘 그렇듯이 신들과 인간들의 공동 거처올시다. 양자에게 다 속하는 도시국가이지요. 그 이유는 그들만이 이성을 사용하고 공평과 법정의에 따라서 살아가니까요. … 인류 전체만 아니라 개개 인간들도 불멸하는 신들의 섭리와 보살핌을 향유합니다. 왜냐하면 우리 인간들마저도 전체 인류에 대해 해당하는 바를 보다 좁은 범위에다 적용할 줄 알기 때문이지요. 이를 테면 갈수록 범위를 좁혀서 더욱 작은 집단에 기울이고는 마침내 개인에게까지 적용할 줄 알기 때문이지요. 만일 우리가 지금 거처하는 이 대륙으로부터 까마득하게 멀리 떨어져 있는 온갖 해안들과 깊숙한 내륙에 사는 모든 인간들을 신들이 보살핀다는 것을 믿는다면, 신들은 또한 해가 뜨고 해가 지는 이 땅에서 우리가 함께 사는 사람들도 보살핌에 틀림없습니다"(Cicero, De natura deorum 2.66.154, 164–165).

그리고 『법률론(De legibus)』에서 키케로는 타인을 향하는, 자연적인 애정으로부터 오는 감정적인 연대를 출발점으로 삼지 않고 인간 모두가 이성을 공유하고 공통되는 법률에 복종한다는 예를 들어 인간 전부의 공통된 본성과 유대를 논한다.

이어서 키케로는 ≪법률론≫에서 인간만이 가지고 있는 이성과 사유를 언급하고 있다. 신과 인간이 함께 가지고 있는 이성에게 최고의 가치를 부여하면서 이성이 신과 인간의 친교를 가능하게 한다고 했다. 신과 인간이 더불어 가지고 있는 공통이성은 올바른 이성인데 이는 곧 법이므로 인간은 법으로써 인간들끼리 공통으로 엮여져 있다. 그래서 신과 인간 사이는 물론 인간끼리도 법과 법정의의 친교가 성립된다. 그리고 이러 친교는 결국 모든 것이 공통되고 같은 국가를 가지게 되는데, 이는 세상에서 신과 인간의 유일한 단일국가라고 말하고 있다.:

"여러 종류와 본성의 생물들 가운데서 유독 인간만이 이성과 사유를 갖추고 있으며 그 밖의 다른 것들은 모두 그것을 갖추고 있지 못하다. … 그런데 이성보다 좋은 것이 아무것도 없고 사람과 신에게 공통으로 있으므로 인간이 신과 맺는 첫 번 친교는 이성으로 맺어지는 친교이다. 신과 인간 사이에 이성이 공통된 이상, 그들 사이에는 올바른 이성이 공통된다. 그리고 올바른 이성이 곧 법이므로, 인간들은 법에 의해서 신들과 맺어져 있다고 여겨야 한다. 그들 사이에 법의 친교가 있는 만큼 그들 사이에는 또한 [법]정의의 친교가 존재한다. 그들에게 이 모든 것이 공통되므로 또한 같은 국가를 갖고 있다고 할 것이다. 그리하여 우주 곧 이 세상이 신들과 인간들에게 공통된 단일한 국가라고 여겨야 한다"(Cicero, De legibus 1.7.22–23).

키케로가 말하는 것처럼 인류국가의 단일성과 사해동포애로 무장한 세계시민사상을 실현해야만 독일처럼 통일을 통한 강한 국가로 거듭날 수 있을 것이다. 지금 우리가 생각하고 일상생활에서 가지고 있는 쇄국적이고 소시민적인 좁은 가슴에서 나오는 이기심으로는 21세기 강한 대한민국을 만들기에는 실리도 명분도 얻지 못 할 것이다.

세계시민사상은 고대로부터 그리스인과 야만인을 구분하고, 노예와 자유민을 가르고, 남녀의 성을 구별하고, 심지어 도시들을 가르면서 민족들을 가르는, 그러면서 부자와 빈민을, 귀족과 천민을 차별하던 사고방식에 대항하면서 인류의 단일성과 사해동포애를 저해한 기존 사회의 집단이기심에는 정당한 명분을 부여하지 않는다.

"자기 부모나 형제에게서는 아무것도 빼앗지 않겠으나 여타의 동료 시민들에게는 다른 규칙을 적용하겠노라고 말하는 사람들의 자세는 자가당착이다. 그들의 입장인 즉 동료 시민들과는 아무런 본분의 끈도, 공동 선익을 위한 아무런 결속도 없다는 식이다. 이것은 사회의 일치를 완전히 붕괴시켜 버리는 자세이다. 그런데 동료 시민들에게는 올바른 원칙을 적용하되

외국인들에게는 못하겠다는 입장도 결국은 인류를 한데 묶는 연대를 파괴하는 것이다"(Cicero, De officiis 3.6.28).

공통의 이익과 자산과 법을 구분않고 공유하는 세계시민의 이성을 가질 것을 말한 키케로는 인류 전체와 연대성을 의식하는 사람이다. 이제 우리도 남한이라는 좁은 사고의 틀에서 벗어나 세계시민주의로 무장하여 북한동포 뿐만 아니라 세계인을 포용하는 자세를 가져야 할 것이다. 그래야 안중근 의사처럼 더 큰 대한국인이 되고 후세에 부끄럽지 않은 더 큰 대한민국을 만들게 될 것이다. 지금 우리의 삶과 국가는 후세로부터 잠시 빌려온 것임을 명심하고 동포 간에 함부로 하지 말자.

IV

맺으며

IV

맺으며

더 큰 대한민국을 만들려면 나부터 통일에 도움이 되는 올바른 사고에 의한 올바른 마음, 그리고 올바른 언행으로 바르게 살아갈 때, 이성이 아닌 감정에 바탕을 둔 그 어떤 그릇된 주장이나 논변도 발붙일 수 없는 사회가 도래하면서 모두가 함께 어우러지는 공동체가 되면서 통일이 될 것이다.

우리는 지금까지 목전의 이익에만 눈이 어두워 있는 그대로의 북한과 세계를 두루 보지 못하고 있다. 그래서 장기적인 통일철학에 바탕을 둔 상호 호혜의 정신을 가져야만 국가도 개인도 성장할 수 있다.

북한과 대결국면인 이대로가 좋을 것 같지만 정작 우리의 등 뒤에 비수를 꽂으러 누가 다가오고 있다는 것을 모르고 있을 수도 있다. 그러기에 우리는 근본적으로 북한동포가 존재한다는 것을 알아야 하고 북한과 상부상조하여 상생해야 한다.

그런 점에서 서독이 통일 전 동독에게 이성을 가지고 도와 덕으로 베푼 결과 베를린장벽이 무너지고 통일을 오게 한 여러 정책들을 타산지석으로 삼아야 한다. 아울러 서독이 독일연방기본법에서 천명하고 시행했던 자유, 평등, 평화, 자주와 그리고 정의 등의 철학이 있는 정책을 도입하고 시행하여 통일을 앞당기도록 해야 한다.

지금 고용불안, 경제위기, 자살, 실업, 이혼 등 심각한 사회문제와 9포 시대라는 청년문제를 겪고 있는 한국이다. 현실에 직면한 모순의 돌파를 위해서 북한의 인력활용을 통한 국제경쟁력 강화와 7,000조에 달한다는 북한의 천연자원을 개발하고 활용하는 정책, 그리고 나진·선봉지구와 러시아 연해주 개발에 참여하기 위하여 북한과의 관계개선과 거점지역육성이 한국의 실리를 위하여 당장 필요하다.

남북한의 관계는 먼 조상까지 거슬러 올라갈 필요가면 한 조상을 가진 동포이기에 천륜이다. 그래서 남과 북은 기쁠 때나 슬플 때나, 위급, 궁핍, 재난, 우환, 해로움 등이 있을 때 서로 돕고 함께 해야 한다. 그래야만이 점점 첨예하게 대립하는 국제관계에서 무시당하지 않으며 민족의 이익을 지키면서 민족번영을 기약할 수 있다. 그렇게 되려면 남북한 간의 교류는 통일 전까지 당장의 눈앞의 이익에 춤추는 것이 아닌 군자의 교제처럼 담담하게 진행되어야 한다. 그러면서 서로 사랑하며 상부상조하는 등 자연스럽고 선한 인간의 본성을 따라야 하며, 서로 멀어지지 않도록 자연스런 변화를 추구해야 한다.

그러면서 데카르트가 말한 동형성의 원리처럼 북한의 변화에 걸맞게 우리의 이성도 거기에 따라 가면서 대응해야 통일이 될 것이다.

그런데 지금 우리는 어떤가 생각해보자. 시대에 맞지 않는 낡은 이데올로기에서 벗어나지 못해 남북 갈등과 서로 다른 시선으로 북한을 바라보는 남남갈등으로 인해 밝아야 할 우리나라의 미래가 몇십 년 전이나 지금이나 변함없이 어둡다.

독일이 동방정책에 의한 동서독기본조약 체결 후 17년 만에 통일을 한 지혜를 배우자. 통일만이 민족번영과 주변의 이해당사국으로부터 안전하게 민족의 미래를 보장하는 지름길이다.

[저자 약력]

우석 최 해 광 (崔海光)

울산광역시 출생
건국대학교 졸업
독일 괴팅겐 대학원 졸업(석사)
독일 카셀대학교(Diploma) 취득
독일 마부르크 대학교 대학원 졸업(박사)
국립대학법인 울산과학기술원 초대 상근감사 역임
건국대학교, 건국대 행정대학원, 한양대학교, 한서대학교, 서울시립대, 원광대학교, 서울시립대 도시행정대학원, 세종대학교, 세종대학교 행정대학원, 동덕여자대학교, 협성대학교, 춘해대학교, 울산과학대학교, 영산대학교, 울산대학교, 한국방송통신대학교, 한국폴리텍대학 출강
(재)학성장학회 이사 역임
(재)경동장학회 이사 역임
(재)상북학원 이사 역임
한독사회과학회 부회장 역임
전 대외무역분쟁조정인(대한상사중재원 위촉)
전 상사중재인(대한상사중재원 위촉)
사랑의 열매 봉사단장 역임
도산독서회 회장 역임
통일모임 유니힐(Uniheal) 부회장
(사)미래지식산업연구소 이사장
울산지역 민주평화통일자문회의 토론자 다수참여

저 서
스마트인재와 경력개발, 2015
글로벌리더와 자기개발, 2013
Die Bedeutung der nichtkommunistischen Arbeiterbewegung in China 1919－1927, Goettingen: Cuvillier Verlag 1995(ISBN－13 3895881139, ISBN－13 9783895881138)

독일통일, 더 큰 대한민국의 통일철학을 말하다

초판인쇄 2017년 4월 25일
초판발행 2017년 5월 1일

지은이 최해광
펴낸이 김중용

총괄기획 박노일 · 최준규
편 집 심성보 · 김인숙

펴낸곳 마인드탭 MIND TAP
경기도 파주시 책향기로 441, 1004동 1004호(동패동, 책향기마을)
등록 제406-2014-000093호
전 화 070)7550-3758 팩 스 02)718-8554
홈페이지 www.mindtap.co.kr 이메일 pnc@pncmedia.co.kr
ISBN 979-11-86672-50-1 93340

※ 마인드탭은 피앤씨미디어의 자매 브랜드입니다.

정 가 15,000원